中国对外直接投资的动因研究

张相伟◎著

中国经济出版社
CHINA ECONOMIC PUBLISHING HOUSE
·北京·

图书在版编目（CIP）数据

中国对外直接投资的动因研究 / 张相伟著. —北京：中国经济出版社，2022.7

ISBN 978-7-5136-6883-5

Ⅰ.①中… Ⅱ.①张… Ⅲ.①对外投资-直接投资-研究-中国 Ⅳ.①F832.6

中国版本图书馆CIP数据核字（2022）第059815号

责任编辑　张梦初
责任印制　马小宾
封面设计　任燕飞

出版发行　中国经济出版社
印 刷 者　北京富泰印刷有限责任公司
经 销 者　各地新华书店
开　　本　710mm × 1000mm　1/16
印　　张　15
字　　数　200千字
版　　次　2022年7月第1版
印　　次　2022年7月第1次
定　　价　78.00元
广告经营许可证　京西工商广字第8179号

中国经济出版社　**网址** www.economyph.com　**社址**　北京市东城区安定门外大街58号　**邮编**　100011

本版图书如存在印装质量问题，请与本社销售中心联系调换（联系电话：010-57512564）

序　言

非常高兴有机会为张相伟博士的这本原创著作写序言，高兴的原因有二：第一个原因是张博士的研究成果是高质量、全面、有深度的，我很高兴有机会向读者们推荐这本书。第二个原因，这本书是基于他博士论文的各个章节形成的，按照厦门大学对经济学博士论文的要求，各章节之间需要有逻辑和内容上的内在联系，而张博士的论文在这一点上做得尤其出色，因此特别合适作为一部书来出版。对张博士著作的内容介绍是这篇序言的重点，但在介绍之前想结合这部书的特点，来简单谈谈我对中国高校经济学博士培养方面的一些体会，主要基于我自己过去十多年作为博士生导师的经历。

作为一门重要的社会科学，经济学研究中的问题意识尤为重要，而博士生阶段可以成为培养问题意识的最佳时期。具体而言，要求博士生完成一部各章节之间在内在逻辑和研究内容上均密切联系的大论文，可以帮助培养其问题意识。因为在选题的过程中，同学们如果知道最后的博士大论文是需要以一本书的形式呈现的研究成果，那么他们选择的研究问题就不能太小太细，否则很难满足逻辑贯通的四到五章的篇幅要求。所以，同学们一定会选一个足够重要，需要从不同层面、不同角度进行分析的题目。

中国经济改革和发展过程中的重要问题很多，既有理论重要性、又有现实意义的问题也比比皆是。怎样从众多问题中选择一个合适的问题作为自己的博士论文题目呢？我通常会建议同学们用三个标准进行判断：重要性、有趣性和可行性。符合这三点要求的题目，是比较容易满足作为一部著作的博士论文要求的。首先是重要性，因为问题足够重要，所以它需要涉及的范围会比较广，最后形成的研究发现应该比较多，才能满足博士论文的篇幅要求。其次是有趣性，强调作者需要对这个题目感兴趣，兴趣是最好的老师，他就有动力去发掘不同的研究视角、研究方法等，并在不同的层次进行研究。再接下来是可行性，是说这个题目的研究有不同的切入点可供采用。从实证研究角度看，有数据和信息可以收集、可供分析；如果是有理论上的争议，那么可以进行理论模型的构建；甚至在没有数据的情况下，也可以进行一手数据的采集，比如借助调查问卷、经济学实验等形式。

但归根结底，经济研究中问题的重要性是第一位的，而要求大论文以著作形式呈现，会帮助满足重要性这一标准。在题目选定之后，需要开始从不同的角度进行研究。考虑到要构成一本书的不同章节，就要对问题进行全面深入的了解，包括它的历史沿革与发展现状，尤其是相关的制度背景，均需要有比较详细的把握。这一点对经济学这样一个典型的社会科学来说，尤为重要。如果没有以著作作为成果呈现形式这个要求的话，那么同学们很可能会对这一点重视不够。

在博士论文的理想范式这个问题上，我个人的观念是发生了转变的。与其他美国大学类似，我攻读经济学博士的美国华盛顿大学（圣路易）对博士论文的要求是相关领域的三篇论文，而论文内容之间并不要求有紧密的联系。我自己的三篇论文虽然以政府官员的激励研究为主题，却包括内容上联系松散的三篇论文，其中第一篇是针对监督问题的理论研究，第二篇是针对腐败问题的问卷调查分析，第三篇是针对美国联邦检察官的实证研究。

因而，我多年的观点是博士论文只需是几篇研究论文的组合即可，如果都是关于同一个研究领域的分析当然最好，但并不要求是针对同一个经济问题的研究。但过去十多年在中国的学术研究和博士培养经历，让我改变了这种看法。能够针对同一个重要问题进行深入全面的思考和研究，对培养善于发现和解决中国现实经济问题的经济学者来说至关重要。而这种能力的培养需要建立在问题意识的基础上，以著作为理想写作范式的博士大论文要求可以帮助达到这一培养目标。张相伟博士的毕业论文即是完美体现这一培养目标的典范之作，下面对张博士著作的内容做简要介绍。

自1978年迈开改革开放的步伐，中国不断优化对外开放格局，积极加入世界贸易组织，主动实施“引进来”与“走出去”战略，全面融入国际分工体系，共建“一带一路”倡议，实施自由贸易试验区战略，努力推动构建人类命运共同体。在构建新发展格局的进程中，中国正向着更高水平的对外开放铿锵迈进。目前中国已成长为世界第二大经济体、第一大货物贸易大国和对外投资大国。尤其是，随着中国经济实力的稳步提升，“走出去”战略和“一带一路”倡议的深入实施，近年来中国对外直接投资规模迅猛增长，2015年对外直接投资流量首次超过当年吸引外资量，实现了由资本输入国到资本输出国的转变，是中国企业国际化的重要分水岭，也表明了中国产业开启了以主导者的身份融入国际贸易体系的新时期。2020年中国对外直接投资流量首次跃居全球第一，占比达到两成，已连续九年位列全球对外直接投资流量前三，2020年流量是2002年的57倍，年均增长速度25.2%。2020年存量是2002年86.3倍，全球占比由2002年的0.4%提升至6.6%，位居全球第三，仅次于美国和荷兰。因此，对外直接投资作为国际经济合作的最重要方式之一，已成为中国经济持续增长的重要引擎，不仅有利于中国企业获取先进的技术知识和管理经验，也有利于实现经济结构调整和国际收支平衡，是新发展阶段实现中国经济高质量发展的重要推动力。

作为发展中国家的中国已迅速成长为全球最大的对外直接投资国之一，这是一个传统经济学理论仍未能全面解释的新现象。中国对外直接投资具有自身的独特性，速度快、力度大，经常通过多种模式同时到多个国家和地区开展对外直接投资活动，并呈加速增长的态势。因此，中国企业对外直接投资背后的动因有别于传统的发达国家和发展中国家。此外，虽然中国对外直接投资规模增长速度快，但其存量与发达国家相比，仍存在较大差距，仅相当于美国的31.7%，存在较大增长潜力。在国内资源环境约束加剧、“逆全球化”的思潮愈演愈烈、单边保护主义不断蔓延、地缘政治风险加大、多国对外资审查和监管趋严、全球产业链和价值链深度重组、疫情危机叠加的背景下，中国企业“走出去”将面临更加错综复杂的国内外环境。因此，新发展阶段深入探究中国企业对外直接投资背后的动因，对于实现中国对外直接投资的稳步健康发展，具有特别重要的理论和现实意义。

在这样的背景下，本书以研究中国企业对外直接投资的动因为核心，密切关注近年来中国对外直接投资的最新动向，力图全面捕捉其新特点，进而以其最新趋势为出发点，基于现有的国际直接投资理论，结合中国对外直接投资的特点，最终从市场动因和政府动因的视角，采用当今经济学主流的研究范式和翔实的数据，来系统解读中国对外直接投资的实践。研究视角较为新颖，研究主题契合当今中国经济发展的新特点，该研究有助于中国实体经济的可持续发展，以及国家“一带一路”建设和国际产能合作的有效落实。

本著作主要源于2018年张相伟同学的博士论文，并受到商务部政研室应急课题的资助，它的一个鲜明特点是：研究主题不仅具有重要的理论价值，更具有强烈的现实意义；从迫切需要的现实问题中提炼出重要的理论问题，同时得出有针对性并切实可行的政策建议。在中国转型升级和更高水平外向型经济建设的关键时刻，探究中国企业境外直接投资的动因，这一研究主题的重要政策意义不言而喻。更重要的是，本书的研究中特别重视政府的各项政策如何影响中国企业的投资行为，对中国特色社会主义市场经济建设中如何更好发挥政府的作用有较深入的思考和较全面的认识。具体来说，相伟博士在书中全面考察了影响中国企业对外直接投资决策的各种因素，既包括多项市场力量，更包括各项重要的政策措施。

首先，他的研究发现国外对华反倾销等贸易壁垒的实施以及国内劳动力价格的提高是中国企业境外直接投资增加的重要因素。一方面，中国对外直接投资具有显著地跨越东道国反倾销壁垒的动机。而且，中国跨越反倾销贸易壁垒的对外直接投资行为在发达和发展中国家、“一带一路”国家和非“一带一路”国家、承认和不承认中国“市场经济地位”的国家之间存在异质性。另一方面，近年来国内劳动力成本快速上涨是中国对外直接投资迅速增加的主要因素之一。换言之，中国对外直接投资可能存在生命周期，中国对外直接投资的主要动机正逐渐从获取战略资源向追寻效率转变；同时，劳动力成本上升对中国对外直接投资的影响具有区域异质性、类型异质性和时间异质性，主要促进了中国对发展中国家的直接投资和垂直型直接投资；对东部和中部地区的影响比较明显，而且，其影响在2005年之后更加显著。

其次，他的研究还发现中央和地方政府的扶助政策也起到了促进中国企业境外直接投资的显著作用。中国在境外设立的各个经贸合作区显著提高了中国企业对东道国的直接投资，并且这种促进作用具有异质性，更利于市场寻求型和资源利用型对外直接投资的增长；但同时，这些境外经贸合作区也减缓了中国企业对东道国出口的增长。更重要的是，从新制度经济学的视角，本研究尝试构建了一个境外合作区与“一带一路”及“五通”之间关系的理论分析框架，实证检验了境外经贸合作区对中国对外直接投资的影响。研究发现，中国境外经贸合作区对中国东道国对外直接投资的促进作用是通过改善东道国基础设施建设水平、融资能力以及国际贸易渠道等短期途径加以实现的，而在政策协调与文化融通等方面仍需进一步地长期推进。也即，境外经贸合作区对中国对外直接投资的影响与东道国制度水平及双边之间的“民心相通”呈互补关系，与东道国的“设施联通、贸易畅通和资金融通”之间则呈替代关系。境外经贸合作区的建立固然可以帮助弥补“一带一路”沿线国家和地区基础设施、贸易增长和金融发展等方面的不足，有利于实现设施联通、贸易畅通与资金融通等目标；但东道国良好的制度质量和双边之间的“民心相通”仍是境外经贸合作区发挥作用的基础。因此，加强与“一带一路”沿线国家和地区之间的政策沟通与民心相通是亟须提前完成之要务。

此外，在“一带一路”倡议背景下，本书的研究还关注了“资金融通”对“贸易畅通”的影响，即中国境外金融机构设立对中国企业对外直接投资的影响。相伟博士的研究发现，中国金融机构在境外设立分支机构有助于跨国企业克服信息不对称问题，通过降低企业海外经营风险、减少交易成本和缓解融资约束，以及促进企业研发创新与提高生产率等途径，促进了中国企业对东道国的直接投资，而且其促进作用具有异质性，主要促进了中国对发展中国家的直接投资。

就在即将完成这篇序言之时，我注意到财经杂志上刊发的专题报道，聚焦中国汽车企业向海外出口及投资的演变过程，其中涉及到中国的车企如何从汽车出口逐步转向在海外投资生产并销售的过程。显然，汽车行业中的海外投资和海外并购，同样经历了一个跨越贸易壁垒的过程，这与张博士研究中第四章第三节的发现不谋而合。类似地，张博士研究中关于企业决策、政府政策和宏观经济等因素的影响规律，在中国汽车行业对外投资的发展过程中也有所体现，当然也表现出一些行业特点。可见，张博士的研究发现至今仍具有强烈的现实意义，并且在可预见的未来也会保持鲜活的生命力。

关于汽车产业中对外投资的报道，也让我们有机会来讨论两种不同的经济学博士培养模式。以研究方法为导向的培养模式，具有灵活选择研究问题的优势；而以研究问题为导向的培养模式的优势则在于，研究者会更加重视和关切相关问题的制度背景和现实规律，而选择的研究方法可以是灵活和多样化的。这种对问题的强烈关注，可以帮助经济学者保持常学常新的研究体验，因为时刻有重要的现实问题需要我们去关注去研究。当然，在此过程中如果能够保持对前沿研究方法的关注甚至掌握，则是理想的状态。

我相信，张相伟博士在本书中的研究发现，对中国在新发展阶段里谋划高水平改革开放，推动构建更完善、更务实、更创新的对外投资格局，具有一定的政策启示和指导作用。我也坚信，相伟博士在未来的教学和科研工作中，会继续保持他在本书研究和写作过程中体现出的强烈的问题意识和钻研精神，为中国的经济发展和改革决策贡献更多的力量。

龙小宁

“长江学者”特聘教授

厦门大学

2022年7月于鹭岛

摘 要

随着中国经济实力稳步提升和“走出去”战略的深入实施，近年来，中国企业对外直接投资迅猛增长。中国正以产业主导者的身份融入国际贸易与投资体系的新时期，但与其他国家相比，全球占比不高，仍有较大提升潜力。如何解释国际直接投资流向一直被学术界视为一个“大问题”，中国对外直接投资不仅具有传统发达国家对外直接投资的一般共性，也具有自身的独特性。因此，深入探究中国对外直接投资背后的驱动因素，具有重要的理论和现实意义。

基于此，本书以研究中国企业对外直接投资的动因为核心，结合中国企业对外直接投资的实践，构建了影响中国企业对外直接投资的市场和政府因素的分析框架，并分别基于微观企业、省级和国家层面数据，从微观企业、东道国和母国角度，实证检验了中国企业对外直接投资高速增长背后的市场驱动因素与政府驱动因素。最后，总结和讨论所得结论，提出相应的政策建议，并结合企业所处的国际、国内环境以及企业自身因素，展望了未来中国对外直接投资的发展趋势。

本书研究发现，中国对外直接投资受市场驱动和政府驱动双重因素的影响。企业融资约束、母国劳动力成本和东道国贸易壁垒等市场机制因素，以及中国境外经贸合作区和境外金融机构布点等重大境外投资促进政策均是近年来中国对外直接投资高速增长背后的重要驱动因素。无论是基于当今国际和国内环境，还是企业自身发展的需要，中国对外直接投资仍存在较大的增长潜力与空间。当然，与之相伴的是，企业“走出去”遇到的风险也日益增多。因此，不仅需要企业自身不断提高抗风险的能力，中国政府也应主动出击，在持续实施和完善境外投资促进政策的同时，积极参与构建全球性双边和多边投资合作机制。

与现有文献相比，本书主要创新之处体现在以下方面：

① 结合中国企业的对外直接投资实践，从市场和政府动因两个层面，构建了一个符合中国对外直接投资实践的分析框架，并运用多个层级的数据，从多维度对近年来中国对外直接投资高速增长背后的多重驱动因素进行了实证检验。

② 从中国对外直接投资发展的最新动向出发，重点关注了企业融资约束、母国劳动力成本上升和东道国贸易壁垒等市场机制因素对中国对外直接投资的影响。

③ 首次实证分析了中国境外金融机构布点和境外经贸合作区等两项重大境外投资促进政策对中国对外直接投资的影响，并以境外经贸合作区为例，基于新制度经济学的制度演化理论，构建了一个境外经贸合作区与“一带一路”倡议中互联互通之间关系的理论框架，系统探究了境外经贸合作区、“一带一路”倡议与对外直接投资之间的关系。

目 录

图索引

表索引

1 绪论

1.1 选题背景及意义

1.1.1 选题背景

自1978年实行改革开放以来，中国与世界经济快速融合，发达国家和地区纷纷将劳动力密集型的制造工厂转移到中国大陆，中国逐渐成为国际社会公认的外商直接投资吸收国。中国对外直接投资的初始规模非常有限，但是，2001年中国加入WTO和2002年“走出去”战略的实施，极大地改变了中国对外直接投资的发展前景。近年来，中国对外直接投资规模迅速攀升，逐步成为主要的外商直接投资来源国。自2003年以来，中国对外直接投资已实现连续14年增长，年均增速高达35.8%，2016年流量是2002年的72.6倍，占全球比重由2002年的0.5%提升至2016年的13.5%，首次突破两位数，再次超过吸引外资，连续两年实现双向直接投资项下的资本净输出（见图1.1）。中国在全球外商直接投资中的地位和作用日益凸显，中国产业正以主导者的身份融入国际贸易与投资体系的新时期（吴福象和段巍，2017）。随着“一带一路”建设的深入实施和国际产能合作的持续推进，中国对外直接投资规模还将持续增长。

对外直接投资作为国际经济合作的最重要方式之一，已经成为中国经济增长的重要引擎，不仅有利于中国企业获取先进的技术知识和管理经验，也有利于实现经济结构调整和国际收支平衡。但与发达国家相比，中国对外直接投资存量仍存在较大差距，截至2016年底，仅相当于第一大投资国美国的21.3%①。这表明虽然中国对外直接投资增速较快，但全球占比仍不高，具有较大提升潜力。

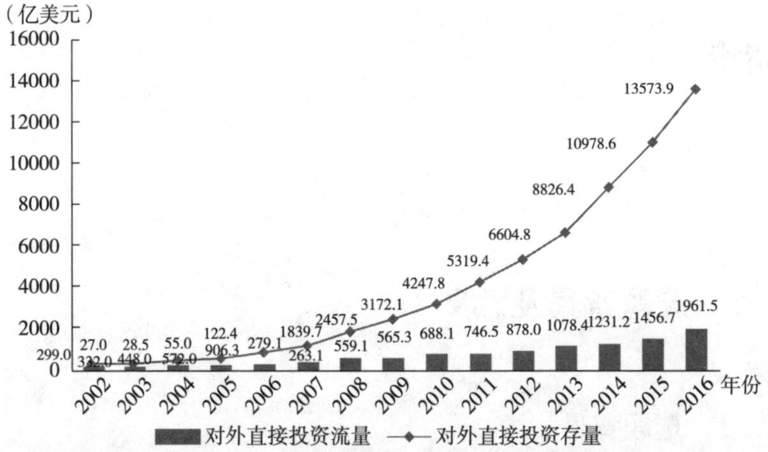

图1.1　2002—2016年中国对外直接投资流量和存量情况

资料来源：《2016年度中国对外直接投资统计公报》。

因此，我们在看到中国对外直接投资蓬勃发展的同时，更要理性地看到，相对于其他国家，还存在着巨大的差距。其高速增长是否可持续？背后的驱动因素是什么？是由市场推动还是由政府推动的？基于此，为提高中国对外直接投资的效率，优化资源配置，更好地服务于中国经济“新常态”下的高质量发展，本书将基于已有研究，以研究中国企业对外直接投资的动因为核心，系统探究中国对外直接投资的市场动因和政府动因，为中国对外直接投资的可持续发展提供更为科学的理论依据和经验支持。

① 根据联合国贸易和发展委员会的统计，中国的对外投资存量与GDP比率长期低于世界平均水平。2016年，中国对外直接投资存量与GDP的比率为11.4%，而全球、发达经济体、发展中经济体、转型经济体的比率分别为34.6%、44.8%、19.8%、22.6%；中国在2016年对外直接投资占总固定资产形成的比例仅为3.8%，而全球平均为7.9%，发展中国家平均为7.1%，东南亚也达5.1%。从体量上和中国经济可比的美国来看，即便美国历史上积累了大量的直接投资存量，但2016年其对外直接投资比例占其固定资产形成比例也为8.2%。乔晶和胡兵（2014）基于2003—2011年中国对全球118个国家或地区的对外直接投资数据，研究发现近年来蓬勃发展的中国对外直接投资整体表现为投资不足而非投资过度，投资不足程度平均为26.59%。尤其是，对发达国家、制度质量和技术水平较高国家或地区的投资不足程度更严重，中国对外直接投资仍然具有较大的增长潜力。

1.1.2 选题意义

如何解释国际直接投资流向一直被学术界视为一个“大问题”（Buckley，2002）。中国作为世界上重要的外商直接投资来源国和接收国，研究中国情境下的对外直接投资具有更加深远的意义。

1.1.2.1 理论意义

中国作为一个发展中的经济大国，其经济发展水平、社会制度结构、主流商业模式、企业竞争能力以及利益相关者关系等方面均与传统的对外直接投资来源国存在明显差异。中国企业对外投资通常速度快、力度大，经常通过多种进入模式同时到多个国家和地区开展对外直接投资活动，并呈现加速增长的态势（Guillén & García-Canal，2009）。因此，中国对外直接投资不仅具有传统发达国家对外直接投资现象的一般共性，也具有自身的独特性。

然而，现有跨国直接投资理论主要基于发达国家跨国直接投资现象的经验总结，而新兴经济体和发展中国家企业的跨国投资行为显著区别于发达国家的宏观背景和微观行为，亟须对现有理论进行拓展。中国作为典型的发展中国家，已成长为全球第二大经济体以及第二大和第三大外商直接投资来源国和吸收国。因此，基于中国举足轻重的国际经济地位，以及现有理论主要建立在研究西方发达国家跨国投资现象的学术现状，研究中国情境下的对外直接投资，不仅可以检验已有理论对中国的适用性，有助于为中国经济实践经验的国际化和理论化做出贡献，还有利于补充和完善现有对外直接投资的理论体系。

1.1.2.2 现实意义

首先，境外投资作为中国参与国际分工最重要的方式之一，不仅是中国经济可持续增长的重要引擎，实现中国经济发展转型的重要途径，也是增强国家实力的战略需要。目前尽管中国对外直接投资规模经历了高速增长，但是，与世界其他国家相比仍存在较大差距，与中国经济在世界经济中的地位并不相匹配。故深入探究中国对外直接投资背后的驱动因素，让其增长潜力变为现实，具有重要的现实意义。

其次，近年来中国企业的对外直接投资行为出现了一些新特点，受国内经济转型、全球贸易保护主义抬头，以及母国和东道国的经济发展水平、制度和政策等多重因素的影响，跨国企业所面临的境外投资风险不断增加。而且，部分西方国家对中国对外直接投资的驱动因素和投资模式存在偏见，多项重大投资项目屡次受到东道国不同方式的限制甚至抵制，导致我国诸多企业不得不掩面而退。

因此，厘清中国对外直接投资的背后动因，有助于澄清外界对中国企业"走出去"动机的偏见。

最后，"政策沟通、设施联通、贸易畅通、资金融通、民心相通"在"一带一路"官方文件《推动共建丝绸之路经济带和21世纪海上丝绸之路的愿景与行动》（以下简称《愿景与行动》）中被称为"一带一路"建设合作的重点，并被学者视为"一带一路"构想的核心（卢锋等，2015；金碚，2016等），而对外直接投资正是实现贸易畅通的重要方式之一。因此，探究中国对外直接投资的动因，有助于中国"一带一路"建设和国际产能合作的有效落实。

1.2 关键概念界定

本书主要涉及两个关键概念，即中国对外直接投资和投资动因。

1.2.1 对外直接投资

对外直接投资源于国际商务领域的国际直接投资（International Direct Investment，IDI）的概念，国际直接投资（IDI）与"外商直接投资"（Foreign Direct Investment，FDI）（又译为"外国直接投资"）、"海外直接投资"（Overseas Direct Investment，ODI）、跨国直接投资（Transnational Direct Investment，TDI）等是同一概念的不同称谓。

国际直接投资涉及两个国家和地区：资本流入国和资本流出国。其中，资本的流入国称为东道国，资本的流出国称为母国。一国一般既接受资本的流入，又进行着资本的流出，即同时扮演着东道国和母国的角色。根据联合国贸发会议（UNCTAD）每年发布的《世界投资报告》，对一国而言，将该国外国资本的流入称为外商直接投资（Inward Foreign Direct Investment, IFDI）而将该国的资本流出称为对外直接投资（Outward Foreign Direct Investment, OFDI；Outward Direct Investment，ODI；Outbound Direct Investment，ODI）。本书的研究出发点是中国对外直接投资，因此，主要聚焦于中国资本的流出，即中国的“对外直接投资”（China's Outward Foreign Direct Investment）（下文简称OFDI）。有关“对外直接投资”的概念辨析如图1.2所示[①]。

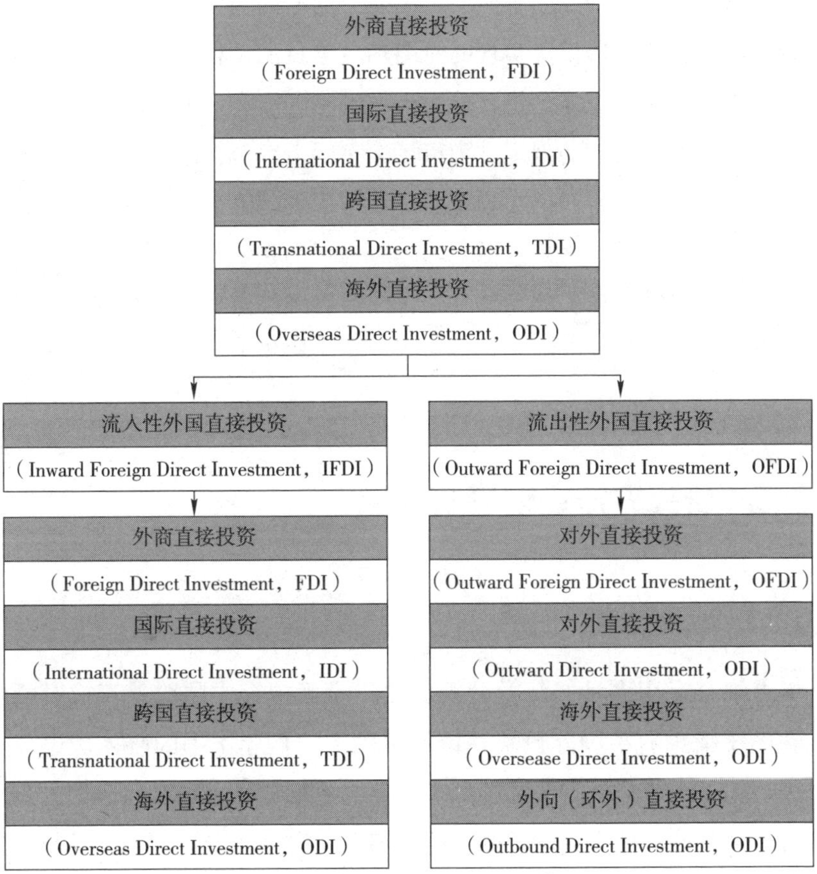

图1.2 “对外直接投资”的概念辨析

① 在本书中，本书所提到的中国企业“走出去”和中国境外直接投资、跨国直接投资也等同于中国企业对外直接投资。

由于本书中中国对外直接投资的样本数据主要源于历年《中国对外直接投资统计公报》，因此，本书关于对外直接投资的具体定义沿用商务部对外投资和经济合作司的定义，即“中国企业、团体等在国外及港澳台地区以现金、实物、无形资产等方式投资，并以控制国境外企业的经营管理权为核心的经济活动”。而且，本书在后文中以OFDI作为对外直接投资的简称①。

1.2.2 投资动因

对外直接投资的动因是企业“走出去”的原因与驱动因素，也可理解为企业希望通过对外直接投资实现的意图和战略目的。根据研究需要，本书依据起主导作用的决策主体，将其分为市场机制因素和政府驱动因素。把以企业为主体的决策行为的动因定义为市场机制因素，包括融资、劳动力成本和东道国贸易壁垒等因素；把影响企业决策行为的国家战略或者国家政策的驱动因素称为政府驱动因素，包括中国政府为帮助企业“走出去”实施的两项重大境外投资促进政策，即境外经贸合作区和境外金融机构布点，以及当前中国最重要的区域合作机制之一——“一带一路”倡议。

1.3 研究方法、内容与框架

1.3.1 研究方法

本书综合运用多种经济学分析方法，全面探究中国对外直接投资的动因。在系统梳理有关国际投资理论的基础上，构建本书的整体理论分析框架，分别基于企业级、省级和国家级层面的数据，从市场和政府等方面多维度分析中国对外直接投资增长的背后动因。行文中主要运用了文献与理论分析法、计量分析法、统计分析法和比较分析法，同时还结合了实地调研、案例分析以及专家咨询法。

---

① 由该定义可以看出，本处的“中国”一词特指中国大陆。两个特别行政区——中国香港和中国澳门，被视为对外直接投资的目的地，中国台湾也被视为一个对外直接投资的目的地。同时，本书的国家均为国家和地区。

1.3.2 思路与框架结构

本书的研究内容主要从理论与实证两个方面展开。在梳理现有相关文献的基础上，从中国企业对外直接投资的实践出发，以研究企业对外直接投资的动因为核心内容，在构建中国对外直接投资理论框架的基础上，从市场和政府两个方面系统探究中国对外直接投资的动因。从而为中国对外直接投资的可持续发展提供更为科学的理论依据和经验支持。因此，本书的结构安排如下：

第1章，绪论。阐述本书的选题背景和意义，在界定相关关键概念的基础上，构建本书的主要思路和框架，并指出本书的研究特色和创新点。

第2章，理论基础与文献回顾。在回顾跨国公司直接投资经典理论的基础上，重点梳理和评述国内外关于中国对外直接投资动因的文献。从而，结合中国对外直接投资的实践，引出本书的切入点，构建本书的整体分析框架。

第3章，中国对外直接投资的历程与现状。全面收集相关数据，综合运用相关图表，描绘中国对外直接投资的时空分布特征图景，窥探其发展历程和现状，洞悉中国对外直接投资发展的背后动因。

第4章，中国对外直接投资的市场动因。在前文的基础上，阐述各因素影响中国对外直接投资的理论机制，从理论上揭示中国对外直接投资市场动因的作用机理与传导机制，厘清“各个市场动因与中国对外直接投资”之间的逻辑关系，并提出相应的理论假说，并利用企业级、省级和国家级的数据，重点探究企业融资约束、国内劳动力成本上升和东道国贸易壁垒对中国对外直接投资的影响。

第5章，中国对外直接投资的政府动因。本章主要探究母国制度和东道国制度影响我国对外直接投资的机理与作用机制，并基于母国的视角，重点实证检验中国境外经贸合作区和境外金融机构布点以及“一带一路”倡议对中国对外直接投资的影响。

第6章，结论、启示与展望。总结和讨论所得结论，提出相应的政策建议，并结合现实环境，展望中国对外直接投资的未来发展趋势。

本书的技术路线见图1.3。

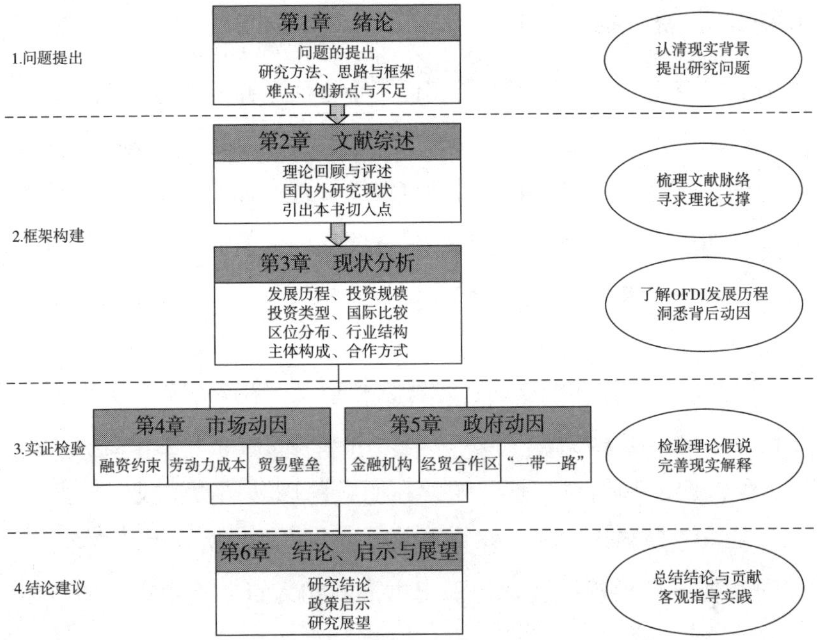

图 1.3　本书的技术路线图

1.4　难点、创新点及不足

1.4.1　研究难点

1.4.1.1　理论构建

与西方发达国家相比，中国跨国直接投资现象具有独特性，如何在现有理论的基础上，结合中国对外直接投资实践，构建一个符合中国现实的理论框架，可能本身就是一个很大的挑战。

1.4.1.2　数据查找与整理

首先，本书所使用的很多数据需要手工收集与整理，过程可能比较烦琐和辛苦。其次，数据整理过程中可能还会涉及各种统计口径的转换，如何保证转换后数据的精确性，也是本书实证开展过程中所面临的一个挑战。

1.4.1.3 实证分析

本书在实证检验过程中，主要解释变量和被解释变量之间可能存在内生性问题，如何通过各种方法克服存在的内生性，确保计量分析结果的可靠性也是本书的一个重要难点。

1.4.2 特色与创新点

1.4.2.1 研究视角

本书密切关注近年来中国对外直接投资的最新动向，力图全面捕捉其新特点，进而以其最新趋势为出发点，基于现有的国际直接投资理论，结合中国对外直接投资的特点，最终从市场动因和政府动因的视角，系统解读中国对外直接投资的实践。

（1）市场动因

结合近年来中国企业跨国直接投资现象的最新动向，本书重点关注了融资约束、母国劳动力成本和东道国贸易壁垒等因素对中国企业“走出去”的影响。

首先，尽管已有文献证实融资约束是阻碍中国企业“走出去”的一个重要因素，但是，仍存在诸多值得拓展的空间。现有研究视角主要以宏观层面为主，微观层面研究指标单一，缺乏多维度的异质性分析。与现有文献相比，本书基于《中国工业企业数据库》和《中国境外投资企业（机构）名录》的匹配数据，构建融资约束的综合指标，克服了现有研究单一指标的不足，并从多个维度考察了融资约束对企业“走出去”的异质性影响。

其次，尽管过去已有研究表明，目前中国企业“走出去”的主要动因并不是寻求东道国廉价的劳动力成本，但是本书考虑到中国对外直接投资可能存在生命周期，尤其是，近年来中国国内的劳动力成本不断上涨，“人口红利”逐渐消失，传统的劳动力成本优势已大大削弱。因此，近年来我国企业对外直接投资很可能逐渐表现出寻求效率的动因。然而，现有研究很少关注这一点，仅有少部分文献利用国家层面的数据从东道国的角度进行了考察。相比以往的研究，本书利用境外企业投资名录数据和省级数据，考察了母国劳动力成本对中国企业“走出去”的异质性影响。

最后，由于近年来，随着西方国家贸易保护主义的抬头，世界各国以反倾销为主的贸易壁垒急剧上升，反倾销已完全成为各国实施贸易保护主义的一个工具（Blonigen & Prusa，2003）。据WTO统计，自1995年以来，中国已连续21年成为世界上受到反倾销调查最多的国家。尤其是2001年来，中国遭受反倾销调查的次数呈现快速增长的趋势。面对东道国的贸易壁垒，出口企业可能会选择在东道国直接投资建厂而继续保持在东道国的市场份额。近年来中国遭受的反倾销调查和对外直接投资也呈现了相似的增长趋势。因此，本书推测东道国贸易壁垒很可能是诱发我国企业对外直接投资的一个重要因素。相对于以往的研究，本书在研究视角、样本选择、研究方法上均有所创新，不仅从理论层面详细分析东道国贸易壁垒对中国对外直接投资的影响，还结合中国遭受反倾销调查的特征，探讨了其异质性影响，尤其是首次分析了东道国承认中国“市场经济地位”与否对中国对外直接投资的影响，并考虑了贸易壁垒与对外直接投资之间可能存在的内生性问题。

（2）政府动因

虽然现有研究发现中国企业“走出去”可能并非单纯的企业行为，还受到国家战略和产业政策的影响，但是，这些研究也仅仅停留在描述性分析和个案研究上，而且主要从东道国的角度进行分析，忽略了母国制度的作用。少有的几篇关于母国制度对我国对外直接投资的影响，也仅主要关注了中国对国有企业的政策支持，缺乏对中国政府具体境外投资政策以及当前我国重要的区域合作机制之一——“一带一路”倡议的理论和实证研究。基于上述分析，本书将以中国境外经贸合作区和境外金融机构布点为例，并结合“一带一路”倡议，考察我国重大境外投资促进政策对企业“走出去”的作用，从而弥补已有研究的空白。

具体而言，首先，中国境外金融机构布点不仅是金融类直接投资的重要组成部分，也是“一带一路”中“资金融通”的重要内容。本书以中国境外银行布点为例，在详细阐述金融机构境外布点影响对外直接投资的理论机制的基础上，首次实证考察了中国金融机构境外布点对境外直接投资的异质性影响，并尝试采用工具变量法克服模型中可能存在的内生性问题。

其次，本书首次量化分析了境外经贸合作区对中国对外直接投资的具体影响，并基于新制度经济学的视角，结合“一带一路”倡议，以境外经贸合作区为例，构建了一个境外经贸合作区与“一带一路”及“五通”之间关系的理论分析框架，并利用中国2003—2014年的境外直接投资数据，实证检验了境外经贸合作区、“五通”对中国企业“走出去”的作用。

1.4.2.2 理论研究

由于中国对外直接投资具有一定的独特性，传统的跨国直接投资理论并非完全适用于中国。故本书不仅检验已有理论对中国的适用性，还将充分结合中国跨国直接投资的实践，试图从市场和政府两个视角构建中国对外直接投资理论分析框架，并基于全面的宏微观数据对所提出的理论假说进行实证检验。

1.4.2.3 实证研究

首先，本书尽可能全面地收集相关数据，使研究样本尽可能大，从数据收集环节就开始减少样本选择，从而减少估计结果的偏误。其次，本书采用多层面的数据，多维度地探究中国企业对外直接投资背后的动因，并综合利用多种现代计量经济学方法克服模型中可能存在的内生性问题，以确保实证结果的稳健性。

1.4.2.4 政策建议

多维度、多层次地提出应对方案。本书基于理论和实证分析的结果，结合实地调研中获得的第一手资料，从企业层面入手，并结合全球与中国宏观经济环境和企业内部因素等方面对中国企业“走出去”的动因及所遇到的困难进行归纳总结，最终从政府、行业组织、投资机构、企业层面等多个维度为中国企业“走出去”提出切实可行的政策建议。

1.4.3 不足之处

由于笔者知识积累、资料和研究手段等方面的限制，本书可能还存在以下不足之处：

第一，理论研究。受限于笔者学术水平和知识积累，对现有文献的理解与解读还不够深入，文献评述可能存在不当之处。

第二，实证研究。囿于数据，本书未能得到最新关于中国OFDI企业层面的微观数据，从而很难捕捉到跨国直接投资企业的具体细节，是本书的一大遗憾与不足。此外，由于某些因素难以量化和受实证技术限制，不能完全克服模型中可能存在的内生性问题，会对估计结果的可靠性造成一定的影响。

2 理论基础与文献回顾

现有关于对外直接投资动因和决定因素的理论，是本书解释中国对外直接投资动因的理论基础。本章将在对国际直接投资理论进行回顾与梳理的基础上，明确本书的基本理论依据，并对中国对外直接投资动因相关的研究做出批判性评论，引出本书的切入点和创新点。

2.1 国际直接投资理论的发展

2.1.1 经典理论

跨国直接投资理论随着不同国家跨国投资现象的出现而发展，以对各国的跨国投资现象和行为进行解释。与现有国际直接投资理论的发展脉络一致，本节将以投资主体的国别特征为主线，对其进行梳理与回顾。

2.1.1.1 发达国家

跨国直接投资现象最早源于发达国家，早期的跨国直接投资理论也主要用来阐述发达国家跨国直接投资的动因和影响。其中，垄断优势理论、产品生命周期理论、内部化理论、国际生产折衷理论和边际产业扩张理论等主流理论被学者们所广泛接受。

（1）垄断优势理论

Hymer（1960）首次基于产业组织理论，提出了垄断优势理论，被认为是西方最早研究对外直接投资的独立理论。垄断优势理论基于市场不完全的分析框架，研究发现跨国企业是市场不完全的产物，市场不完全导致一些企业获得与东道国同类企业的垄断优势。跨国企业在东道国经营要想获得高额利润，必须具有生产、市场、规模经济、信息和网络以及产品差异化等优势。

垄断优势理论解释了西方发达国家的企业通过自身垄断优势而进行跨国直接投资，获取巨额利润的动因。然而，该理论并不完全适用于发展中国家和新兴经济体。

（2）产品生命周期理论

Veron（1966）认为产品的生命周期可以分为创新、成熟和标准化三个阶段，企业将在产品生命周期的不同阶段相机选择生产和销售市场。该理论认为，新产品一般产生于发达国家，起初也主要是满足于发达国家的需求，最后，才满足经济比较落后的其他国家需求。在新产品的创新阶段，企业主要在国内生产，并具有生产和销售的垄断优势，主要为国内消费者服务；在产品成熟阶段，随着产品国内市场不断饱和，企业将不断减少在本国的生产，逐渐转移到其他较发达国家生产和销售；在最后的产品标准化阶段，企业会将大部分生产转移到经济比较落后的发展中国家，通过进口来服务母国市场。

该理论通过把产品的生命周期分为三个阶段，动态诠释了美国跨国企业的投资动机与区位选择。但该理论也具有一定的局限性，产品生命周期理论主要适用于解释某些具有高度创新行为的部分制造业行业，并不能很好地解释其他行业的跨国投资行为，尤其是产品生命周期不明显的油气、矿产资源等行业。而且，产品生命周期理论也不能解释跨国公司的一些战略性全球投资行为。

（3）内部化理论

Buckley和Casson（1976）基于科斯（Coase，1937）的企业边界理论，发现企业跨国直接投资主要是为了降低交易成本，而在全球范围内进行市场内部化的过程。

内部化理论基于跨国企业的性质和起源的视角，解释了部分企业的对外直接投资行为。但该理论主要关注了中间产品市场，而忽略了最终产品市场的作用。

（4）国际生产折衷理论

Dunning（1977）把东道国因素融入垄断优势理论（Hymer，1960）和内部化理论（Buckley & Casson，1976）两种理论之中，形成了“国际生产折衷理论”（Eclectic Theory）或者“OLI范式”（Ownership-Location-Internalization Paradigm）。该理论融合了企业对外直接投资所需具备的国家优势和企业优势，即企业对外直接投资需具备所有权优势（O）、区位优势（L）、内部化优势（I）三个必备条件。三种不同优势的不同组合决定了企业不同的国际化行为方式（见表2.1）。所有权优势是企业开展对外直接投资的基础，内部化优势是实现所有权优势的具体途径，区位优势是发挥所有权优势所具备的条件，企业只有同时具备这三种优势时才会进行对外直接投资。在后续的研究中，Dunning对该理论进行了持续不断的修正与扩展（Dunning，1980，1988，1993，1995，2000，2006）。

表2.1 不同优势组合下企业的国际化方式

国际化方式	优势		
	所有权	内部化	区位
OFDI	+	+	+
出口	+	+	–
技术转让	+	–	–

注：“+”表示具备此种优势，“–”表示不具备此种优势。

资料来源：Dunning（1981）。

国际生产折衷理论因其具有高度适用性和较强的解释力而被广泛应用于实证研究中（Dunning，1980；König，2003），该理论标志着跨国直接投资理论已经相对成熟。因此，被诸多学者称为20世纪90年代以前传统对外直接投资理论的代表。但是该理论的研究对象以发达国家为主，难以解释那些由国家战略驱动而非竞争优势驱动的企业国际化行为[①]。

（5）边际产业扩张理论

① 关于国际生产折衷理论局限性与发展的讨论具体可以参看林季红（2006，2007）的研究。

Kojima（1978）基于日本企业对外直接投资的实践，提出了“边际产业扩张理论”（Investment Climates），也称为“比较优势理论”（Comparative Advantage）。该理论认为，企业应依次从本国边际产业或已经处于或即将处于比较劣势的产业开始扩张。这样不仅利于母国的产业结构调整与对外贸易，还益于东道国发展劳动密集型产业。

边际产业扩张理论基于国际分工和比较成本的原则，较为合理地解释了日本企业对外直接投资的动机及其与对外贸易的关系。同样，该理论也有一定的局限性，各国必须结合本国自身的国情，来解释本国企业的对外直接投资现象，而不能简单地照搬。

2.1.1.2 发展中国家

20世纪70年代后期，发展中国家跨国直接投资现象的涌现，迎来了以发展中国家为主要研究对象的理论发展。其主要沿着两条线索展开：一是从技术演进角度，为发展中国家寻找竞争优势；二是在折衷范式基础上构建以跨期利润最大化为核心的学习型和策略型理论。主要包括投资发展周期理论、小规模技术理论、技术地方化理论和技术创新产业升级理论。

（1）投资发展周期理论

Dunning（1981）针对国际生产折衷理论缺乏动态分析的缺陷，提出了投资发展周期理论。该理论认为本国所处的经济发展水平决定其对外直接投资能力。随着人均GNP水平的提高，本国净对外直接投资将呈现周期性与阶段性的变化规律，会经历四个阶段（见表2.2），每个阶段具有不同的特点，而且受不同阶段母国国内环境的影响。在后续的研究中，Dunning（1996）在此基础上又提出了第五阶段，尽管该阶段的净投资额仍大于零，但其绝对值逐步下降，而且，该阶段受母国经济发展阶段的影响程度减弱，主要受发达国家之间相互投资的影响。后来诸多学者对该理论不断地进行完善与发展（Dunning & Narula，1996；Buckley & Castro，1998），该理论在实践中也广泛被企业和政府作为判断本国对外直接投资所处发展阶段的依据。

该理论将动态因素融入国际生产折衷理论之中，但该理论忽略了国家间经济结构的差异，衡量指标也比较单一。

表 2.2 对外直接投资与经济发展水平的演变过程

阶段	人均 GNP（美元）	境外直接投资的特点
第一阶段	(− ∞，400]	由于国内企业缺少比较优势，没有境外直接投资，仅有少量外资流入
第二阶段	(400，2000]	外资流入增加，出现少量海外直接投资
第三阶段	(2000，4750]	海外直接投资攀升，增速可能超过外资流入，但对外净投资额仍为负，标志着该国已步入国际生产专业化之路
第四阶段	(2600，5600]	该国已具备强大的所有权和内部化优势，净对外投资额为正，且逐渐增加

（2）小规模技术理论

Wells（1983）打破了传统理论所强调的企业绝对垄断优势，融合发展中国家企业的竞争优势与本国的市场特征，认为发展中国家跨国直接投资原因在于，其拥有适合小市场需求的生产技术、民族品牌和产品低价营销战略的相对竞争优势。

该理论并未脱离垄断优势理论的烙印，仅仅补充了发展中国家所具有的独特竞争优势。

（3）技术地方化理论

Lall（1983）基于印度跨国企业的分析，发现发展中国家劳动密集型的标准化生产，是充分消化、吸收与改造发达国家先进技术的结果，而非简单的复制与模仿。对引进技术改造性的创新活动，是其从事对外直接投资活动竞争优势的主要来源。

该理论强调了发展中国家对引进技术的再生过程是其竞争优势的重要来源。

（4）技术创新产业升级理论

Cantwell 和 Tolentino（1990）基于小规模技术和技术地方化理论，发现有限的研发投入、技术引进和强大的"学习和组织能力"是发展中国家创新积累和竞争优势的来源。而且，发展中国家跨国直接投资的路径受"心理距离"（语言、文化和习惯等）影响，遵循"周边国家—发展中国家—发达国家"的渐进路径。产业分布也呈现一定的规律，从最初以自然资源开发为主的纵向一体化，逐步过渡到以进口替代和出口导向为主的横向一体化。

该理论基于技术和产业升级的视角，强调了发展中国家通过技术的动态积累而形成竞争优势，却忽略了其他方面积累而获得的优势。

2.1.2 新进展

近年来，随着以中国、巴西、印度和俄罗斯等金砖国家为代表的新兴经济体跨国企业的涌现，广大学者不断加强对新兴经济体跨国投资现象的研究，力图针对新兴经济体跨国投资的特点给出合适的理论解释。主要沿着以下两个路径展开：一是对传统的跨国直接投资理论进行检验与扩展；二是引入新的理论视角，试图进行理论创新，以适应新兴经济体的跨国投资现象。

2.1.2.1 基于传统理论的检验与扩展

基于传统的国际投资理论的扩展与检验，主要是在国际生产折衷理论的基础上进行。Sim和Pandian（2003）、Deng（2003）、Thomas等（2007）分别基于中国台湾、新加坡、中国大陆和拉美国家的对外直接投资数据，研究发现国际生产折衷理论（OLI）仍适用于这些国家和地区。Erdener和Shapiro（2005）发现中国家族企业开展国际直接投资活动的主要因素是其关系资产，国际生产折衷理论也基本能够解释中国的对外直接投资活动。Dunning（2006）提出发展中国家较之发达国家，之所以更快地进入外商直接投资净流出虽为负但差额快速缩小的阶段，是内外部因素共同作用的结果。一方面，尽管新兴经济体的跨国公司没有发达国家跨国直接投资所需的垄断优势，但其拥有更多的流动资产，并有对发展中国家的消费需求更加了解等特殊优势。另一方面，经济全球化以及各国在政策上的开放以及技术进步使国家的界限变得更加模糊，导致新兴经济体的跨国企业更早地进入国外市场。

2.1.2.2 引入新的视角，进行理论创新

21世纪以前的对外直接投资理论有三个共同之处：一是研究对象以发达国家和发展中国家为主；二是主要以国家以及产业层面的宏观研究为主，研究视角较为单一，缺乏交叉学科的研究；三是传统的跨国直接投资理论均是基于企业同质性的假设。目前，新的理论则基于新的视角进行跨学科研究，并融入国际贸易理论中的企业异质性假设，主要包括国际商务和国际经济学

两个视角。

（1）国际商务视角

国际商务视角理论分析框架主要为以资源基础理论（Resource-Based View）、产业基础理论（Industry-Based View）、制度基础理论（Institutional-Based View）为支撑的RII（Resource-Industry-Institution）理论分析框架和“连接—杠杆—学习”（Linkage-Leverage-Learning Framework，LLL）的理论分析框架。

① 资源基础理论

基于资源异质性和不可模仿性两个基本假设，前者是指不同的企业拥有不同的资源，具有异质性；后者则指企业异质性的资源不能无成本地进行转移（即资源具有黏性）。企业所拥有的不能完全被模仿和不可完全替代的特定资产和有价值的稀缺资源是企业竞争优势的主要来源（Barney，1991；Barney et al.，2001）。企业对外直接投资正是企业在海外市场通过探索和利用自身有价值的资源获取租金的重要途径，这些有价值的资源包括技术能力、商标、品牌和科技知识等。企业已拥有的资源可以帮助企业降低海外市场上由于复杂的经营环境和外来者劣势导致的高成本和高风险，并实现规模经济、范围经济和生产合理化（Hitt et al.，1997；Zebregs & Tseng，2002）。

资源基础理论与主流的国际扩张理论一致（Dunning，1993），该理论中企业有价值的资源的概念与Dunning（1993）国际生产折衷理论中所有权优势相对应。因此，大量关于境外直接投资的研究，包括资源利用、资产寻求和知识寻求也均建立在资源基础理论之上（Brouthers & Hennart，2007；Hitt et al.，2006；Tseng et al.，2013；Tuppura et al.，2008）。

后来诸多学者对企业特有的资源优势进行了扩展，将更多的资源优势融入企业资源优势之中，包括出口经历和国家特定优势。其中，出口经历能使企业对国外市场更加了解，培育进入外国市场的能力，从而有助于缓解信息不对称和不确定性，克服开展对外直接投资时的外来者的劣势，同时也影响管理者对对外直接投资成本的看法和增强信心（Eriksson et al.，1997；Pedersen & Shaver，2011；Mathews，2006）。因此，拥有出口经历的企业更可能会通过出口获取关于东道国市场的信息而从事对外直接投资活动。即使对于WTO成员，新兴经济体国家也面临反倾销和反补贴等非关税障碍，拥有出口经历的企业更可能通过对外直接投资跨越贸易壁垒（Buckley et al.，2007，2008）。同时，对外直接投资行为也是企业克服贸易障碍和促进出口的一种方式（Buckley et al.，2008；Lu et al.，2011）。因此，基于资源基础理论，企业的技术能力、出口经验、商标和品牌及国家特定优势等均是影响企业开展对外直接投资的重要因素。

尽管中国跨国企业没有发达国家跨国企业所具有的先进技术、营销和知识管理等资源优势，但是，中国企业仍然具有一些特定的资源优势，进而克服东道国经营的外来者劣势（Liu et al.，2008；Wang et al.，2012）。这些优势被称为比较所有权优势，主要来自较弱企业的特定优势和强大国家的特定优势，两种优势的动态整合和有机结合，使中国企业具备了对外直接投资的能力，进而不断地通过境外直接投资获取企业发展所需要的战略资源，企业竞争力也因此得到不断提升（孙黎等，2010）。

②产业基础理论

产业基础理论强调行业环境对企业经营的重要性，行业进入障碍、研发投入等行业环境是影响企业战略决策与国际化策略的重要因素（Boter & Holmquist，1996；Porter，1980；Yamakawa et al.，2008）。行业进入障碍会减少或者限制竞争，对企业的国际化行为至关重要。较低的行业进入障碍鼓励新企业的进入，增加竞争（Arora & Gambardella，1997；Porter，1980）。竞争压力促使企业不断地削减价格和改善产品质量，最终导致国内市场的利润空间越来越低，不得不以境外直接投资的方式到其他地方寻求进一步的发展（Lu et al.，2011）。与之相反，拥有比较高的进入障碍的行业伴随着比较低的竞争水平，这些行业的企业倾向于享受其拥有的强大市场地位带来的超额利润。因此，这些企业具有有限的激励进行跨国直接投资。

企业对外直接投资行为还受行业研发投入的影响，行业研发投入可能影响企业从出口转向对外直接投资（Yamakawa et al.，2008）。尤其是行业研发代表了企业技术维度的竞争，大量的产业研发投入提供了较大的产品差异化的潜力，并意味着该行业需要持续的知识获取。在该行业经营的企业需要不断地到发达国家获取尖端技术，更新它们的创新能力。受制于母国比较低的知识水平，新兴经济体国家的企业拥有强烈的动机通过国际市场获取知识和技术（Makino & Delios，1996）。

不同行业的潜在全球化程度不同，企业开展对外直接投资的比例也不同，相对于易受国家文化和独有特征影响的消费品行业，产品和服务生产标准化的行业（比如芯片、发动机的部件等）具有更高的全球化程度。不同行业的技术机会也存在很大的差异，高技术机会行业的企业技术进步更快，更倾向于开展对外直接投资活动（Klevorick et al.，1995）。行业政策在不同的行业也存在异质性，正在快速放松管制的行业国际化的需求更大，管制的放松和私有化使企业更加容易通过跨国并购和对外直接投资进行国际扩张。

③ 制度基础理论

企业的国际化战略选择并不是传统理论中所强调的完全由行业环境和企业特有的资源所驱动的（Barney，1991；Porter，1990）。企业国际化的决定也可能是企业对所面临的特殊的正式或者非正式制度约束的回应（Scott，1995）。因此，关于企业国际化的动因，不应该仅仅考虑以行业和企业资源为基础的特征，尤其是对于新兴经济体来说，企业国际化的行为受母国和东道国制度的影响非常大。

North（1990）认为“制度是一种人为设计的、形塑人们互动关系的社会游戏规则”。制度在维持市场机制的有效运行和帮助个人与企业进行市场交易方面，起着至关重要的作用。一个国家和地区制度构成的商业环境决定着企业商业活动的交易成本。制度是知识和信息的宝库，良好的制度环境能够促进镶嵌在制度中的企业竞争能力的发展，有助于减少信息不对称，更有利于企业掌握提升自身能力的信息，并诱导企业创造一种特殊的资源和能力，确保信息的透明度和合约的执行。因此，企业所处的制度环境显著地影响其决策，并鼓励企业制定长期的战略决策，如对外直接投资（Buckley et al.，2007）。由于制度基础理论对新兴经济体的跨国投资行为具有一定的解释力，近年来制度基础理论的分析框架纷纷被学者用来分析企业的国际化行为（Cheng & Yu，2008；Meyer & Peng，2005；Peng et al.，2008）。

根据制度基础理论，企业的对外直接投资行为是企业对不同制度力量的策略性响应，母国多维度的制度因素会促进或者制约企业的国际化行为。即制度环境对企业全球化具有双重影响（政府促进和制度逃逸）。一方面，很多新兴经济体的母国政府经常出台一些特定的支持政策，如融资和信息服务等，这些良好的激励和促进政策作为一种合法和积极的力量，帮助企业“走出去”。同时，这些母国特定的支持政策也是企业特定优势的来源之一（Buckley et al.，2007；Luo et al.，2010）。另一方面，两国之间的制度差异也会对企业国际化行为产生影响，企业的对外直接投资行为是两国制度之间的一种套利行为（Ghemawat，2003）。母国比较差的制度和环境因素，如区域保护主义、定额分配制度、高税负、腐败、有限的产权保护、弱的司法系统和不可预料的监管政策变化和政府的过度干预等，均可能推动企业在国际市场寻求更有效的制度（Witt & Lewin，2008；Yamakawa et al.，2008；Luo et al.，2010）。企业逃离母国制度也是企业面对竞争力约束，以海外扩张为跳板，通过在拥有尖端技术、专利品牌和先进制造设备等有形和无形战略资产的发达国家投资，而弥补企业竞争劣势的重要途径（Child & Rodrigues，2005；Cui & Jiang，2011；Rui & Yip，2008）。这与传统的国际投资存在极大的差异，传统发达国家的境外投资主要是利用和开发已有的、特有的所有权优势（Dunning，1981）。因此，制度环境的双重力量是推动新兴经济体企业对外扩张的重要因素。当然，这种作用在不同的行业和企业类型中存在差异。比如国有企业可能受政府促进的力量影响更大，而私营企业则受制度逃逸的影响更大。

中国也不例外，制度对中国企业通过对外直接投资开展国际化行为也起着重要作用。中国企业拥有的资源和所有权优势主要来源于母国制度（Buckley et al.，2007）。母国制度对中国企业开展对外直接投资行为特别重要，比如为了促进企业“走出去”，中央政府于2002年提出了“走出去”战略，中央和地方政府层面也尝试提供相应的政策支持等良好的制度环境助力企业“走出去”。因此，不仅中国的国家制度对企业的对外直接投资决策起着重要的作用，区域制度对企业“走出去”也至关重要。众所周知，中国国内存在着经济分割，31个省份之间存在显著的区域经济差异和制度变化（Boisot & Meyer，2008；Meyer，2008；Xu，2011）。尽管中央政府控制是必要的，省政府在塑造区域制度环境中也起着重要作用。中央会进行行政放权，包括从中央政府到地方政府的财政分权、国有企业控制的授权、地方经济绩效责任的授权和知识产权保护法当地实施的授权等（Boisot & Meyer，2008）。各省政府通常被赋予发展当地经济的权力和责任以及实行国际化策略，实施影响当地产品市场、要素市场、中间品市场和服务以及法律体系等不同的政策制度。例如各地政府有关于税收减免、公共财政支出、企业补贴制定的权力（Chan et al.，2010）。区域政府干预商业活动和监管的不确定性非常高，非市场力量普遍存在，有效合同执行力的缺失，增加了商业成本，降低了本地企业的竞争力（Boisot & Meyer，2008）。因此，尽管中国企业拥有同样的国家制度环境，但是却面临着不同的区域制度环境。不同的区域制度环境会对企业的国际化行为产生阻碍或促进作用。

④“连接—杠杆—学习”（LLL）理论分析框架

该理论认为新兴经济体企业作为迟来者和新来者，可以通过与发达国家跨国公司组建合资企业或者形成战略联盟，获取相应的资源，通过杠杆效应，不断地进行学习与积累，从而提升企业的竞争能力（Mathews，2006）。OLI与LLL理论框架的比较见表2.3。

表2.3 OLI与LLL理论框架的比较

比较基准	OLI	LLL
资源	自有资源	与外部企业关联而接近并使用资源
地理区位	区位是垂直整合的一部分	区位作为国际网络的一部分
制造或购买	倾向于跨国界内部化生产	倾向于外部关联而生产
学习	—	通过重复联系和杠杆效应而不断学习
国际化进程	国际化被视为已存在	通过联系而逐步推进
组织形式	—	全球整合作为后来者优势
驱动范式	交易成本经济学	获取后来者优势
时间	比较静态分析	累积发展的动态过程

资料来源：Mathews（2006）。

如前文所述理论一样，LLL理论分析框架同样不能很好地诠释中国企业的对外直接行为。例如，如表2.3所示，LLL理论分析框架强调企业一般通过联系而逐步推进企业的国际化。而中国企业对外投资通常速度快、力度大，经常通过多种进入模式同时到多个国家和地区开展对外直接投资活动，并呈现加速增长的态势（Guillén & García-Canal，2009）。

（2）国际经济学视角

国际经济学视角下的跨国直接投资理论主要包括新古典贸易理论和新古典贸易理论框架下的知识资本模型以及新新贸易理论框架下的企业异质性理论。

①知识资本模型

知识资本模型建立在垂直型和水平型跨国直接投资理论之上。其中，垂直型理论认为企业“走出去”是为了利用各国差异的要素禀赋（Helpman，1984），主要解释了企业成本驱动型的境外投资行为；水平型跨国直接投资理论则认为企业进行国际投资的主要目的是服务东道国市场，主要用来解释市场寻求型境外直接投资（Markusen，1984）。考虑到现实经济中垂直型和水平型跨国直接投资现象是共存的，然而，垂直型和水平型对外直接投资理论却存在一定的互不兼容性，Markusen（2002）则将水平型和垂直型直接投资纳入一个统一的分析框架，认为资本组合不同，企业的投资类型也不同，该理论被称为知识资本模型（Knowledge Capital Model）。

②企业异质性理论

传统的垄断优势理论、边际产业扩张理论、内部化理论和生产折衷理论等国际直接投资理论，均遵循了比较优势的思路，认为对外直接投资出现的主要原因在于不同国家的企业具有不同的比较优势，而且假定跨国直接投资企业之间是同质的。Melitz（2003）、Bernard 等（2003）将企业的异质性引入国际贸易的研究领域，从而也将国际贸易的研究从产业层面扩展到了企业层面，开创了“新新贸易理论”（New–New Trade Theory）。Helpman 等（2004）在 Melitz（2003）的基础上，将企业异质性引入“临近—集中权衡”的分析框架中，分析了企业在国内生产、出口和对外直接投资之间的生产决策（简称“HMY 模型”）。

Helpman 等（2004）研究发现，当企业服务于国际市场时，企业一般要在出口和对外直接投资之间进行选择。企业服务于国际市场时，会产生建立分销网络、广告支出等固定成本。因此，只有企业拥有足够高的利润，才能够抵消这些固定成本，从而开展国际化行为。企业在对外直接投资和出口之间进行选择时，需要考虑，一方面，出口尽管需要比较低的固定成本，但是，需要较多的与贸易相关的可变成本，主要包括运输成本、关税和非关税壁垒等。而另一方面，与出口相比，对外直接投资虽然需要较低的可变成本，但是其固定成本较高，对外直接投资需要在东道国购置机器设备和建立厂房等。因此，从事对外直接投资的企业必须拥有更高的生产率才能获利。最终同一行业内生产率最高和较高的企业分别以境外直接投资和出口的方式服务国际市场，生产率最低的企业则仅在国内生产和销售，甚至退出市场。这一理论已被德国、意大利、法国、爱尔兰、英国、美国、日本和中国的企业所证实（Engel & Procher，2012；Helpman et al.，2004；Girma et al.，2005；Kimura & Kiyota，2006；Wagner，2006；Tomiura，2007；Castellani & Zanfei，2007；Arnold & Hussinger，2010；Wei et al.，2014）。

后来诸多学者从不同角度对“HMY模型”进行拓展，一些学者将不确定因素引入“HMY模型”，包括工资水平（Head & Ries，2003）、员工结构（Castellani & Giovannetti，2010）、市场规模（Nefussi，2006）、东道国引资政策（Chor，2009）、技术转移成本（张天顶，2008）、单位生产成本（Ramondo et al.，2013）以及名义货币的不定性（Lewis，2014）等因素，来考察生产率异质性在企业对外直接投资决策中的作用。也有一些学者考虑了企业其他方面的异质性对企业对外直接投资的影响，主要包括融资约束（Bush et al.，2010）、税收成本和沟通成本（Keuschnigg，2008；Oldenski，2012）等因素。

2.1.3 中国的探索

中国作为全球最大的发展中国家，经历了由计划经济向社会主义市场经济转轨的过程。随着对外开放的持续推进，中国在吸引大量外资的同时，国内企业也纷纷走出国门，广泛开展对外直接投资活动。同时，随着中国境外直接投资活动的蓬勃发展，国内外学者也纷纷试图探索出一套适合中国实际的对外直接投资理论。

现有关于中国对外直接投资的理论研究，仍处于介绍、分析整理与应用阶段，体系还不够完善。对已有国际直接投资理论进行检验与拓展，主要形成了两种观点：一是尽管中国与其他国家的投资模式存在一些差别，但并非传统理论所无法解释，传统的国际直接投资理论分析框架仍然适用于中国；二是中国具有一定的特殊性，传统的国际投资理论并不适用于中国，需要进行理论创新。

诸多学者发现中国的部分跨国投资公司并非已具备了境外投资所需的竞争优势，而是通过对外直接投资寻找资源来弥补竞争优势（冼国明和杨锐，1998；曾小荷，2003；Child & Rodrigues，2005）。姚枝仲和李众敏（2011）的研究结果表明，与其他发达和发展中国家的投资模式不同，中国对外直接投资遵循价值链延伸的发展趋势。洪俊杰等（2012）认为中国"走出去"企业并没有明显的资源优势，改革开放以来国内产业环境的激烈变迁能够部分解释中国企业的境外投资行为，影响中国企业通过对外直接投资开拓国际市场的主要因素包括母国和东道国因素。深入诠释中国企业对外直接投资的行为需要结合中国企业所处的特殊环境，整合资源基础理论、制度理论和产业组织理论等跨国直接投资理论。黄益平（2013）认为中国企业海外直接投资的主要目的是培育自身的竞争优势，并认为其可能存在一个生命周期，即随着经济的发展，对外直接投资的主要动机可能发生逐步从获取战略资产到提高生产效率再到占领当地市场的过程转变。

也有学者认为中国企业的跨国投资现象虽然具有一定的特殊性，但是，仍然可以利用传统理论框架解释，尤其是主流的国际生产折衷理论。因此，后续的学者纷纷基于国际生产折衷理论的分析框架，寻找中国企业跨国直接投资所具备的特殊竞争优势，包括母国政策、制度、文化等宏观优势，以及企业面对风险的特殊经营能力和资金优势等微观优势。宏观环境优势方面，部分研究指出由于国内的金融非市场化，中国一些国有或者家族跨国企业拥有其他国家企业所不具备的资金方面的所有权优势，在较长一段时间内的融资成本远低于竞争对手（Lardy，1998；Scott，2002；Tsai，2002）。Buckley等（2007）、Luo和Rui（2009）发现资本市场不完全竞争、政府政策支持、大企业特殊所有权优势是驱动中国企业跨国直接投资的三大优势。裴长洪和郑文（2011）在传统国际投资理论所强调企业自身优势与东道国区位优势的基础上，引入了国家特定优势，强调母国国家特定优势也是本国企业参与国际竞争的优势之源。

也有学者从微观层面分析中国企业所拥有的特殊优势。由于成长于计划经济向市场经济转型制度环境的中国企业拥有与政府打交道的经验，因此具有应对复杂制度环境的优势（Morck，2007；Kolstad & Wiig，2009）。另外，也有学者认为中国企业的一些跨国投资现象符合其他国际投资理论，例如，Morck（2007）认为联想收购IBM就符合产品生命周期理论。

刘夏明等（2016）则认为由于中国经济文化制度的特殊性，对中国对外直接投资现象的解释，本质上是对中国相关经济现象的解释，多种理论的综合才能更好地诠释中国的跨国直接投资现象。

2.2 中国对外直接投资动因的实证研究

从上述理论的回顾与评述中，本书发现跨国直接投资经典理论的核心内容多数都是在阐述投资动机的实质。此处不再赘述关于跨国直接投资动因的理论，主要综述国内外关于中国对外直接投资动因的实证研究。

研究伊始，学者们在分析跨国企业对外直接投资的原因时，仅逐条列举了所有投资动机（Lecraw，1977）。后来一些学者根据研究需要，在以往动机列举的基础上，进行了分类（Kojima, 1978；Lecrew，1993；李柱锡，1993；Dunning，1998)，并逐渐被广大学者所接受。其中，Kojima（1978）基于对日本跨国企业的分析，将其投资动机划分为市场导向型、自然资源导向型和生产要素导向型等三种类型。Lecrew（1993）基于对印度的分析，将其投资动机划分为出口加强型和经营扩大型两种类型。李柱锡（1993）在梳理韩国对外直接投资的发展现状和特点时，将韩国对外直接投资划分为资源开发型、市场开拓型、技术开发型和技术转让型四种类型。Dunning（1998）将20世纪70—90年代全球跨国直接投资活动区位选择变化动因归结为资源寻求型、市场寻求型、效率寻求型和战略资产寻求型。如前文所述，本书根据研究需要，将中国对外直接投资分为市场动因和政府动因。

自1978年改革开放以来，中国逐渐成为国际公认的外商直接投资（IFDI）的重要吸收国。而且，中国和世界经济的快速融合也使中国成为主要的对外直接投资（OFDI）来源国。中国对外直接投资的初始规模非常有限，但在过去十年多年间迅速扩大。2001年中国加入世界贸易组织和2002年“走出去”战略的实施极大地改变了中国对外直接投资的前景（Voss et al.，2009）。因此，中国作为发展中国家，与发达国家的对外直接投资具有很大不同，引起了诸多学者的广泛关注。早期关于中国对外直接投资的研究主要以描述性分析和案例分析为主①。直到最近几年，国内外文献才出现对中国对外直接投资的实证研究。主要从东道国、母国以及双边之间的关系展开研究，包括东道国市场、自然资源、知识性资源和制度、贸易保护等视角；母国的经济发展、制度缺陷和不完全竞争市场；双边的地理和文化距离、汇率和贸易投资协定等。也有少部分文献从微观层面进行研究，包括企业生产率、融资约束、政府补贴、出口经验等。

2.2.1 市场动因

目前，国内外已有文献主要考察中国企业进行对外直接投资的市场寻求、自然资源、技术和效率等市场动因。

（1）市场寻求

很多学者认为寻求海外市场是中国企业的首要动机，并主要以东道国GDP和人均GDP为代理变量，检验了中国对外直接投资市场寻求的动机（Buckley et al.，2007；蒋冠宏和蒋殿春，2012；王碧珺，2013）。也有部分学者从东道国角度关注了影响中国对外直接投资市场寻求动机的因素，包括东道国贸易壁垒和城镇化程度。以及基于微观企业数据，从微观角度考察影响企业通过国际直接投资开拓国际市场的因素。

近年来随着贸易保护主义抬头，东道国的非关税壁垒和其他贸易保护主

① 其原因在于中国在2003年才开始依据OECD和IMF的标准向外公布对外直接投资数据。双边国家层面的数据最早可用的中国OFDI数据始于1991年，1991—2003年由中国对外贸易经济合作部（以下简称外经贸部）根据中国替代标准每年进行发布。2003年之后，中国商务部取代外经贸部每年按照经合组织（国际货币基金组织）的标准进行发布。

义仍然广泛存在，尤其是2008年国际金融危机后，西方国家越来越多地针对中国实施反倾销调查（Peng et al.，2008）。为绕过这些贸易壁垒，拥有更多出口经验的企业很可能从事海外直接投资（Buckly et al.，2008）。

然而，关于东道国贸易壁垒对中国对外直接投资影响的研究，无论是理论层面还是实证研究层面均未达成一致。理论层面，Horst（1971）研究发现无论是名义关税率还是实际关税率均会促使追求利润最大化的跨国企业从事对外直接投资活动，但比较高的名义关税率诱发企业对外直接投资行为的可能性更大。Horstmann和Markusen（1987，1992）认为进口国的高关税壁垒增加了企业的出口成本，当企业出口成本足够大时便会诱发企业在东道国设厂投资。Bhagwati et al.（1987）构建了一个两对期模型，研究发现企业为实现两时期的利润最大化，即使短期内企业遭受损失，也会在第一时期进行跨越贸易壁垒的境外投资。然而，后续的研究指出，企业通过对外直接投资跨越贸易壁垒是有条件的，与东道国关税水平、市场结构、运输成本和企业可转移的成本优势相关（Campa et al.，1998；Haaland & Wooton，1998；Blonigen & Ohno，1998；Belderbos et al.，2004）。Dinopoulos等（1989，1992）认为跨越贸易壁垒投资的企业负担了应对贸易壁垒的成本，却使其他所有企业受益，由于“搭便车”问题的存在，诱发式对外直接投资行为可能并不存在。Ottaviano等（2007）研究发现，在完全契约的情况下，只有存在足够高的贸易障碍才会引致贸易壁垒跨越型对外直接投资。在不完全契约情况下，贸易壁垒和诱发性的对外直接投资之间的政府关系则存在“非线性”关系。因为即使存在比较低的贸易壁垒，如果母公司拥有更大的讨价还价能力，企业也存在跨越贸易壁垒对外直接投资的可能。

针对中国的实证研究，部分学者认为目前中国对外直接投资跨越贸易壁垒的动机并不强烈。例如，卢进勇和郑玉坤（2004）的研究结果表明，目前中国对外直接投资有近一半属于贸易促进型，跨越贸易壁垒市场导向的对外直接投资占比很小。沈国兵（2011）通过对中国2004—2009年对外直接投资区位分布进行分析，发现中国通过境外投资规避欧美反倾销的做法尚属于起步阶段，特别是对美国跨越式的投资更少，反倾销更多是导致中国企业到一些避税天堂国家进行投资的重要因素。徐世腾（2011）基于中国2003—2009

年的对外直接投资数据，研究发现中国对外直接投资并不具有跨越贸易壁垒的倾向，而是较多地流向了前期贸易救济措施较少的国家。张小鹿（2015）通过对2003—2013年中国对外直接投资流量最多的20大投资目的地的关税水平和对华“双反”调查数量进行描述性分析，研究发现对华“双反”调查发起的产业与中国对外直接投资的产业并没有表现出高度的一致性，投资主要目的地中高关税国家占中国对外直接投资存量的比重也相对较小，且投资领域与出口产品并不一致，进而得出了中国对外直接投资规避贸易壁垒的行为仍不明显的结论。然而，也有研究得出了与之相反的结论。杜凯和周勤（2010）基于1995—2006年中国对外劳务合作和工程承包以及对外设计咨询的面板数据，研究发现中国具有跨越反倾销和关税壁垒的动机。孙文莉和伍晓光（2012）将汇率冲击、贸易壁垒与“诱发性”对外直接投资纳入一个理论框架下，研究发现企业跨越贸易壁垒型对外直接投资与东道国的市场规模、企业成本优势和行业差异化程度有关。刘爱东和高慧珂（2012）通过对近年来中国遭受反倾销调查的现状分析，以印度为例，提出了中国企业可以利用对外直接投资规避对华反倾销的建议。李猛和于津平（2013）、李猛和王纪孔（2014）认为中国对外直接投资企业具有跨越反倾销的动机，而且，其效应与东道国的宏观经济特征相关。

也有学者认为东道国城镇化进程蕴含着巨大的直接投资机会，东道国城镇化对中国OFDI的影响具有诺瑟姆三阶段的典型特征（邱立成等，2016）。

此外，最近也有学者基于企业层面的微观数据，考察了企业融资约束和生产率对企业通过对外直接投资开拓国际市场的影响。

关于企业层面融资约束对企业“走出去”影响的研究，现有学者主要基于企业异质性理论，以中国工业企业数据库、中国境外投资企业（机构）名录、中国上市公司数据库、浙江省民营企业数据库和江苏省制造业数据库为样本，研究发现企业融资约束是阻碍企业对外直接投资的重要因素，而且其影响与企业的所有制类型、生产率、资本密集度和行业外源融资依赖度有关。融资约束对非民营企业和资本密集度高的企业抑制作用更大（李磊和包群，2015；刘莉亚等，2015；王碧珺等，2015；余官胜，2015，2017；冀相豹，2016；余官胜和都斌，2016；张先锋等，2017；宫旭红和任颋，2017）。

但是，关于融资约束与企业生产率、行业外源融资依赖度对企业对外直接投资影响的研究并没有达成一致。李磊和包群（2015）、王碧珺等（2015）、严兵和张禹（2016）、宫旭红和任颋（2017）认为融资约束对生产率较高的企业对外直接投资的影响更大，李磊和包群（2015）研究发现融资约束对行业外源融资依赖度较高的企业影响较大，而刘莉亚等（2015）则得出了与上述相反的结论。也有研究发现融资约束限制了企业对外直接投资中东道国的选择，融资约束较高的企业更倾向于到汇率风险高、经济发展水平低和技术水平落后的国家投资（余官胜和都斌，2016；余官胜，2017）。

关于企业生产率对中国企业对外直接投资的影响，现有研究结论也未完全达成一致，部分研究表明中国企业跨国直接投资并不存在“生产率悖论”，生产率越高的企业越倾向于通过对外直接投资进行国际化（田巍和余淼杰，2012，2016；朱荃和张天华，2015；李磊和包群，2015；王碧珺等，2015；周茂等，2015；等）。然而，戴翔（2013，2014）的研究结果则表明，生产率对中国企业“走出去”的影响具有异质性，制造业对外直接投资不存在“生产率悖论”，但是，服务业却存在“生产率悖论”。也有学者关注了其他影响企业对外直接投资决策的因素，主要包括销售额（Lau et al.，2010）、资源禀赋能力和组织能力（Liang et al.，2012）、企业资本密集度和研发密集度等（蒋冠宏和蒋殿春，2015）。

（2）资源开发与利用

中国面临着日益严重的国内自然资源供给和需求的不平衡问题①。随着中国对资源的依赖程度逐渐提高和矿产价格飙升导致自然资源进口的成本急剧上升，中国企业纷纷以合作开采、跨国并购等形式到海外寻求自然资源（Cai, 1999; Wong & Chan，2003; Landing，2006; Athreye & Kapur，2009; Ramasamy ct al.，2010；陈岩等，2012；蒋冠宏和蒋殿春，2012；Wang & Wang，2011；王永钦等，2014；张海亮等，2015；吴先明和黄春桃，2016）。而且，现有的研究发现中国企业寻求自然资源的动机具有企业异质性和国家异质性。Ramasamy 等（2012）研究发现中国企业自然资源寻求的动机更多

① 中国逐渐成为世界上最大的锡、铁矿石、锌、铝、铜和镍消费国，以及第二大铅和石油消费国。

地体现在国有企业中，私营企业主要是为了寻求东道国市场。一些研究表明中国寻求自然资源的动机具有异质性，与东道国的制度相关，中国在制度比较差的国家具有较为强烈的自然资源寻求的动机（Cheung & Qian，2009；Kolstad & Wig，2009）。

（3）技术寻求与利用以及效率寻求

改革开放初期，中国大量引进外资，承接发达国家产业，形成了一批具有竞争优势的劳动密集型产业，同时，也导致中国企业一直处在全球价值链的低端。于是，为实现产业升级，提升企业的创新能力，中国企业纷纷到西方发达国家寻求技术、品牌等战略资产（Cai，1999；Wong & Chan，2003；Deng，2004；Rui & Yip，2008；Cui & Jiang，2009；李自杰等，2010；Chen et al.，2016）。然而，随着中国人口老龄化现象凸显，劳动力成本不断上升，中国劳动密集型产业逐渐失去竞争优势，中国企业有可能到劳动力成本较低的其他国家投资（黄益平，2013）。

2.2.2 政府动因

（1）东道国制度

根据国际生产折衷理论，企业进行国际投资除了要衡量东道国的自然资源、市场、技术、运输和通信成本、贸易壁垒等经济因素外，还包括双方国家的经济体制、政府政策、法律秩序等制度因素。尤其是对于近年来新兴市场经济国家出现的对外直接投资现象，从制度中寻求解释新兴国家对外直接投资的动因逐渐成为现有研究的一个趋势（Peng et al.，2008）。

制度是一种社会的“游戏规则”，主要包括使社会趋于稳定和社会成员行为富有意义的活动和资源（Scott，2008）。由于对外直接投资活动是一种跨国行为，因此，对外直接投资同时受到母国和东道国双方制度的影响。

东道国制度环境会影响企业的经营风险和不确定性，因此，东道国良好的制度环境对企业的跨国经营至关重要。然而，关于东道国制度对中国OFDI的影响，尚未在经验层面达成共识，而且，得出了与过去文献不尽相同的结论。Javorcik和Wei（2009）、Wei（2010）、周海川（2014）等研究发现东道国良好的制度环境促进了中国对东道国的投资；然而，Buckley等

（2007）、Morck等（2008）、Kolstad和Wiig（2009）、Yeung和Liu（2008）及Ramasamy等（2012）的研究结论则与此相反。相比其他国家，中国企业在较差的制度环境中（例如信息透明度低）更善于利用复杂的人际关系进行寻租，因此在制度越不透明的国家越容易生存。中国OFDI集中于制度差的国家的另一种可能解释是中国与东道国签署的双边投资协定（BIT）弥补了东道国的制度不足，对制度具有替代作用（宗芳宇等，2012；李平等，2014）。也有学者认为东道国制度对中国对外直接投资的影响具有异质性。对于制度较好的国家，中国的OFDI在制度越好的国家投资额越高；对于制度较差的国家，中国的OFDI在制度越差的国家投资额却也越高（杜江和宋跃刚，2014；蒋冠宏和蒋殿春，2012；宗芳宇等，2012）。王恕立和向姣姣（2015）研究发现，东道国制度质量对中国不同动机的对外直接投资具有异质性影响，技术寻求型的对外直接投资偏好比较差的东道国制度，而资源和市场寻求型对外直接投资偏好良好的东道国制度。王永钦等（2014）的研究结果表明，中国企业对外直接投资不太关心东道国的政治制度和政治稳定性，而更关心政府腐败控制、监管质量和政府效率，偏好于法律体系较弱的国家，并具有避税动机。孟醒和董有德（2015）认为中国企业的对外直接投资活动具有重政治风险而轻社会风险的特点，而且，东道国政治和社会风险对中国对外直接投资活动的影响与中国和东道国之间的政府关系呈现替代的关系。杨娇辉等（2015）以EIU国家风险指标度量了东道国的国家风险，研究发现，中国对外直接投资风险偏好的特性其实是一个假象，该假象主要是中国对东道国资源的渴求和比较优势所致。

除了以上因素外，还有学者发现金融危机之后东道国对中国资本流入态度的改变也是近年来中国对外直接投资快速增长的原因之一（王建，2011）。

（2）母国制度

相对于基于东道国制度的研究而言，基于母国制度的研究较少，而且，现有关于母国制度的影响尚未达成一致。部分学者基于宏观层面数据，研究发现中国OFDI存在“制度逃逸”的动因，母国制度是推动中国企业“走出去”的原因之一。许多中国企业到海外投资是为了避免在国内市场经营的竞争劣势包括地方保护主义、国家信贷政策、较难获取资金、缺乏知识产权保护以及高技术和知识性人才的供给不足（Buckley et al.，2007；Witt & Lewin，2007）。有学者从微观企业层面角度，研究发现国内特定的政策和不完全的信贷市场，导致了企业资本扭曲，倒逼企业提高生产率而提高企业“走出去”的概率（王亚星和李敏瑞，2017）。

然而，也有研究认为母国制度是企业竞争优势的主要来源之一，中国OFDI一定程度上就是政府塑造的。母国政府支持和制度优势赋予了企业特有的竞争优势，激励中国企业“走出去”（阎大颖等，2009；Lu et al.，2010；林治洪等，2012）。同时，也有研究表明母国制度的作用具有异质性。一方面，母国制度的影响与企业的所有制相关。政府支持创造了中国国有企业的相对优势，具有政治关联的大型国有企业从制度优势中收益更多，但是相对小的企业置于国际化之下囿于制度约束（Voss et al.，2010；Lu et al.，2011；Alon，2010; Liang et al.，2014; Wei，Clegg & Ma，2014）。另一方面，母国制度对中国对外直接投资的影响存在区域差异（陈岩等，2012；Liu et al.，2014; Sun et al.，2014；杨校美和张城，2014；冀相豹和葛顺奇，2015）。例如，冀相豹和葛顺奇（2015）研究发现中国对外直接投资对母国制度具有依赖性，东部区域制度的作用显著大于中西部地区。

另外，部分学者认为中国企业“走出去”同时受到母国制度激励和制度逃逸的双重影响，并与企业国际化的阶段有关。姜建刚和王柳娟（2014）从企业组织之间的诱导性制度、市场化改革、“走出去”战略等方面分析了母国制度激励和制度潜逃效应对中国OFDI的双重影响，研究发现一个地区商会组织的发展、信贷资金分配市场化和“走出去”战略有助于提高该地区的OFDI，而且，在国际化的初期阶段，加强生产者法律产权保护会降低OFDI。肖文和韩沈超（2016）的研究表明，政府效率变动将会影响企业对外直接投资规模，提高政府效率将直接降低企业对外直接投资的难度，从而加速企业“走出去”的进程；与此同时，政府效率的提高亦间接改善了国内投资环境，进而抑制企业对外直接投资的热情。姜广省和李维安（2016）研究发现，政府干预阻碍了企业境外投资的行为和数量。周凤秀和张建华（2017）以国有股份比例作为母国政府干预的代理变量，研究发现母国政府干预阻碍了企业的对外直接投资，母国制度环境改善会减弱政府干预对企业对外直接投资影响的负向作用，而且，政府干预对制度环境的交互作用因地区、行业和企业所有制而存在差异。

一些学者认为母国和东道国金融发展也是影响中国企业对外直接投资的重要因素。母国金融发展显著提升了各地区的对外直接投资水平（黄志勇等，2015；杨建清，2015；杜思正，2016），而且，其影响具有异质性，与母国经济发展水平（余官胜和袁东阳，2014；蒋冠宏和张馨月，2016）、金融规模和金融效率（徐清，2015）、融资来源相关（陈琳和朱一帆，2017）；也有学者认为在中国国内金融发展比较滞后的情况下，东道国金融发展是中国企业“走出去”的有效补充，而且其作用具有异质性，与企业对外直接投资的动机（余官胜，2015）、生产率水平（王忠诚等，2016）和东道国制度（王昱和成力为，2014）相关。此外，少量文献采用案例分析和比较分析的方法，描述性分析了国内为支持企业“走出去”进行海外布局的现状，以及发达国家跨国金融机构服务本国企业“走出去”的经验和教训。例如，曾诗鸿（2005）、郑忠良等（2015）、李桂芳和于泓珺（2016）分别在分析中国进出口银行、中国银行以及中国主要商业银行和政策性金融机构服务中国企业“走出去”现状的基础上，提出了中资银行银企合作和国际化战略的政策建议；卓丽洪等（2016）和王是业（2017）在比较美国、德国、日本和韩国等发达国家政策性金融机构支持国内企业“走出去”经验和教训的基础上，提出了“一带一路”背景下中资金融机构支持中国企业“走出去”的策略。关于其量化分析，Poelhekke（2015）基于荷兰的数据，分析了荷兰银行业对外直接投资对实体经济对外投资的影响。

还有部分学者关注了母国经济发展水平、外汇储备、产业结构、工业化程度和服务业发展以及区域制度差异等方面对中国对外直接投资的影响。黄益平（2013）认为中国在经济发展水平还不高的情况下成为对外直接投资大国，深层次的原因之一是外汇储备快速积累和外汇储备的投资回报低下。林季红和胡雯婷（2011）基于中国1979—2007年的数据，研究认为中国对外直接投资此时处于第二阶段，整体上滞后于中国的经济发展水平。朱华（2012）基于中国1991—2010年人均GDP和FDI数据，研究发现中国在2008

年人均GDP达到3000美元左右时已进入投资发展周期的第三阶段，因此，认为中国对外直接投资水平是先于而不是滞后于经济发展。然而，彭刚和苑生龙（2013）基于中国1985—2011年数据的实证研究，却得出了与之相反的结论，认为尽管中国当前的净对外直接投资水平已经超越国内的经济发展水平，但是，当前中国处于直接投资发展周期的第二和第三阶段的过渡期，未来3~5年可能进入第三阶段。

（3）双边因素

关于双边因素，学者们主要集中研究中国与其他国家之间所签订的国际投资协定对中国OFDI的影响。国际投资协定是一种主动性制度安排，目前中国签署的国际投资协定主要包括双边投资协定（BIT）和自由贸易协定（FTA）。

BIT是两个国家和地区之间签订的针对互相投资的一系列特别协议和条款，赋予外国投资者区别于本国投资者的权利，规制本国政府对外资的干涉，鼓励促进两国间相互投资。截至2013年，中国已经与128个国家和地区签订BIT。20世纪90年代之后，中国BIT的模式更加自由，更加强调维护投资自由和保护投资者权益，更加具有操作性（太平和刘宏兵，2014）。目前国际上关于BIT是否对FDI产生促进作用，仍未达成一致。Busse等（2010）、Desbordes和Vicard（2009）、Neumayer和Spess（2005）发现BIT显著提高了发展中国家吸收外资的能力。另外，Hallward-Driemeier（2003）、Tobin和Ackerman（2004）、Aisbett（2009）的研究表明BIT对FDI没有显著的拉动作用，甚至降低了一国吸收外资的水平。关于BIT对中国投资的影响，实证结果发现BIT显著地提高了中国的OFDI与FDI，但BIT对不同制度水平的国家的效果不尽相同（宗芳宇等，2012；李平等，2014；乔晶和胡兵，2014；太平和刘宏兵，2014；杨宏恩等，2016）。在法律框架方面，相对于FTA中投资条款的灵活性与可操作性，BIT对投资的促进作用受到了一定的质疑。魏卿和姜立文（2005）认为BIT虽然在投资市场自由化方面起了促进作用，但从本质上并没有将国际投资的分配任务完全交给市场，所以BIT所带来的投资自由化不一定可以提高FDI。

自2000年以来，大多数的FTA直接包含投资条款（章节），并且比BIT的条款更具有可操作性。张智勇（2011）认为FTA中的投资保护条款不同于传统的BIT，不仅为投资者提供了更高水平的保护，而且更注重投资体制的自由、便利、透明及竞争度。截至2015年底，中国已同世界上20个国家和地区签订了12个自贸区协定，签署的所有FTA都涉及投资问题，尽管很多都是直接援引之前签署的BIT条款作为一个独立章节（关秀丽，2014）。现有文献主要探讨了FTA对中国国际贸易的促进作用（罗来军等，2014；吕宏芬和郑亚莉，2013；张彬和汪占熬，2011），但是鲜有文献实证探讨FTA对中国国际投资的作用与影响。

同时，也有学者研究了中国与东道国之间的地理距离、文化交流、文化距离，以及制度距离和双边政治关系的作用，得出了不尽相同的结论。张建红和姜建刚（2012）认为双边建交、高层互访、友好城市等双边政治关系的建立，对中国企业“走出去”具有保驾护航的作用。綦建红和杨丽（2012）研究发现，双边地理距离和文化距离的作用存在门槛效应，双边地理距离的作用由阻碍转向促进，文化距离则与之相反。黄凌云等（2014）研究发现，企业倾向于在文化距离远的国家进行垂直型投资。胡兵和邓富华（2014）基于制度观和行为学的视角，研究发现尽管腐败距离对中国企业是否进入东道国没有显著影响，但对投资规模具有促进作用。周经和蔡冬青（2014）研究发现，研发强度高的企业倾向于选择绿地投资，而在资本管制严格的国家倾向于选择并购，在腐败程度高的国家倾向于选择绿地投资。潘镇和金中坤（2015）基于中国对外直接投资的国家层面数据，研究发现双边政治关系对中国对外直接投资的影响与东道国发展有关，其促进作用主要体现在制度较差的发展中国家。杨连星等（2016）基于企业层面数据的研究表明，友好的双边政治关系对中国OFDI具有促进作用，并存在行业和政策工具的差异性。

（4）“一带一路”倡议①

自2013年中国提出“一带一路”倡议和颁布官方文件《愿景与行动》

① 考虑到“一带一路”倡议在当前中国区域合作中的重要性，以及国内外学者对“一带一路”相关的研究日渐增多，本书将“一带一路”与中国对外直接投资相关的研究单独列为一个标题。

以来[①]，广大学者纷纷对“一带一路”建设展开广泛研究。现有关于“一带一路”倡议的研究主要包括关于“一带一路”倡议的属性和内涵，以及“一带一路”建设的现状与影响因素。

最初大多数学者主要基于地缘政治理论，从外交策略的视角，界定其属性和内涵，分析“一带一路”究竟属于“战略”还是“倡议”。一些学者通过分析中国“一带一路”提出的历史背景，认为从国内的角度来看，“一带一路”是中国新时期的一种国家战略（杜德斌和马亚华，2015；李晓和李俊久，2015；宋国友，2015；卢锋等，2015；等）。从国际角度来看，则为现代的一种国际区域合作方式。例如，部分学者基于公共产品理论，认为“一带一路”是一种区域间公共产品（黄河，2015；王亚军，2017）。也有部分学者基于经济的视角，将其视为“跨境次区域合作机制”或“新型区域命运共同体”（柳思思，2014；李向阳，2015等）、“跨洲经济大通道”（明浩，2015）。此外，国外也有学者将“一带一路”视为中国的一种区域战略（Shannon Tiezzi，2014），并对中国的“一带一路”倡议存有误解和疑虑（马建英，2015）。

由于2015年中国在《愿景与行动》中明确将“一带一路”定义为一种国家之间的合作“倡议”，因此，学者们则更多地把研究重点转向了“一带一路”建设的内涵、现状及影响因素。曾向红（2016）从批判地缘政治学的角度，认为“一带一路”是中国对广阔的亚欧非大陆进行描述的太极式新地缘政治想象，有助于克服传统地缘政治想象存在的不足与盲点，该构想有可能为“天下制度”奠定物质基础，超越了传统的“中心—边缘”模式，具有克服海权—陆权两分法的潜力。金碚（2016）的研究认为“一带一路”构想的核心含义首先是要实现更通畅的“互联互通”格局，而互联互通的基础是“观念互通，伙伴互惠、主客便利、抉择相容、全球化均势发展”或“全球化包容发展”理念，这些可能成为“一带一路”都能接受的互通观念。安虎森和栾秋琳（2017）认为“一带一路”倡议通过构建以中国为“雁首”、沿

① “一带一路”在该文件中的提法为共建“丝绸之路经济带”和“21世纪海上丝绸之路”的重大倡议，因此，“一带一路”是“丝绸之路经济带”和“21世纪海上丝绸之路”的简称。2013年9月习近平主席在哈萨克斯坦提出共同建设“丝绸之路经济带”；同年10月在印度尼西亚提出共同建设“21世纪海上丝绸之路”，“一带一路”由此而来。

线国家为“雁身”的新型分工体系，以互联互通的方式，引领沿线国家实现共同发展，为东亚经济再起飞和世界经济复苏创造了有利条件。高丽娜和蒋伏心（2017）认为“一带一路”倡议从本质上来说是由中国主导的区域经济一体化进程，培育参与和引领国际竞争与合作的地缘优势、资源新优势、人力资本优势、主体优势和开放政策优势等新比较优势是该战略实施的关键。黄先海和余骁（2017）认为“一带一路”建设是新时期中国构建双向“嵌套型”全球价值链分工新体系的重要契机。

由于互联互通在《愿景与行动》中被视为“一带一路”建设的合作重点，并被学者认为是“一带一路”构想的核心内容（黄益平，2015；金碚，2016；等），针对“政策沟通、设施联通、贸易畅通、资金融通、民心相通”（以下简称“五通”）的研究工作日渐增加。而且，由于民心相通和政策沟通方面的数据限制，现有学者主要基于常见的贸易、投资数据分析“一带一路”沿线国家贸易畅通、设施联通和资金融通的现状及影响因素，而其中关注的影响因素主要包括东道国贸易便利化水平、自由贸易区建设、中国在东道国的专利布局、贸易网络和结构、双边高层会晤、东道国基础设施等。部分典型的文献如下：

韩永辉等（2015）基于UNComtrade数据库，研究发现中国与西亚的贸易表现出较弱的竞争性、较强的互补性。许和连（2015）基于UNComtrade数据通过构建高端制造业贸易网络，研究发现中国、印度和新加坡在“一带一路”的高端制造业贸易网络中起着重要的作用，其主要影响因素包括FTA、临近网络、接壤网络以及金融自由度和政府效能等制度因素。黄琪轩和李晨阳（2016）通过比较历史上的四种市场开拓模式，认为优先开发国内市场是中国“一带一路”建设成功的基石。蔡中华等（2016）研究发现中国在“一带一路”沿线各区域的专利布局密集程度普遍低于贸易密集程度，且存在国家和行业的差异。陈伟光和王燕（2016）认为通过制度规则和关系规范模式，引导和形成“一带一路”建设进程中的秩序，才能保证“一带一路”中国“五通”的实现。崔日明和黄英婉（2016）基于《全球竞争力报告》数据测度了“一带一路”沿线国家间的投资便利化水平，并提出中国应积极推进沿线国家广泛参与WTO框架下关于贸易投资便利化的谈判进程。

郭烨和许陈生（2016）基于2003—2013年中国对“一带一路”沿线国家的对外直接投资数据，研究发现中国国家主席和国务院总理与“一带一路”沿线国家的双边高层会晤显著促进了中国对外直接投资。刘洪铎等（2016）基于国家文化维度指数，研究发现文化交融度与双边贸易流量均呈“倒U”形的非线性关系，文化交融指标有超过一半的观测点落在最优值的左侧，表明提高双边文化交融程度有助于促进中国与沿线国家的经贸往来。谢孟军（2016）以孔子学院来衡量中国文化输出，研究结果表明文化输出促进了出口，并具有区域差异性、滞后性及波动性等特征。

此外，也有部分学者关注了“一带一路”倡议的实施效应。例如：黄先海和陈航宇（2016）基于GTAP模型模拟了“一带一路”倡议贸易畅通和设施联通的实施效应，研究结果表明“一带一路”倡议贸易畅通和设施联通之间是相互促进、相辅相成的，“一带一路”倡议契合各国的利益诉求。隋广军等（2017）基于2003—2013年“一带一路”沿线国家的面板数据，研究表明中国对外直接投资通过完善沿线国家的基础设施促进了东道国的经济增长。

因此，现有学者关于“一带一路”倡议对中国对外直接投资的研究，研究视角较为单一，无论是描述性分析还是基于国家层面数据的经验研究，主要是基于贸易、投资理论与数据简单地分析中国与“一带一路”沿线国家之间“五通”中贸易畅通的现状、所面临的挑战及影响贸易畅通的传统因素（地理距离、文化距离、贸易投资协定等）。而关于“一带一路”建设贸易畅通的经验研究，仅仅是对原有实证样本范围的缩小，没能深入挖掘对外直接投资在“一带一路”建设中的重要作用，以及对外直接投资与“一带一路”建设中“设施联通、政策沟通、民心相通和资金融通”之间的相互作用。

2.3 文献简要述评

2.3.1 理论研究

本节通过对跨国直接投资经典理论的简要回顾与分析，发现以发达国家为研究对象的理论已较为成熟。然而，诞生较晚的发展中国家和新兴经济体理论还处在探索阶段，亟须进一步拓展。具体而言，现有跨国公司投资理论存在以下几个特点：

① 传统理论以发达和发展中国家为主要研究对象，研究视角以国家以及产业层面的宏观研究为主，视角较为单一，缺乏交叉学科的研究；微观层面研究均是基于企业的同质性假设。

② 针对西方发达国家跨国直接投资现象的理论，偏爱优势分析，把跨国公司自身优势作为一国企业参与国际投资的核心原因。其原因可能在于，西方发达国家企业跨国直接投资是在国内产能过剩、本国市场趋于饱和的情况下，开拓国际新市场。因此，该理论都强调了西方发达国家跨国公司控制和垄断国外市场，谋取高额利润的战略动因。

③ 关于发展中国家和新兴经济体的跨国直接投资现象的理论，主要基于对发达国家传统理论的补充与修正，难以摆脱发达国家特征的烙印。多为对发达国家和地区现有成熟理论的补充与修正，真正具有原创性并被广泛接受的理论较少。

而且，发展中国家提出的对外直接投资理论由于产生年代较早，研究对象很少以中国企业为主，并且理论产生在发展中国家进行对外直接投资活动的初期，针对性与适用范围较窄，并不完全适用于中国。

④ 关于中国跨国直接投资的理论目前还处于探索阶段，与其他新兴经济体的国际投资理论一样，也仍处于介绍、应用和分析整理阶段，主要基于发达国家和发展中国家理论的检验与补充，理论体系还不够完善。

⑤ 引入新视角的跨国直接投资理论，倾向于跨学科研究，并引入国际贸易理论中的企业异质性假设。

⑥ 以上理论都以跨国企业为研究主体，但大都忽略了国家的作用，尤其是母国在国际投资发展中日益增长的重要作用。

因此，尽管上述理论为研究我国的对外直接投资提供了新的分析思路，但是由于各国在经济体制、经济发展水平、文化、制度、自然资源禀赋、产业结构等方面存在诸多差异，我们应该结合中国的具体国情，理性借鉴以上理论分析和解释中国对外直接投资的现象，不能简单地套用。应以中国对外直接投资的基本事实为基础，力求寻找和构建一个符合中国实际的理论分析框架。

2.3.2 实证研究

通过对现有中国对外直接投资动因实证研究现状的梳理，本书发现，尽管关于中国对外直接投资动因的研究日渐丰富，为本书进一步的研究奠定了基础，但现有的文献仍然存在以下问题，亟须补充和完善：

总体而言，中国对外直接投资的一些动因尚不明晰，有的研究只是孤立地考察某一些因素的影响，忽略了和其他因素之间的互动效应。市场动因方面，主要关注传统的影响因素，较少关注影响近年来中国境外直接投资动态变化的最新因素。政府动因方面，对政府具体对外直接投资重大支持政策的研究多为理论、政策层面的定性探讨，实证研究并不多见。而且，已有研究受制于数据和方法，所得结论有待商榷。具体如下：

① 缺少针对中国对外直接投资独有特点的全面研究和系统的分析框架。

② 研究层面主要以宏观层面为主，微观层面的研究匮乏。由于现有关于中国对外直接投资的微观企业数据比较缺乏，因而对外直接投资问题的文献多建立在对宏观跨国数据的分析上，仅少数文献采用了省级和企业层面的数据。

③ 研究视角多关注东道国因素，缺少对母国重大投资促进政策的量化分析。已有文献多以东道国特征为决定因素变量，较少量化分析母国的具体政策因素，进而造成研究视角比较单一。尤其是对中国而言，中国对外直接投资一定程度上是由政府政策驱动的，比如中国政府为了推动中国的企业“走出去”，2006年实施了在东道国建立境外经贸合作区的政策，近年来，为缓解中国企业的融资约束问题，加快了中国金融机构境外布点的建设。

④ 实证研究结论不统一，还未就一些关键问题达成共识。首先，现有的大多数文献存在样本选择问题，样本量较小，仅仅聚焦于中国对部分东道国直接投资的研究，样本选择具有一定的非随机性，存在样本自选择问题。因此，所得结论不具有普遍性，可信度较低。其次，时效性问题。不同的经济发展阶段，中国对外直接投资存在不同的特点，尤其是金融危机之后，国际国内环境发生了巨大变化。然而，鲜有研究基于中国对外直接投资出现的新特点进行解释。

⑤ 忽略了中国的对外直接投资可能存在的生命周期问题。例如，大多数的研究都假设中国是一个劳动力相对丰富的国家，中国对外直接投资的主要动因是为了寻求战略资产，培育企业自身的竞争优势。然而，他们忽略了中国对外直接投资可能逐渐表现出寻求效率的动因。近年来随着中国“人口红利”逐渐消失，中国的劳动力成本不断上涨，因此，中国的劳动力成本上升也可能是中国企业对外直接投资的动因之一。

⑥ 中国对外直接投资的市场动因方面。关于企业融资约束对中国对外直接投资的研究，微观层面研究较少，存在企业融资约束度量指标单一、缺乏异质性分析等问题；关于中国跨越东道国贸易壁垒型对外直接投资动机的研究，结论尚未达成一致。研究方法以构建数理模型的定性分析和数据描述性分析为主，实证研究相对较少。而且，相关的实证研究，数据较为陈旧，样本选择和研究方法等均存在值得拓展的空间，尤其是没有关注东道国是否承认中国“市场经济地位”的影响。

⑦ 尽管对外直接投资被视为“一带一路”建设中“五通”的重要内容，但现有关于对外直接投资与“一带一路”建设的研究，往往视角单一，无论是描述性分析，还是实证分析，都仅仅以“一带一路”沿线国家为样本，基于贸易、投资理论与数据简单地分析中国与“一带一路”沿线国家之间“五通”中贸易畅通的现状、所面临的挑战及影响贸易畅通的传统因素（地理距离、文化距离、贸易投资协定等）。

⑧ 提出的政策建议不全面。由于大多数文献仅关注某种单一因素的作用，所提出的政策建议不系统，具有一定的片面性。不能充分根据相关的量化分析结论，具体结合中国企业的对外直接投资实践，从企业和宏观环境方面，针对性地提出系统的政策建议。

2.4 本研究切入点

从上文的文献回顾与梳理中，本书发现企业国际化行为是一个复杂的过程，是多种因素共同作用的结果。考虑到中国企业处于市场经济不断发展和完善的环境之中，受政府干预的程度较大，结合现有研究，本书认为中国企业对外直接投资的行为主要是由母国企业、东道国环境和母国环境以及国际环境等四个因素综合决定的。与传统西方发达国家不同，西方发达国家企业的境外投资行为主要是由母国企业和东道国环境动因所推动的，母国环境与国际环境仅具有间接的辅助作用。然而，由于中国企业经历了计划经济向市场经济转型的过程，一直处于相对不完善的市场经济环境之中，对母国和东道国以及世界经济的制度环境比较敏感，尤其是母国环境。因此，本节充分考虑到中国企业对外直接投资的特殊实践，从市场机制因素和政府驱动因素等方面阐述其背后的动因。

2.4.1 市场动因

如前文所述，根据研究需要，本书将以企业自身为主体的决策行为的动因定义为企业对外直接投资的市场动因，主要包括企业融资约束、母国劳动力成本和东道国贸易壁垒等因素。其实，此处市场动因的划分与Dunning（1998）的划分并不矛盾，而是相一致的。本书将Dunning（1998）所划分的资源寻求型、市场寻求型、效率寻求型、战略资产寻求型等四种动因，均归属为市场动因的范畴①。其中，企业融资约束②和规避东道国贸易壁垒因素对应于市场寻求型，劳动力成本因素对应于效率寻求型。即融资约束和东道国贸易壁垒以及母国劳动力成本分别是企业市场寻求型和效率寻求型对外直接投资的具体影响因素。

当然，本书也同样认为目前中国企业对外直接投资也存在资源寻求型和战略资产（技术）寻求型的动因，在后文的实证检验中也均控制了这些影响

---

① 当然，任何关于企业对外直接投资动因的人为划分均可能存在争议，本书也不例外，因为有些企业的动因很复杂，也会随着时间的推移而不断变化。比如民营企业对外直接投资伊始可能是由于国内市场逐渐饱和，主要是出于开拓国际市场，延长产品的生命周期的需要。但随着市场竞争程度的增加，企业为实现转型升级，提高企业的国际竞争力，通过对外直接投资获取专利和先进技术的动机将越来越强烈。

② 本书之所以将企业融资约束归结为影响企业对外直接投资的市场因素，是因为中国受融资约束比较严重的企业主要是民营企业，民营企业的决策行为受市场的力量影响更大。

因素，但是，这两个动因不作为本书研究的重点。

2.4.1.1 企业融资约束

海外投资是一项资金需求多、期限长、风险高的活动，对企业在全球范围内配置金融资源的能力提出了更高要求。已有研究表明融资约束会显著影响企业的投资行为（Hubbard，1998）。在中国金融服务体系不够健全，金融市场比较落后，存在信贷歧视的背景下，本书推测融资约束可能是影响中国企业“走出去”的一个重要因素，而且，融资约束的影响也与企业的所有制特征等相关。

2.4.1.2 母国劳动力成本

诸多研究均表明中国的劳动力成本优势正在逐渐消失，中国单凭劳动成本竞争力已不足以维持中国在全球的生产力优势（姚枝仲，2013；谷本正幸，2014；中国经济学人智库，2014）①。国内生产成本的上升，导致很多中国企业失去了劳动力成本优势，在不能及时通过技术创新而实现产业升级的情况下，众多企业纷纷到国外寻求更有效率的对外直接投资。基于此，本书推测近年来中国企业对外直接投资高速增长的背后，国内劳动力成本上升可能是其中的原因之一。

2.4.1.3 规避东道国贸易壁垒

尽管随着多边贸易协定的开展和贸易自由化进程的持续推进，以关税为代表的传统贸易壁垒不断削减，但是，其他的贸易政策工具如反倾销壁垒的使用则越来越频繁（Blonigen & Prusa，2003）。据WTO统计，自1995年开始，中国已连续21年成为世界上遭受反倾销调查最多的国家。尤其是2001年以来，中国遭受反倾销调查的次数呈现快速增长的趋势。当前许多反倾销调查发起国经常不承认中国“市场经济地位”，确定反倾销税率时，经常使用西班牙、新加坡等经济水平与生产成本远高于中国的经济体作为替代国，大幅

① 2016年《印度快报》的报道指出，自2008年以来，中国实际平均工资涨幅位列世界第一，涨幅高达10.6%，而印度增幅则仅为0.2%，http://finance.china.com/comment/11173298/20160920/23588427.html。

虑增了中国出口企业的成本，导致中国企业在反倾销诉讼中屡屡败诉，最终被实施高额的反倾销税。由于面对东道国的贸易壁垒，出口企业可能会选择在东道国直接投资建厂而继续保持在东道国的市场份额，以跨越东道国的贸易壁垒，从而从根源上规避贸易摩擦。近年来中国遭受的反倾销调查和对外直接投资也呈现了相似的增长趋势。因此，本书推测跨越东道国贸易壁垒也可能是近年来中国对外直接投资快速增长的原因之一。

2.4.1.4 其他动因

（1）寻求自然资源

首先，中国作为全球最大的制造业加工基地，需要大量稳定的原材料和能源供应渠道。然而，中国自然资源的生产和消费一直存在不平衡，在需求方面，经济的快速增长推动了中国对各种自然资源日益增长的需求；但是，在供应方面，自然资源的稀缺和缓慢的生产能力限制了国内供应。其次，基于全球采掘业价格剧烈波动的背景，以及中国对自然资源的危机感，中国企业“走出去”表现出了强烈的自然资源寻求的动机。根据联合国贸易和发展会议（UNCTAD）（2016）关于资源价格指数的统计，2003年以来全球采掘业中农业、金属和石油等矿产资源的价格呈现上涨的趋势，而且，金属和石油的价格涨幅远高于农业指数。因此，随着全球自然资源价格的上涨，中国对自然资源拥有一种危机感，并认为在东道国进行自然资源的采掘生产是解决资源价格上涨的最佳办法（Lieberthal & Herberg, 2006）。因此，本书认为中国企业“走出去”可能表现出了自然资源寻求的动机，尤其是大型国有企业出于国家安全的战略需求，自然资源寻求的动机更为强烈。

（2）技术寻求和技术利用

首先，根据新经济增长理论，技术是一个国家经济发展的内生动力。中国作为后发国家，获取发达国家先进技术实现经济赶超的愿望强烈。而投资于西方发达国家知识和技术密集型产业或者并购东道国技术高科技企业正是企业获取先进技术的主要渠道之一。通过OFDI的逆向溢出效应，发达国家先进技术从而扩散到母国的企业之中。同时，近年来中国开始实施创新驱动的发展战略，为了建设创新型国家，企业纷纷期望“走出去”获取战略资源。因此，本书推测中国企业在发达国家投资具有强烈的技术寻求动机。

其次，尽管中国目前的技术与发达国家相比还存在较大差距，但和其他发展中国家相比，经过多年的引进外资以及经济的快速增长，中国成长起来了一批具有竞争优势的企业。根据垄断优势理论，中国在发展中国家对外直接投资而进行技术利用。另外，根据Haddad和Harrison（1993）、Kokko（1994）的研究，两国之间的技术差距越小，企业之间的技术效应越大，技术传递越容易。由于中国与发展中国家的技术差距相对较小，东道国能更容易、更便宜地通过中国在该国的投资来获得中国转让的技术。因此，本书推测中国在发展中国家对外直接投资具有技术开发和利用的动机。

2.4.2 政府动因

基于制度基础理论，制度是影响企业对外直接投资的重要因素。从中国对外直接投资的发展历程的分析中，本书也发现中国对外直接投资受母国国家战略和政府政策影响很大。因此，本书将重点考察母国国家战略和政府促进政策对中国对外直接投资的影响。如前文所述，本书把影响企业决策行为的国家战略和国家政策等驱动因素称为政府驱动因素，具体包括中国当前最重要的区域合作机制之一——“一带一路”倡议以及金融机构境外布点和境外经贸合作区等两项助力企业“走出去”的重大境外投资促进政策。以考察中国政府所实施的这些境外投资促进政策是否赋予了企业“走出去”的优势，起到了弥补企业市场竞争力不足的作用。

2.4.2.1 境外金融机构

正如上一节的理论分析所述，与在国内经营相比，企业开展对外直接投资需要更多的成本，根据企业异质性理论，融资约束是阻碍企业“走出去”的重要因素。因此，为促进中国企业“走出去”，中国政府出台了一系列的金融支持措施，帮助中国企业“走出去”。尤其是，近年来中国加快了金融机构境外布点的步伐，根据《中国银行业监督管理委员会年报（2016）》统计，截至2016年底，已有22家中资银行业金融机构在海外63个国家和地区设立了1353多家分支机构。

现有研究发现企业的融资来源除了自身的资金积累以外，间接融资主要来自银行贷款。中国金融机构境外布点不仅可以为“走出去”企业提供资金支持，还可以提供关于东道国的信息服务，从而减少企业的融资约束。

此外，金融机构境外布点在“一带一路”建设中也起着重要作用。境外金融机构和对外直接投资分别属于“一带一路”建设中“资金融通”和“贸易畅通”中很重要的一部分。那么，“资金融通”是否对“贸易畅通”具有促进作用，即中国境外金融机构“走出去”是否有利于推动中国实体企业的境外直接投资？

2.4.2.2 境外经贸合作区

20世纪90年代中期以来，不少发展中国家的政要希望中国把改革开放经验、开发区或者工业园区的模式带到他们国家去，甚至一些发达国家也提出了这样的要求。在此背景下，中国从2006年开始设立境外经贸合作区，既把中国的成功模式推到海外帮助外国发展，也引导我国企业走向世界。境外经贸合作区是中国政府通过与相关政府进行谈判协议，为引导并鼓励企业境外投资，由国内大型企业牵头在东道国建立的产业集群。

与短期内难以得到有效执行的自由贸易协定（FTA）和双边投资协定（BIT）相比，境外经贸合作区可以更加灵活地依靠两国政府之间良好的政治外交关系，以“特区”的形式有效保护中国企业在经济和制度水平相对落后国家的投资安全。同时，境外经贸合作区内的企业也可以享受中国政府的财政支持以及东道国政府的配套政策支持①，从而快速推动中国对东道国的直接投资，在带动当地经济增长的同时，实现中国传统优势产能输出和国内产业升级。近年来，境外经贸合作区的建设步伐更不断加快。那么，境外经贸合作区作为中国企业（尤其是中小企业）“走出去”的重要载体，对中国企业对东道国的国际直接投资是否起到了重要推动作用？企业“走出去”又受哪些因素影响？

① 中国政府对境外经贸合作区的具体政策支持文件详见商务部发布的《中国政府对境外经贸合作区的支持政策措施》和《境外经贸合作区服务指南范本》文件。

2.4.2.3 “一带一路”倡议

如前文所述，“一带一路”倡议为中国企业对外直接投资提供了前所未有的机遇，境外经贸合作区被视为“一带一路”建设的重要承接点，在“一带一路”倡议的官方文件《愿景与行动》中更是提出了“探索投资合作新模式，鼓励合作建设境外经贸合作区、跨境经济合作区等各类产业园区，促进产业集群发展”。同时，国家也出台了“一带一路”沿线国家境外经贸合作区建设的战略规划，提出将在“一带一路”沿线23个国家和地区建立77个境外经贸合作区。

因此，境外经贸合作区在“一带一路”建设中占有举足轻重的地位，“一带一路”倡议对中国中小企业“走出去”究竟具有多大的影响？该影响与“一带一路”倡议中的“政策沟通、设施联通、贸易畅通、资金融通、民心相通”等“五通”之间存在怎样的联系？为此，本书将以境外经贸合作区为例，构建境外经贸合作区与“一带一路”及“五通”之间的理论框架，结合中国的对外直接投资数据，实证分析境外经贸合作区对中国对外直接投资及“一带一路”建设的重要作用，为有效推动中国“一带一路”的建设提供经验证据。

2.4.2.4 其他制度环境因素

中国除了通过金融机构境外布点和建立境外经贸合作区来促进中国对外直接投资以外，还实施了一系列其他的政策和制度助力中国企业“走出去”。与其他国家签订的“双边投资协定”“避免双重征税协定”“自由贸易协定”等，能够为投资者提供有效的法律保障，从而降低交易成本和风险。此外，2015年中国政府提出“国际产能合作”战略等，均是促进中国对外直接投资的重要因素。当然，母国政府政策除了具有促进作用之外，企业还具有母国制度逃逸的动因。此外，东道国作为母国企业投资的接受者，在国际经济活动中扮演着重要角色。东道国的营商环境和对待外资的态度以及与中国制度之间的距离均会对中国对外直接投资产生影响。此外，根据卢进勇和程晓青（2016）的研究，中国对外直接投资的动因还与世界经济环境有关，比如新型国际分工和国际经济新秩序等因素。这些因素不作为本书研究的重点，但在后文的实证分析中，基于数据可得性和指标的可度量性，本书也尽可能地同时控制这些影响因素。

需要指出的是，由于不同类型的企业有不同特点，以及与政府存在不同的政治关联度，企业对外直接投资的动因可能存在差异。例如，国有企业由于主要代表国家的意志，受政府干预程度较大，同时，与民营企业相比，国有企业也享受更多的国家优惠政策，其开展对外直接投资与国家的发展战略密切相关，故受政府驱动因素的影响较大。与之相反，民营企业市场化程度较高，受政府干预程度较低，主要是出于利润驱动而“走出去”，故受市场机制因素的影响较大。

综上所述，本书的理论分析框架如图2.1所示。

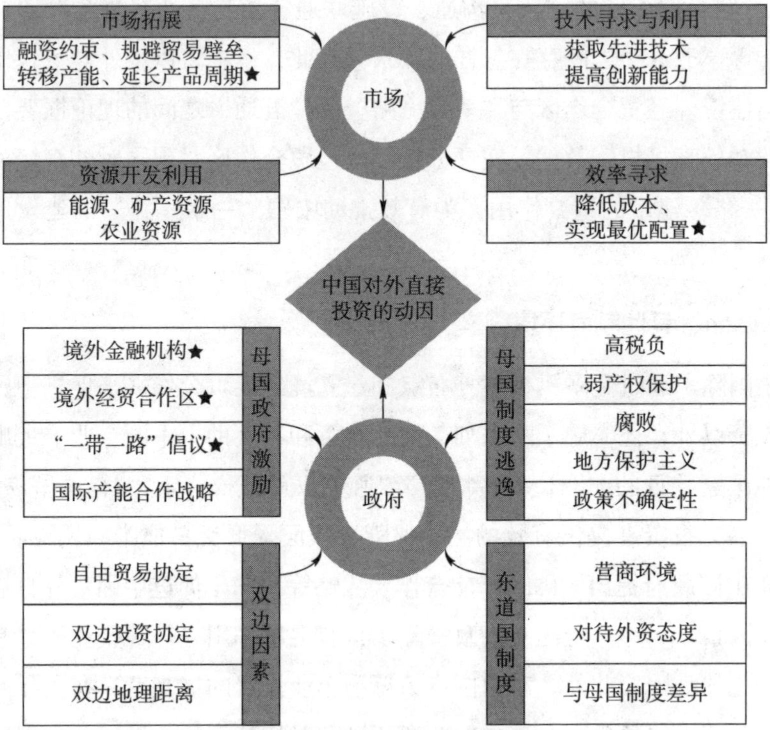

图2.1　本书的理论分析框架

注：★表示本书重点关注因素。

2.5 本章小结

本章在详细回顾与梳理跨国直接投资理论和国内外关于中国对外直接投资动因研究现状的基础上，根据本书研究需要，并结合近年来中国企业对外直接投资的实践，从市场动因和政府动因两个层面构建了本书的核心分析框架。

市场动因方面。企业开展对外直接投资资金需求多且中国金融服务体系不够健全。近年来国内劳动力成本逐渐上升以及中国一直是遭受反倾销调查最多的国家,基于此现实背景，本书关注了企业融资约束、劳动力成本和东道国对华反倾销调查对中国对外直接投资的影响。

政府动因方面。本书重点关注了近年来国家为推动中国企业“走出去”，鼓励国有大型企业牵头建立境外经济贸易合作区，为中小型企业“抱团出海”提供了重要的平台。此外，为更好地为中国企业“走出去”提供融资服务，中国政府加快了金融机构“走出去”的步伐，为中国企业对外直接投资保驾护航。最后，除了量化分析中国政府关于促进对外直接投资的重大政策，还结合“一带一路”倡议，以境外经贸合作区为例，在分析境外经贸合作区与“一带一路”互联互通之间关系的基础上，关注了“一带一路”倡议对中国企业“走出去”的影响。

3　中国对外直接投资的历程与现状

自1978年改革开放以来，中国经济迅猛发展，取得了令人瞩目的成就。与此同时，随着中国与世界经济快速融合，中国逐渐成为国际公认的外商直接投资的重要吸收国。尽管改革开放伊始，中国对外直接投资的初始规模非常有限，但是，2001年中国加入WTO和2002年“走出去”战略的实施，极大地改变了中国对外直接投资的前景。自2002年以来，中国对外直接投资已实现连续14年增长，年均增速高达35.8%。而且，自2015年以来，已连续两年实现双向直接投资项下的资本净输出，中国产业正以主导者的身份融入国际贸易与投资体系的新时期。

本节在梳理改革开放以来中国对外直接投资发展脉络的基础上，重点分析了其近年来的发展现状与特点，为下文解释其背后的动因奠定了基础。

3.1　历程回顾

改革开放以来，中国对外直接投资政策逐渐从一个受限制的中央批准制度朝着更加透明和开放的制度调整，并且其开放程度未来可能还将进一步提升。本章参照以往的研究（Voss et al., 2008；王碧珺，2016），结合本书研究需要，根据1978年中国的对外开放政策、1992年邓小平同志“南方谈话”和2000年“走出去”战略的提出以及2013年“一带一路”倡议的提出这四大中国对外开放的标志性事件，将中国对外直接投资的历程分为以下四个阶段（见图3.1）。

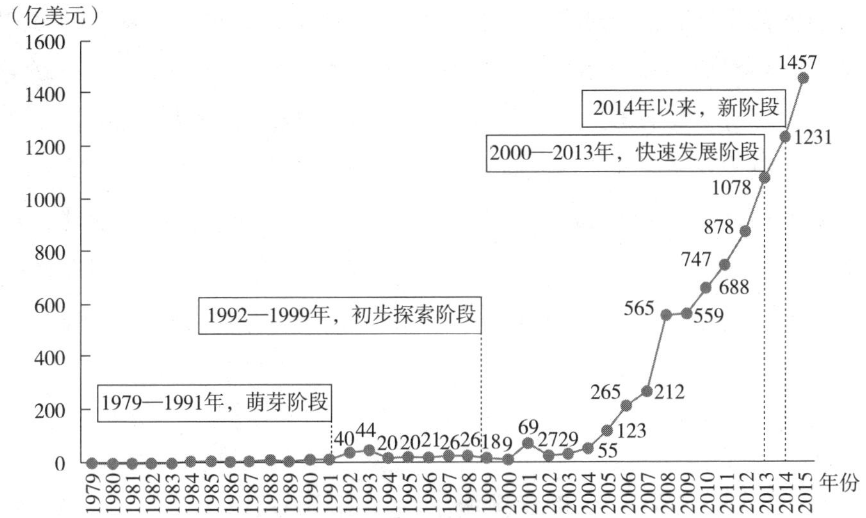

图 3.1 中国对外直接投资的发展历程

资料来源：1979—1981 年数据来源于《中国对外贸易统计年鉴》；1982—2001 年数据来源于 UNCTAD；2002—2015 年数据来源于《2015 年度中国对外直接投资统计公报》。

3.1.1 第一阶段：萌芽阶段（1979—1991 年）

1978 年的对外开放政策，是中国第一个提出开展海外业务的制度性框架政策。这一阶段又可以细分为两个时期：一是 1979—1985 年的改革开放初期；二是 1986—1991 年明确提出并实施对外直接投资支持政策的时期。1979 年 8 月 13 日，国务院颁布了 15 项经济改革措施，其中第 13 项首次明确发出了“出国办企业”的号召，拉开了中国企业开展对外直接投资的序幕，标志着中国政府已把企业“走出去”作为对外开放政策的一部分。但是，由于这一时期实行严格的审批制度，对外直接投资的量较少，特别是在 1979—1985 年的改革开放初期。因此，这一阶段的政策还仅仅处于“允许”的阶段，只允许少数与中国对外贸易经济合作部（现今的商务部）所属的国有企业或者各省、直辖市经贸委员会（现归属于国家发展和改革委员会）所属的经济技术合作企业开展对外直接投资活动。直到 1986 年之后的几年，中国政府才逐渐适当放宽了其政策限制，并通过开办业务培训班和为相关企业提供相应的技术和资金支持，鼓励有条件的企业“走出去”。此时，中国对外直接投资处于稳步推进阶段，才刚刚有了初步发展。总体上，这一时期中国的OFDI流量比较少，1982—1991年，中国平均每年的OFDI流量仅为5.4亿美元。Voss等（2009）指出早期的中国对外直接投资是没有前途的，可以忽略不计。其主要原因为：一方面，中国当时的对外贸易规模比较小，外汇储备短缺，严格的外汇管理政策极大地限制了企业的对外直接投资活动。另一方面，中国政府的工作重心刚刚实现向经济建设转变，中国经济仍具有较强的计划主义色彩，企业并没有很强的动机开展对外直接投资活动。Cheung和Qian（2009）则进一步指出，在初期，政治激励在中国对外直接投资中的作用比经济激励更大。

3.1.2 第二阶段：初步探索阶段（1992—1999年）

1992年邓小平同志发表南方谈话，中国经济改革迎来新高潮。此阶段，中国正处于计划经济逐步向社会主义经济转型的时期，市场日益成为资源配置的主要方式。面对日益激烈的市场竞争环境，企业通过“走出去”获取廉价原材料的愿望较为迫切。因此，此时期中国对外直接投资活动获得了逐步发展。虽然此时期中国对外直接投资活动较以往有了进一步的发展，但是，整体而言，还比较缓慢，而且发展历程较为曲折，对外直接投资流量的波动幅度较大①。

具体而言，邓小平同志发表南方谈话伊始，受其鼓舞，企业“走出去”开展境外直接投资活动的热情高涨，当年中国对外直接投资的流量就从1991年的9.13亿美元跃升至1992年的40亿美元。随后，中国于1994年进行了外汇体制改革，开始实行人民币汇率双轨制并轨，当年人民币大幅贬值，直接导致了中国对外直接投资流量从1993年的44亿美元骤降至1994年的20亿美元，降幅达一半之多。随之而来的是1997年的亚洲金融危机，中国政府担忧国内资本外逃和国有资产流失，进一步实施了严格的外汇管理制度和审批制度。亚洲金融危机之后，在这一时期末，国务院办公厅颁布了《关于鼓励

① 1991年国家计划委员会向国务院提交的《关于加强海外投资项目管理意见》中指出“中国尚不具备大规模到海外投资的条件”，该文件是之后10多年内对中国对外直接投资影响最大的政策法规，严重阻碍了中国对外直接投资的发展（李保民，2008）。

企业开展境外带料加工装配业务的意见》，放开了中国对外投资的审批制度，同时，这一事件也被认为是中国对外直接投资政策由行政干预转向直接利用经济手段，以及中国实施“走出去”战略的前兆（Cheung & Qian，2009）。尽管中国对外直接投资流量的总额为前一阶段的近4倍，但是，最终获批的对外直接投资项目数量已明显减少[①]。

3.1.3 第三阶段：快速发展阶段（2000—2013年）

2000年之前，政府的政策以“限制对外投资，鼓励吸引外资”为主，企业“走出去”面临诸多障碍和限制，对外投资规模较小，中国主要处于吸引外资阶段。

至2000年底，中国累计对外直接投资金额不足300亿美元。2000年之后，中国政府逐步实施放松管制，鼓励对外直接投资，并提出了“走出去”战略，鼓励企业到海外投资。此阶段，中国对外直接投资经历了快速平稳的发展，至2005年，中国企业境外投资已初具规模。尤其是，由于中国受2008年国际金融危机的影响较小，金融危机反而为中国企业“走出去”提供了黄金机遇。因此，2008年之后，中国企业“走出去”的步伐显著加快。

此阶段中国对外投资快速发展的主要原因在于：一方面，经过20多年的改革开放，中国通过引进外资和先进技术，发展以出口为导向的外向型经济，在21世纪初基本解决了外汇、资本和供给短缺的问题，具备了进一步参与国际竞争与合作的能力。因此，在当时已初步完成市场经济转型的中国，企业需要进一步融入全球市场，谋求更大的发展，提高自身竞争力，拓展海外市场。另一方面，21世纪初中国加入WTO和开始实施“走出去”战略时，正处于经济全球化蓬勃发展时期。经济全球化、贸易自由化、金融市场和区域经济一体化，使各经济体之间的融合程度逐渐加深，提高了全球的经济和福利水平，推动了世界经济的快速发展。经济全球化为后进国家加速发展提供了重要的战略机遇，是其“走出去”主动参与国际分工、国际交换和国际竞争，学习、缩小差距和实现赶超的重要途径。故本阶段中国“走出

① 尤其是对外投资金额大于100万美元或者私有企业境外投资项目几乎都被取消了（Hurst，2011）。

去”战略的提出和2001年WTO的加入加速了中国企业的国际化进程①。

随后，中国企业“走出去”战略在中国经济发展的每个“五年发展规划”中持续推进和升级。自2000年中国提出“走出去”战略以来，中国“走出去”战略经历了从“十五”（2001—2005年）首次提出“走出去”战略，“十一五”（2006—2010年）支持有条件的企业“走出去”，“十二五”（2011—2015年）加快实施“走出去”战略，到“十三五”（2016—2020年）以“一带一路”建设为统领，构建全方位开放新格局，通过多种方式合作“走出去”②，中国政府在每个五年计（规）划中均出台了相应的境外投资促进政策，促使企业充分利用两个市场和两种资源，通过对外直接投资活动实现先进技术的获取和逆向溢出，改变中国企业在全球价值链中的低端地位，逐步实现向全球价值链高端攀升。基于此，随着中国“走出去”战略的深入实施，境外投资的规模迅速扩大，实现了快速平稳的发展。

3.1.4 第四阶段：新阶段（2014年以来）

进入21世纪以来，特别是后危机时代，中国经济内外发展环境发生了深刻变化。世界经济复苏乏力、发展分化，国际贸易投资规则酝酿着全面调整与构建。发达国家的经济发展受其深层结构制约，一直在衰退的边缘徘徊，难以引领全球经济发展。广大发展中国家对全球经济的贡献则日益提升，且未来增长潜力巨大。改革开放以来，中国作为最大的发展中国家，经济持续高速增长，多年稳定成为全球经济增长的最大增量国。全新经济格局下，为顺应经济全球化、世界多极化、社会信息化和文化多样化的潮流，维护全球自由贸易体系，构建新型开放经济新体制，中国秉持开放的区域合作精神，于2013年9月提出了“一带一路”倡议，2015年官方文件《愿景与行动》的

① 世贸组织（WTO）的加入，使中国与多个国家和地区签订了自由贸易区协定、《避免双重征税协定》以及《双边投资协定》，一定程度上降低了中国到东道国开展对外直接投资的风险，从而促进了中国对外直接投资（周密，2010）。

② “走出去”正式作为国家战略最早见于2000年10月在中共十五届五中全会上通过的《中共中央关于制定国民经济和社会发展第十个五年计划的建议》。随后的“十一五”“十二五”“十三五”规划以及历年的政府工作报告均对“走出去”战略有明确的表述，这一战略内涵在发展中也逐渐成熟。

颁布，标志着“一带一路”倡议正式进入实施阶段。“一带一路”建设的合作重点为互联互通，而对外直接投资为互联互通中“贸易畅通”的重要组成部分。因此，“一带一路”倡议为中国企业“走出去”迎来了新的发展机遇。

目前，“一带一路”沿线国家已成为中国对外直接投资的重点区域。2015年，中国OFDI已覆盖其沿线的50个国家和地区，流量同比增长38.6%，是全球对外直接投资增幅的两倍，占当年流量总额的13%。

3.2 现状和特点

通过前文可发现自2000年中国提出“走出去”战略以来，中国对外直接投资才取得了较为快速平稳的发展。由于2002年中国才首次建立《对外直接投资统计制度》①，对外公布比较详细的境外直接投资数据，本部分将从中国企业对外直接投资的规模、行业结构、投资主体、投资方式、区域分布等方面，系统梳理2002年以来中国对外直接投资的发展现状和特点，捕捉其最新动向。

整体而言，目前，中国对外直接投资呈现出了投资规模持续增长、行业现代化、主体民营化、投资方式并购化、投资区域多元化、“一带一路”倡议引领投资等特点。

3.2.1 投资规模：持续快速增长

截至2015年底，中国共有2.02万家境内投资者在境外设立对外直接投资企业3.08万家，遍布全球188个国家和地区。图3.2和图3.3分别描述了2002—2015年中国OFDI流量和存量以及双向投资的对比情况。自2002年以来，中国对外直接投资实现连续13年高速增长，2002—2015年年均增速高达35.9%。2015年中国OFDI流量更是创下了1456.7亿美元的新高，是2002年的54倍，中

① 自2002年中国颁布第一部《对外直接投资统计制度》以来，分别于2004年12月、2006年12月、2008年12月、2010年12月、2012年12月、2015年1月和2016年12月进行了修订和调整。

国对外直接投资首次超过吸引外资，步入资本净输出阶段，流量已跃居全球第2。2015年OFDI存量为10978.6亿美元，是2002年的36.7倍，位居世界第8。

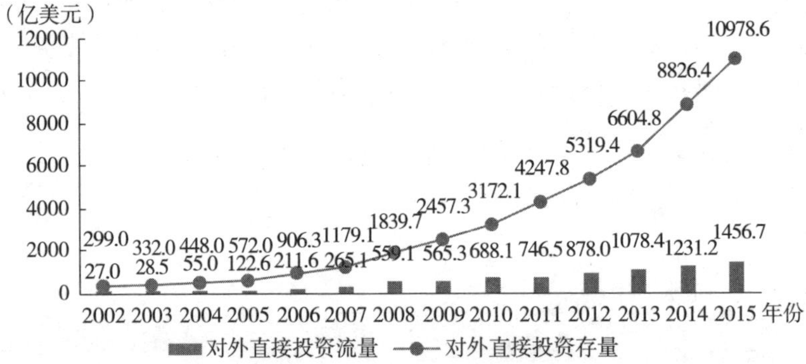

图3.2　2002—2015年中国对外直接投资流量和存量情况

资料来源：《2015年度中国对外直接投资统计公报》[①]。

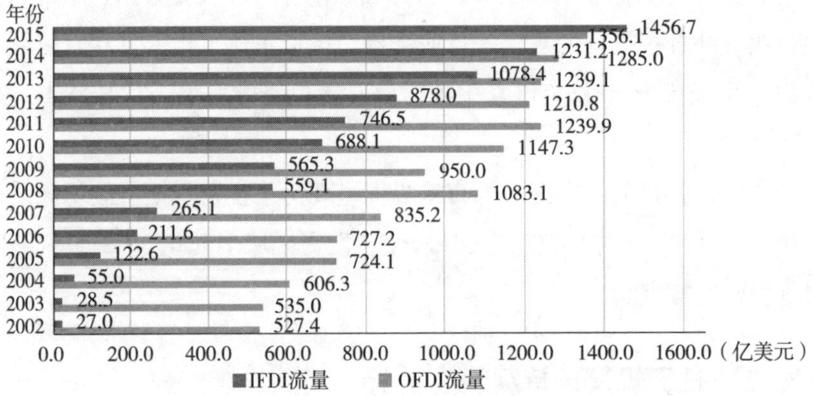

图3.3　2002—2015年中国双向直接投资对比

3.2.2　国际比较：与中国国际地位不相称

首先，与世界投资强国相比，差距依然较大。截至2015年底，中国OFDI存量占全球外国直接投资流出存量的份额仅为4.4%，排名世界第8位。

① 后文的图3.3至图3.15的资料来源除特别注明外，均来源于《2015年度中国对外直接投资统计公报》，后文不再赘述。

与美国、德国、英国差距较大，存量仅分别相当于同期美国、德国、英国的18.3%、60.6%、71.4%。流量虽然已经跃居全球第2，但是，与流量第一的美国相比，差距仍然巨大，仅相当于其48.6%，不足其一半。

其次，与对外贸易和GDP规模相比，全球占比低，排名较为靠后。截至2015年底，中国出口总额2.27万亿美元，占全球货物出口总量的13.8%。中国GDP总量为11.0万亿美元，占全球GDP总量的14.84%。2009—2015年，中国货物出口总额已连续7年稳居世界第1位，自2010年以来中国GDP规模也连续6年居世界第2位。

因此，目前，中国对外直接投资存量的比重远远低于货物出口贸易和GDP占世界的比重，与中国贸易大国和经济大国的地位不相称。一方面，这表明中国对外直接投资亟须加强；另一方面，也表明中国对外直接投资的增长潜力巨大。

3.2.3 投资类型：金融类较为滞后，但增长迅速

目前，无论是流量还是存量，中国金融类OFDI的规模占比均较低。流量和存量占比最高分别仅为25.13%和19.94%，存量的规模占比一直稳定在17%左右，流量占比虽然波动性大，但是除了2006年和2008年之外，均在15%以下。不过，近年来随着中国对金融类企业“走出去”的支持力度不断加大，自2011年以来，金融类直接投资流量整体呈现了逐渐上升的趋势。尤其是，2015年流量高达242.5亿美元，同比增长52.3%（见图3.4、图3.5）。

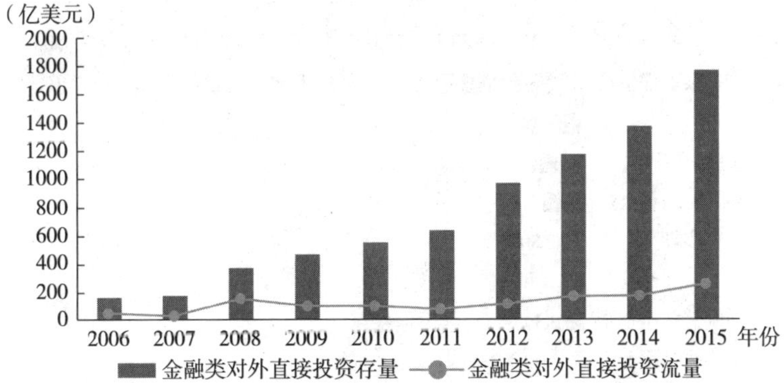

图3.4　2006—2015年中国金融类对外直接投资流量和存量情况

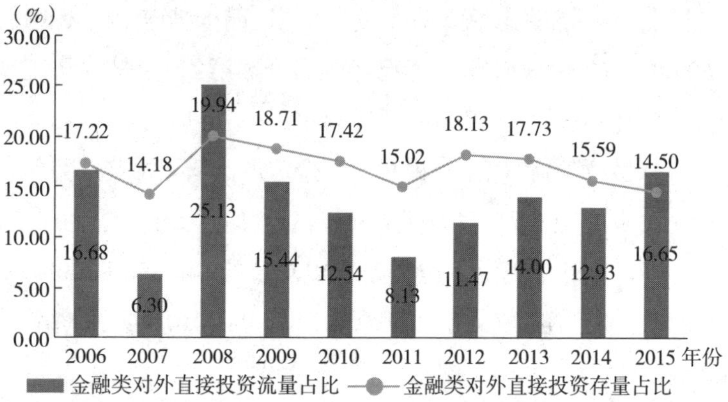

图3.5　2006—2015年中国金融类对外直接投资流量和存量占比

3.2.4　投资主体：日趋多元化，结构持续优化

首先，截至2015年末，中国对外直接投资企业囊括了有限责任公司、私营企业、股份有限公司、国有企业、外商直接投资企业、股份合作企业、港澳台商投资企业、集体企业和其他企业等类型，投资主体日趋多元化（见图3.6）。其次，尽管国有企业的投资规模存量占比依然过半，占据主导地位，但是呈持续下降趋势。截至2015年底，中国非国有企业与国有企业对外直接投资规模基本相当，国有企业投资规模占比为50.4%，非国有企业占比为49.6%，投资主体结构持续优化。就投资企业的个数而言，非国有企业的投资个数占主导地位，且其个数的占比逐年上升（见图3.7）。因此，中国对外直接投资的主体正从国企向民企转变。

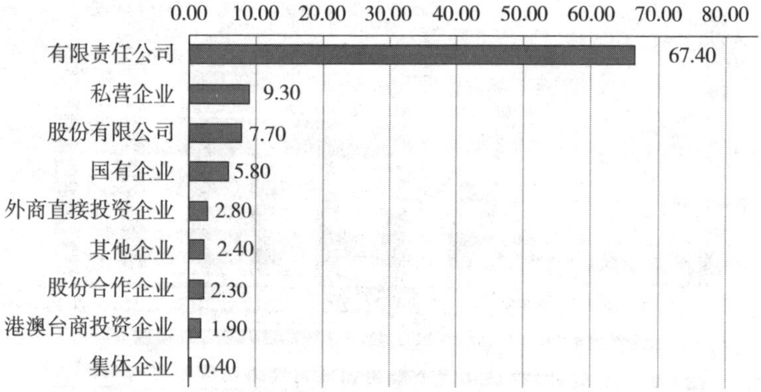

图3.6　2015年中国对外直接投资企业类型构成

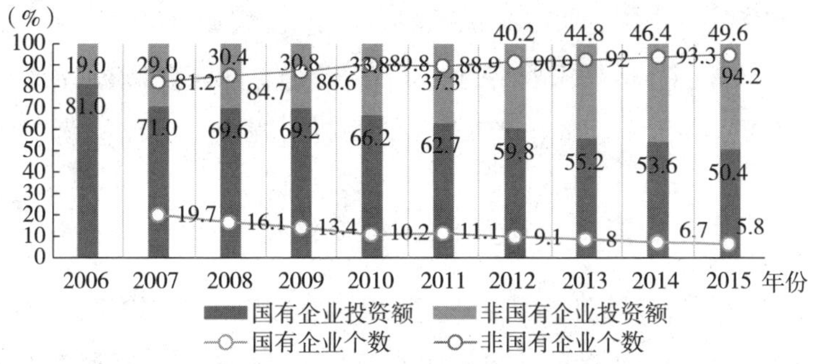

图3.7 2006—2015年对外直接投资国有企业和非国有企业投资额与个数占比

3.2.5 投资方式：以绿地为主，并购逐年增加

近年来中国在全球并购市场中表现愈加活跃，已成为企业“走出去”的重要战略选择。目前，中国企业跨国并购呈现以下特点：

第一，尽管占比不高，但总体规模不断扩大。2004—2015年，中国企业对外直接投资并购规模从30.0亿美元迅速增长到544.4亿美元，覆盖62个国家和地区（见图3.8）。

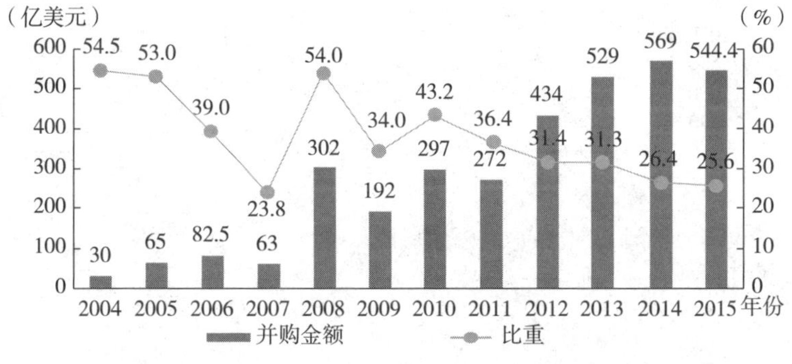

图3.8 2004—2015年中国对外直接投资并购情况

注：2012—2015年并购金额包括境外融资部分，比重为直接投资占当年流量的比重。

第二，并购目标转向发达国家市场。中国企业跨国并购的区位选择也日益转向西方发达国家，以获取管理经验、技术、专利和品牌。目前，中国企业在美国、欧洲等发达国家和地区的并购规模已占中国海外并购总额的七成左右。

第三，产业分布呈现多元化和高端化的趋势。并购投资领域囊括了信息技术服务业、信息传输软件、采矿、租赁、商务服务、文化体育和娱乐、高端制造业等。2015年，中国企业在欧洲跨国并购的产业领域近30个。随着“中国制造2025”“互联网+”等国家战略的实施，以及企业自身基于获取创新资源、转型升级的需要，中国企业在全球高端产业领域的并购规模还将持续增加。

3.2.6 行业结构：分布广泛，日益优化

行业结构方面，目前中国对外直接投资已覆盖了中国国民经济的所有行业，尽管具有行业集中性的特点，四大行业的对外直接投资存量占比近八成（见图3.9），但是行业结构正在从以资源和低端的租赁和商务服务行业为主逐渐向以制造业和高端服务业（信息传输、软件和信息技术服务业，科学研究、技术服务和地质勘查业等行业）为主转变，行业结构正不断优化[①]。随着互联网经济的发展，与制造业相得益彰的是中国企业在海外投资于“信息传输、软件和信息技术服务业”势头强劲，增长迅速。

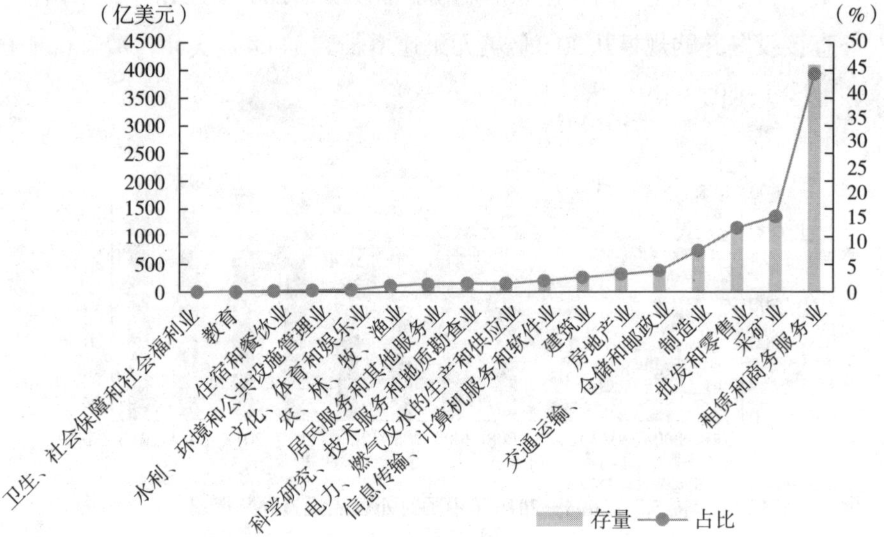

图3.9　2015年中国对外直接投资行业存量及占比

---

① 王碧珺（2013）的研究认为由于现有统计制度的不完善，《中国对外直接投资统计公报》（以下简称《公报》）公布的企业对外直接投资行业并不是其最终的行业，《公报》关于中国对外直接投资以服务业为主，完全是一种误读。文中通过对2006—2008年1500多个中国对外直接投资项目的数据研究，发现中国对外直接投资的最终去向还是采矿业和制造业。本书基于《公报》最新时间段的分析，与上述结果较为一致。进一步验证了中国对外直接投资的统计制度和流向正趋于理性，中国对外直接投资的行业结构正逐渐优化。

3.2.7 区域分布：相对集中，但日益广泛

从洲别分布来看，如图3.10和图3.11所示，目前中国对外直接投资主要分布于亚洲和拉丁美洲地区，但近年来中国对外直接投资流向逐渐从以亚洲和拉美地区为主向以欧洲和北美地区为主转变，区域分布日益广泛，表明企业“走出去”的实力日趋增强。亚洲、欧洲和北美洲成为海外投资“三驾马车”，非洲和大洋洲吸引力正逐渐下降。

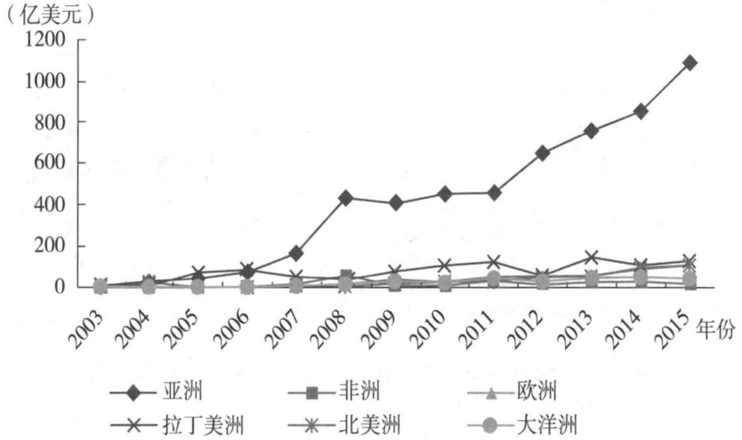

图3.10 2003—2015年中国对外直接投资流量洲别分布

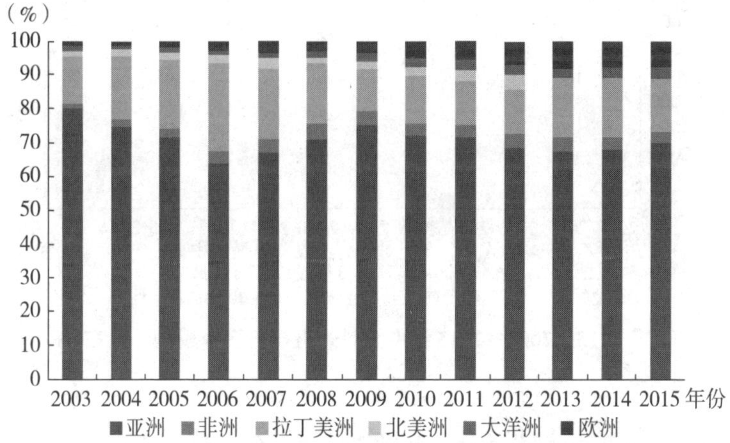

图3.11 2003—2015年中国对外直接投资存量洲别分布

3.2.8 中央与地方：地方已成为主力军

地方企业已成为中国企业对外直接投资的主力军，如图3.12和图3.13所示，自2014年起，地方企业非金融类OFDI流量的占比已超过50%，2015年所占比重更是达77.1%，然而，尽管中国地方企业对外直接投资的流量正在快速增加，但是其存量占比依然较低，增长潜力巨大。

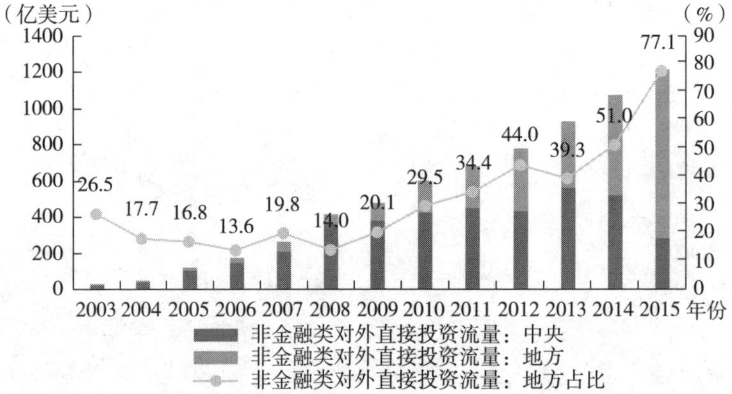

图3.12　2003—2015年中国对外直接投资流量地区分布

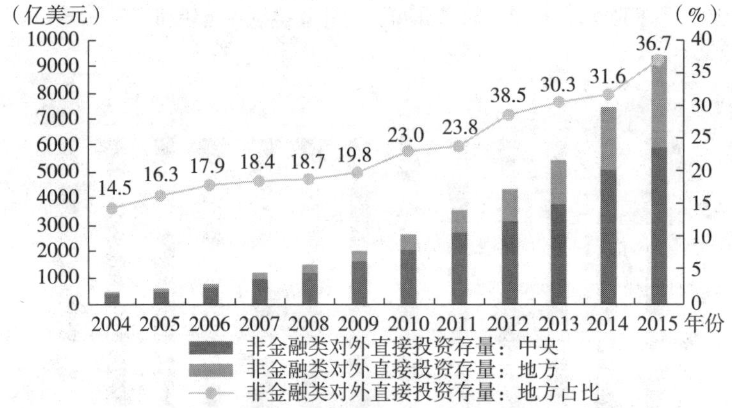

图3.13　2004—2015年中国对外直接投资存量地区分布

3.2.9 “一带一路”倡议引领对外投资合作

自2013年中国提出“一带一路”倡议以来，“一带一路”沿线国家和地区便成为中国企业对外直接投资的重点区域，并呈现出以下特点：

第一，投资规模增长迅猛，年均增长率达46.7%。但是，投资额全国占比依然较低，且2003—2015年流量存在较大的波动（见图3.14）。故未来中国对“一带一路”沿线国家投资的增长空间和潜力巨大。

第二，区域分布差异较大（见图3.15）。投资额的分布从大到小依次为东盟、西亚和中亚、独联体和南亚以及中东欧，各区域的投资额表现出了严重的不平衡性。

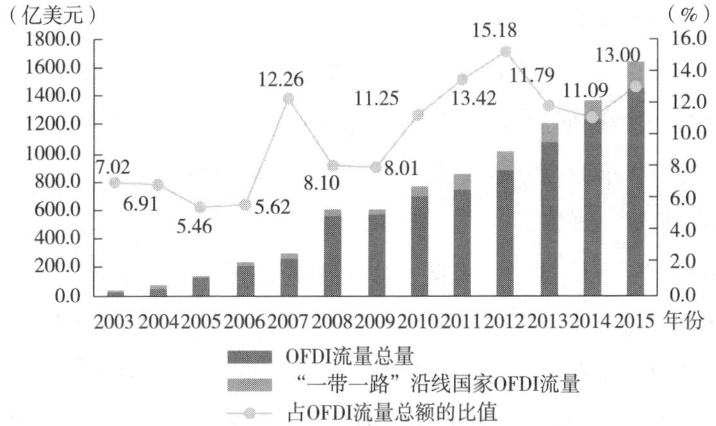

图3.14　2003—2015年中国对“一带一路”沿线国家（地区）投资规模分布

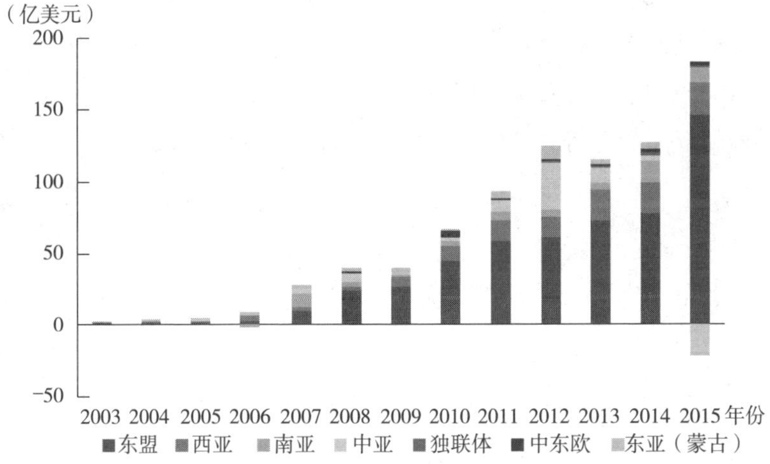

图3.15　2003—2015年中国对“一带一路”沿线国家（地区）投资区域分布

3.3 本章小结

本章在简要回顾改革开放以来中国对外直接投资发展历程的基础上，详细分析了近年来其发展现状和特点，呈现了中国对外直接投资发展的一幅完整图景。

依据中国贸易投资政策调整的重大标志性事件，依次将中国对外直接投资的历程划分为萌芽阶段、初步探索阶段、快速发展阶段和新阶段。研究发现，中国对外直接投资的发展受国家政策的影响较大，呈现明显的阶段性特征。自1978年中国实施改革开放以来，中国对外直接投资政策逐渐从一个受限制的中央批准制度朝着更加透明和开放的制度调整，而且，其开放程度未来可能还将进一步提升。

为捕捉近年来中国对外直接投资发展的最新动向，本章对2002年中国首次建立《对外直接投资统计制度》以来对外直接投资的投资规模、国际比较、投资类型、投资方式、投资主体、区域分布、行业结构、中央与地方的差异、“一带一路”倡议的影响等方面进行了详细的梳理与分析，研究发现近年来中国对外直接投资呈现出了投资规模持续增长、行业结构持续优化、投资主体民营化、投资区域广泛化、并购的地位和作用日益凸显、“一带一路”倡议引领投资等特点。

本章关于中国对外直接投资政策的历史变迁以及近年来中国境外直接投资发展最新动向的分析，为后文解释其背后动因奠定了基础。

4 中国对外直接投资的市场动因

本章将基于前文所构建的分析框架和近年来中国对外直接投资发展的新动态，进一步明确相应的理论和假说，并基于微观企业数据以及省级和国家层面的宏观数据，分别从微观企业、母国和东道国视角，重点探究中国对外直接投资发展的市场动因，主要包括企业融资约束、母国劳动力成本上升和东道国贸易壁垒等因素。

4.1 企业融资约束：微观企业视角

在中国金融市场比较落后、金融服务体系不健全、金融抑制现象普遍存在的背景下，中国企业面临着严重的融资约束（Allen et al.，2005；罗长远和陈琳，2012）。尤其是，由于中国存在严重的信贷歧视，民营企业所面临的融资约束更为严重（Claessens & Tzioumis，2006；Huang et al.，2011）。而海外投资正是一项资金需求多、期限长、风险高的活动，需要更多的资金支持。虽然，已有诸多研究证实融资约束是影响企业对外直接投资的重要因素之一，但是，如本书第2章所述，现有文献还存在诸多可拓展的空间。一是现有关于融资约束对企业国际化影响的分析，大多集中于对企业出口贸易的影响；二是尽管已有文献发现融资约束是影响企业投资行为的重要因素之一（Hubbard，1998），但是，关于融资约束对企业开展境外直接投资影响的研究较少，且研究对象多以发达国家为主；三是现有关于融资约束对中国企业"走出去"的研究，囿于数据限制，主要基于宏观层面的数据，考察母国和东道国金融发展的作用。鲜有基于微观数据的研究，研究结论尚未达成一致，存在融资约束指标度量单一、缺乏异质性分析等问题。

与现有文献相比，本书基于《中国工业企业数据库》和《中国境外投资企业（机构）名录》的微观匹配数据，构建企业融资约束的综合指标，并从多个维度系统分析了融资约束对企业对外直接投资的异质性作用，以及对不同投资动机企业的作用。

4.1.1 理论和假设

4.1.1.1 融资约束与企业对外直接投资

Buch等（2010）基于“新新贸易理论”的分析框架，研究发现企业对外直接投资需要足够的资金来支付其在东道国建厂或并购所需的固定成本，而现实中的企业往往面临融资约束。因此，企业从事对外直接投资活动不仅需要跨越生产率的门槛，还需要跨越融资约束的门槛。此外，企业面临融资约束，会导致企业缺乏提高企业生产率的研发资金和人力资本投资，进而阻碍企业开展对外直接投资活动（徐清，2014）。因此，企业融资约束是影响企业对外直接投资的重要因素之一。故在中国企业普遍面临融资约束的背景下，本书提出如下假设：

H1：企业融资约束阻碍了企业对外直接投资。

4.1.1.2 融资约束对企业境外直接投资的异质性影响

由于中国存在严重的信贷所有制歧视，企业获得资金的难易程度与所有制相关，不同所有制企业所面临的融资约束程度不同。本书提出如下假设：

H2：融资约束对不同所有制企业对外直接投资的影响具有异质性。

根据刘莉亚等（2015）、李磊和包群（2015）的研究，融资约束对中国企业“走出去”的作用与企业的行业外源融资依赖度和生产率有关。故本书提出如下假设：

H3：融资约束对不同生产率企业“走出去”的影响具有异质性。

H4：融资约束对企业“走出去”的影响与行业外源融资依赖度相关。

不同东道国的经济、制度和金融发展水平不同，一方面，企业在不同东道国开展对外直接投资所面临的成本可能存在差异，另一方面，企业在不同国家所获得的融资难易程度存在差异。因此，本书提出如下假设：

H5：融资约束对企业对外直接投资的影响存在国家异质性。

Markusen（1995）认为企业的境外直接投资活动分为垂直型和水平型两种类型，水平型直接投资是指为接近当地市场而在东道国生产最终产品，并将产品在东道国进行销售。垂直型对外直接投资是指企业将不同的生产环节分布于不同的国家，以利用各地的生产成本优势，并以出口的方式服务特定的东道国市场。因此，垂直型对外直接投资是成本驱动的，主要是在东道国进行生产；水平型对外直接投资则是市场驱动的，其目的是在东道国进行销售。两种类型企业在东道国生产时存在着固定成本和可变成本的差异，与垂直型投资企业相比，水平型投资企业所需的成本更大，企业进行水平型投资也存在较高的生产率门槛（韩剑，2015）。因此，本书提出如下假设：

H6：融资约束对不同投资动机企业对外直接投资的影响具有异质性。

4.1.2 模型、变量与数据

4.1.2.1 计量模型设定

根据上文所提出的理论和假设，参考王碧珺等（2015）的研究，本书模型设定如下：

$$OFDI_{it}=C+\alpha FC_{i,t-1}+\beta X_{i,t-1}+\lambda_j+\eta_l+\gamma_t+\varepsilon_{it} \tag{4.1}$$

其中，i表示企业，t表示年份，$OFDI_{it}$表示企业i在t年的对外直接投资情况，本书主要采用二元变量度量，若企业在t年进行对外直接投资则取值为1，否则为0，在后续分析中，本书也考察了融资约束对企业对外直接投资次数的影响；为缓解企业对外直接投资行为和所面临的融资约束之间相互影响而造成的内生性问题，本书将所有解释变量和控制变量均滞后一期。$FC_{i,t-1}$为本书的主要解释变量，即企业所面临的融资约束；$X_{i,t-1}$为其他控制变量，参照以往的研究，本书还控制了企业年龄、资本密集度、生产率、是否有出口行为、工资成本和税收成本等因素（李磊和包群，2015；王碧珺等，2015；刘莉亚等，2015）；λ_j、η_l和γ_t分别是行业、省份和时间固定效应，用来控制地区和行业层面不随时间变化的因素以及宏观经济波动的影响。

4.1.2.2 变量说明

（1）企业融资约束的度量

现有关于企业融资约束的度量包括单一指标和综合指标。基于单一指标测度企业融资约束指标的方法是依据企业的某一个指标对企业的融资约束程度进行分类，分析企业投资对现金流等金融因素变动的敏感度。常用的分类指标主要为企业股利支付率、股权结构集中度、企业规模、企业年龄、企业是否隶属于产业集团或者金融集团等（Hoshi et al.，1991；Hubbard，1998）。

由于采用单一指标并不能整体描述企业的融资状况，后续的研究则对企业融资约束的度量方法进行了进一步拓展，第一种方法是采用企业的多种指标对企业的融资程度进行分类，并用企业的现金流比率、Tobin Q值、股利支付率和负债比率等指标，利用计量经济学方法对以上分类指标进行实证分析，构建融资约束指标（Kaplan & Zingales，1997；Whited & Wu，2006；Handlock & Pierce，2010）。第二种方法是基于企业的多个定量指标，构造企业融资约束的评分指标，包括企业规模、清偿比率、销售增长率、负债比率和资产收益率等（Musso & Schiavo，2008；Bellone et al.，2009）。

与现有主流文献一致，本书沿用第二种方法的研究思路，基于企业多个指标的信息，构造企业融资约束评分的综合指标。

（2）融资约束的指标构建

本书基于Myers（1984）和Smith（1987）的研究，并参照阳佳余（2012）的做法，以企业内源、外源、商业信贷以及企业的盈利能力与投资机会等指标为基础，构造企业融资约束的综合评分指标。

① 内源融资约束。采用企业现金存量占总资产比例度量。

② 商业信贷约束。利用企业应收账款与总资产的比率衡量。

③ 外源融资约束。采用企业的信用特征来度量其外源融资约束大小。主要包括：①企业规模，利用企业总资产的对数值来度量；②企业清偿比率，采用企业所有者权益与总负债的比率衡量；③企业流动比率，利用企业流动资产占流动负债的比例来表示；④企业有形资产净值率，采用企业有形资产占总资产的比例来表示。

④ 投资机会与盈利能力。主要用企业资产收益率和销售净利率衡量，即分别为企业息税后收益与总资产以及与产品销售收入的比重。

⑤ 外资参与程度。采用外商投资和港澳台投资额占企业实收资本总额的比例来衡量。

以上指标的值越大，表明企业所受到的融资约束程度越小。最后，本书沿用Musso和Schiavo（2008）、Bellone等（2009）的研究思路，构造企业融资约束的综合评分指标。具体步骤如下：

首先，将以上9个分项指标处于（0%，20%]、（20%，40%]、（40%，60%]、（60%，80%]和（80%，100%]的区间分别赋值为1~5的分值，分值越大，表示企业所受的融资约束程度越低。

其次，将企业的每个分项指标所得的分值进行加总，构造融资约束的综合指标，记为*Score_A*。为了估计结果的稳健性，本书也构造了关于融资约束的另一个综合指标，即每个企业所处（80%，100%]区间的分项指标的个数之和，记为*Score_B*。

最后，依照现有文献的做法，分别将两个融资约束的综合指标*Score_A*和*Score_B*的分值标准化到区间[0，10]，即为本书最终的融资约束指标。

（3）控制变量的选择

① 企业生产率（*tfp*）。借鉴蒋冠宏（2017）的做法，本书基于企业的工业总产值、从业人数和固定资产净值数据，采用带有固定效应的面板数据方法，来衡量企业的全要素生产率。与普通的OLS计算企业索落残差的方法相比，该方法能够最大程度地控制企业之间的组内差异，进而得到一致的劳动和资本的估计系数。

② 企业资本密集度（ln*kl*）。Antr à s（2003）的研究结果表明，企业的对外直接投资的生产决策行为与企业的资本密集度相关，资本密集度高的企业更倾向于利用对外直接投资的方式开展国际化。本书采用企业固定资产净值占从业人数比例的对数值来表示。

③ 企业出口（*export*）。Oldenski（2012）研究发现，企业出口可以为企业在东道国开展对外直接投资的决策提供国际化经验。本书采用企业是否具有出口行为来衡量企业的出口行为。

④ 企业年龄（lnage）。企业的生产和管理能力通常随着企业的年龄增长而增加，企业的年龄越大，越容易利用对外直接投资开拓国际市场。本书采用企业年龄的对数值来衡量。

⑤ 企业劳动力成本（lnwage）。劳动力成本是影响企业进行对外直接投资决策的重要因素，随着中国劳动力成本优势的消失，越来越多的企业将会投资于劳动力成本比较低的地区[①]。本书采用企业应付工资总额占从业人员比例的对数值来度量。

⑥ 企业实际税率水平（tax）。企业所承担的税负也是影响中国企业“走出去”的重要因素之一（李丽丽和綦建红，2017）。本书采用企业应交增值税所占产品销售收入的比值来衡量企业的实际税负水平。

⑦ 企业行业密集度（hhi）。根据产业基础理论，市场竞争环境也是影响企业战略决策与国际化策略的重要因素（Boter & Holmquist，1996；Porter，1980；Yamakawa et al.，2008）。竞争压力促使企业削减价格和改善产品质量，从而导致国内市场利润的降低。同时，也迫使企业通过对外直接投资来开拓新的市场（Lu et al.，2011）。因此，本书采用赫芬达尔—赫希曼指数（Herfindahl Hirschman Index）来衡量市场竞争结构，即企业营业收入占行业营业总收入的平方和。

4.1.2.3 数据来源

本书的数据主要来源于与1998—2007年《中国境外投资企业（机构）名录》和《中国工业企业数据库》中的企业名称相匹配的数据。遵照现有文献（聂辉华等，2012；田巍和余淼杰，2013，2014；Feenstra et al.，2014）的做法，保留全部国有企业和主营业务收入超过500万元的非国有企业，并对样本进行了如下处理，剔除了以下观测值：①从业人数缺失或少于8人；②产品销售收入、总资产中的任意一项缺失或不为正数；③工业总产值、固定资产、流动资产、固定资产净值中的任意一项缺失或为负数；④总资产小于固定资产和固定资产净值；⑤成立时间晚于当前年份；⑥流动资产大于总资产；⑦企业

① 本章第二部分也证实了近年来国内劳动力成本上涨是影响中国企业“走出去”的重要因素之一。

出口交货值缺失或为负值；⑧成立时间早于1949年。

主要变量的描述性统计如表4.1所示。由表4.1可知，与其他企业相比，进行对外直接投资的企业所面临的融资约束较小，生产率较高；相对于垂直型对外直接投资企业，水平型对外直接投资企业所受到的融资约束更低，生产率更高；相对于投资到其他国家的企业，投资于发达国家的企业所面临的融资约束更低，生产率相对较低；在发展中国家和发达国家均开展对外直接投资的企业，所受到的融资约束程度介于仅投资于发展中国家和发达国家之间，生产率则高于投资于其他国家的企业。

表4.1　变量含义与描述性统计

变量	全部	OFDI	非 OFDI	水平型 OFDI	垂直型 OFDI	发展中国家 OFDI	发达国家 OFDI	发展中国家和发达国家 OFDI
Score_A	5.34 (1.33)	5.94 (1.26)	5.34 (1.33)	6.49 (1.11)	5.92 (1.26)	5.84 (1.29)	6.07 (1.21)	6.30 (1.13)
Score_B	2.8 (1.41)	3.25 (1.48)	2.8 (1.41)	3.71 (1.46)	3.23 (1.48)	3.17 (1.47)	3.32 (1.50)	3.71 (1.44)
tfp_r	0.00 (0.81)	0.23 (0.69)	0.001 (0.81)	0.41 (0.73)	0.23 (0.69)	0.24 (0.71)	0.20 (0.66)	0.45 (0.70)
ln*age*	1.85 (0.95)	1.94 (0.85)	1.85 (0.95)	1.93 (0.81)	1.94 (0.85)	1.97 (0.88)	1.89 (0.81)	2.03 (0.75)
export	0.28 (0.45)	0.71 (0.45)	0.28 (0.45)	0.75 (0.44)	0.71 (0.45)	0.69 (0.46)	0.74 (0.44)	0.85 (0.36)
ln*kl*	3.50 (1.33)	3.89 (1.20)	3.50 (1.33)	4.14 (1.11)	3.88 (1.21)	3.94 (1.20)	3.81 (1.18)	4.08 (1.38)
ln*wage*	2.33 (0.70)	2.56 (0.60)	2.33 (0.70)	2.72 (0.66)	2.56 (0.60)	2.55 (0.61)	2.56 (0.57)	2.86 (0.72)
hhi	0.03 (0.09)	0.02 (0.08)	0.03 (0.09)	0.04 (0.10)	0.02 (0.07)	0.02 (0.08)	0.02 (0.07)	0.02 (0.06)
tax	0.07 (0.11)	0.07 (0.11)	0.07 (0.11)	0.07 (0.11)	0.07 (0.11)	0.07 (0.11)	0.07 (0.11)	0.07 (0.11)
N	1772548	6367	1766181	221	6146	3771	2380	216

注：表中数值为各变量的均值，括号中数值为变量的标准差，*N*为样本观测值。

4.1.3 实证结果及解释

4.1.3.1 初始检验

表4.2报告了融资约束对企业对外直接投资影响的基本估计结果。其中，第（1）列和第（2）列被解释变量为企业是否对外直接投资，第（3）列和第（4）列被解释变量则为企业对外直接投资的次数。从表4.2的估计结果来看，无论是仅加入解释变量，还是加入其他控制变量，企业融资能力提升均增加了企业境外直接投资的概率和次数。H1被证实。其他变量的估计结果也与现有文献一致（李磊和包群，2015；刘莉亚等，2015；王碧珺等，2015）。企业出口为企业提供了国际化经验，增加了企业对外直接投资的概率；与“新新贸易理论”的预测一致，只有生产率高的企业才能承担对外直接投资所需要的成本，生产率较高的企业更倾向于通过对外直接投资开展国际化行为；资本密集度较高和成立年限较长的企业倾向于做出对外直接投资的决策。

表4.2 融资约束对企业对外直接投资影响的基本估计结果

	（1）	（2）	（3）	（4）
	OFDI	***OFDI***	***ofditimes***	***ofditimes***
Score_A	0.0041*** （0.0003）	0.0009*** （0.0003）	0.0149*** （0.0006）	0.0035*** （0.0009）
tfp_r		0.0053*** （0.0005）		0.0244*** （0.0021）
export		0.0321*** （0.0012）		0.0895*** （0.0024）
ln*kl*		0.0049*** （0.0003）		0.0142*** （0.0007）
ln*age*		0.0052*** （0.0004）		0.0087*** （0.0008）
tax		0.0046 （0.0059）		0.0512 （0.0332）
ln*wage*		0.0010 （0.0006）		0.0141*** （0.0034）

续表

	(1)	(2)	(3)	(4)
	OFDI	*OFDI*	*ofditimes*	*ofditimes*
hhi		−0.0027 (0.0059)		0.0451** (0.0183)
_cons	−0.0117*** (0.0027)	−0.0315*** (0.0034)	−.0421*** (0.0036)	−0.1331*** (0.0105)
PE	Yes	Yes	Yes	Yes
IE	Yes	Yes	Yes	Yes
YE	Yes	Yes	Yes	Yes
N	1194822	1150573	1195038	1150573

注：括号内数值为稳健性标准误；***、**、* 分别表示在 1%、5%、10% 的水平上显著；PE、IE、YE 分别为 Province Effects、Industry Effects 和 Year Effects。表 4.3 至表 4.8 同。

4.1.3.2 不同所有制企业的检验

由于企业融资约束程度存在企业所有制的不同，本书分别针对国有企业、集体企业、外商直接投资企业、港澳台商投资企业和私营企业进行了分样本考察。估计结果如表4.3所示，其中，第（1）列和第（2）列、第（3）列和第（4）列、第（5）列和第（6）列、第（7）列和第（8）列、第（9）列和第（10）列依次分别为国有企业、集体企业、外商直接投资企业、港澳台商投资企业和私营企业。从表4.3的估计结果来看，除企业融资约束对外商直接投资企业没有显著影响外，企业融资约束对国有企业、集体企业、港澳台商投资企业和私营企业的对外直接投资概率和投资次数均存在较为显著的影响，但是，相对于其他企业而言，私营企业的对外直接投资决策更容易受融资约束的影响。H2得到支持。其原因在于，相对于国有企业和其他企业，私营企业在金融市场处于较弱的地位，融资成本相对较高，但是，私营企业的市场化程度较高，具有更强烈的动机到国外寻求市场（李磊和包群，2015）。因此，融资约束对私营企业开展对外直接投资的决策更加重要。

4.1.3.3 不同生产率的检验

本书将企业的全要素生产率划分为4分位，将3/4分位以上的企业归为

表4.3　融资约束对不同所有制企业的异质性影响

	(1)	(2)	(3)	(4)	(5)	(6)	(7)	(8)	(9)	(10)
	Soe		Coes		Fies		Hmtie		Private	
	OFDI	*ofditimes*	*OFDI*	*ofditimes*	*OFDI*	*ofditimes*	*OFDI*	*ofditimes*	*OFDI*	*ofditimes*
Score_A	0.0032^{***}	0.0140^{***}	0.0010^{**}	0.0071^{***}	0.0013	0.0053^{**}	0.0029^{***}	0.0108^{***}	0.0042^{***}	0.0134^{***}
	(0.0008)	(0.0032)	(0.0004)	(0.0011)	(0.0011)	(0.0023)	(0.0007)	(0.0016)	(0.0006)	(0.0011)
tfp_r	0.0043^{***}	0.0363^{***}	0.0012^{**}	0.0061^{***}	0.0109^{***}	0.0275^{***}	0.0032^{**}	0.0109^{***}	0.0051^{***}	0.0169^{***}
	(0.0012)	(0.0080)	(0.0006)	(0.0019)	(0.0023)	(0.0043)	(0.0013)	(0.0027)	(0.0010)	(0.0018)
export	0.0417^{***}	0.1659^{***}	0.0101^{***}	0.0734^{***}	0.0171^{***}	0.0368^{***}	0.0120^{***}	0.0310^{***}	0.0554^{***}	0.1288^{***}
	(0.0040)	(0.0146)	(0.0019)	(0.0068)	(0.0029)	(0.0052)	(0.0020)	(0.0039)	(0.0026)	(0.0046)
ln*kl*	0.0054^{***}	0.0249^{***}	0.0014^{***}	0.0090^{***}	0.0037^{***}	0.0023	0.0021^{***}	0.0064^{***}	0.0079^{***}	0.0173^{***}
	(0.0007)	(0.0026)	(0.0003)	(0.0010)	(0.0011)	(0.0022)	(0.0007)	(0.0012)	(0.0006)	(0.0010)
ln*age*	0.0051^{***}	0.0074^{***}	0.0007	0.0033^{**}	0.0048^{**}	−0.0010	0.0033^{***}	0.0043	0.0052^{***}	0.0070^{***}
	(0.0009)	(0.0024)	(0.0006)	(0.0016)	(0.0021)	(0.0044)	(0.0012)	(0.0027)	(0.0006)	(0.0012)
tax	0.0188	0.2605	−0.0021	0.0019	0.0048	0.0019	−0.0144	−0.0275	−0.0062	-0.0538^{***}
	(0.0138)	(0.1862)	(0.0075)	(0.0176)	(0.0175)	(0.0329)	(0.0139)	(0.0267)	(0.0111)	(0.0183)
ln*wage*	0.0029^{*}	0.0361^{***}	0.0005	0.0045^{**}	−0.0039	-0.0126^{***}	0.0013	0.0127^{***}	0.0022^{*}	0.0131^{***}
	(0.0015)	(0.0139)	(0.0008)	(0.0020)	(0.0025)	(0.0043)	(0.0015)	(0.0035)	(0.0013)	(0.0026)
hhi	0.0039	0.1463^{*}	0.0020	0.0196	−0.0058	−0.0175	0.0022	0.0098	−0.0066	0.0158
	(0.0188)	(0.0857)	(0.0097)	(0.0208)	(0.0259)	(0.0310)	(0.0154)	(0.0277)	(0.0084)	(0.0108)
_cons	-0.0614^{***}	-0.3110^{***}	−0.0063	-0.0740^{***}	-0.0296^{***}	−0.0330	-0.0218^{*}	-0.0932^{***}	-0.0447^{***}	-0.1485^{***}
	(0.0066)	(0.0347)	(0.0053)	(0.0126)	(0.0112)	(0.0201)	(0.0127)	(0.0237)	(0.0082)	(0.0139)
PE	Yes	Yes	Yes	Yes	Yes	Yes	Yes	Yes	Yes	Yes
IE	Yes	Yes	Yes	Yes	Yes	Yes	Yes	Yes	Yes	Yes
YE	Yes	Yes	Yes	Yes	Yes	Yes	Yes	Yes	Yes	Yes
N	162467	162467	178952	178952	114372	114372	129534	129534	463480	463480

高生产率企业，3/4分位及以下的企业归为低生产率企业。估计结果如表4.4所示。其中，第（1）列和第（2）列、第（3）列和第（4）列分别为高生产率企业和低生产率企业的样本。从表4.4的估计结果来看，企业融资能力提升显著提高了低生产率企业对外直接投资的概率。其原因在于生产率特别高的企业，已经跨过对外直接投资的生产率门槛，因此，融资能力提升对高生产率企业没有影响（刘莉亚等，2015）。H3得到验证。

表4.4 融资约束对不同生产率企业的异质性影响

	（1）	（2）	（3）	（4）
	high tfp		low tfp	
	OFDI	*ofditimes*	*OFDI*	*ofditimes*
Score_A	–0.0009 （0.0010）	–0.0053 （0.0035）	0.0009*** （0.0003）	0.0050*** （0.0007）
tfp_r	0.0028 （0.0028）	0.0396*** （0.0122）	0.0031*** （0.0007）	0.0186*** （0.0013）
export	0.0647*** （0.0037）	0.001657*** （0.0079）	0.0221*** （0.0012）	0.0640*** （0.0024）
ln*kl*	0.0077*** （0.0009）	0.0239*** （0.0021）	0.0037*** （0.0003）	0.0099*** （0.0006）
ln*age*	0.0097*** （0.0013）	0.0202*** （0.0027）	0.0035*** （0.0004）	0.0045*** （0.0008）
tax	0.0352* （0.0190）	0.003412 （0.002102）	–0.0012 （0.0062）	0.0061 （0.0114）
ln*wage*	0.0063*** （0.0020）	0.0462*** （0.0152）	–0.0006 （0.0007）	0.0042*** （0.0013）
hhi	0.0063 （0.0151）	0.001424** （0.0678）	–0.0020 （0.0070）	0.0058 （0.0098）
_cons	–0.0737*** （0.0105）	–0.3557*** （0.0544）	–0.0170*** （0.0035）	–0.0660*** （0.0068）
PE	Yes	Yes	Yes	Yes
IE	Yes	Yes	Yes	Yes
YE	Yes	Yes	Yes	Yes
N	215972	215972	777920	777920

4.1.3.4 行业外源融资依赖度的检验

企业的经营效率受其行业外源融资依赖度的影响（盛丹和王永进，2012）。因此，Rajan和Zingales（1998）基于美国的行业数据，测算了各行业的融资依赖度。本书依据Rajan和Zingales（1998）对各行业的外源融资依赖度的测算结果，将美国行业的分类标准与中国的行业分类标准进行对应，最终将外源融资依赖度指数最大的4个两位数行业归为高外源融资依赖度行业，将外源融资依赖度指数最小的4个两位数行业归为低外源融资依赖度行业，其他则归为中外源融资依赖度行业。估计结果如表4.5所示，其中，第（1）列和第（2）列、第（3）列和第（4）列、第（5）列和第（6）列分别为高外源融资依赖度行业、中外源融资依赖度行业、低外源融资依赖度行业。从表4.5的估计结果来看，企业融资能力提升分别对中和低外源融资依赖度的行业的对外直接投资决策和次数具有显著正向影响；而对高融资依赖度行业的影响则不显著，但是企业融资能力改善对高外源融资依赖度行业的投资次数具有显著影响。H4得到验证。

表4.5 融资约束对不同行业外源融资依赖度企业的异质性影响

	（1）	（2）	（3）	（4）	（5）	（6）
	high		middle		low	
	OFDI	*ofditimes*	*OFDI*	*ofditimes*	*OFDI*	*ofditimes*
Score_A	0.0009 （0.0011）	0.0072*** （0.0021）	0.0007** （0.0003）	0.0018* （0.0010）	0.0020** （0.0009）	0.0131*** （0.0023）
tfp_r	0.0047** （0.0020）	0.0177*** （0.0037）	0.0062*** （0.0006）	0.0275*** （0.0025）	–0.0006 （0.0014）	0.0070** （0.0029）
export	0.0345*** （0.0039）	0.0866*** （0.0070）	0.0328*** （0.0013）	0.0926*** （0.0028）	0.0247*** （0.0032）	0.0636*** （0.0064）
ln*kl*	0.0070*** （0.0010）	0.0165*** （0.0018）	0.0052*** （0.0003）	0.0154*** （0.0009）	0.0004 （0.0007）	0.0031* （0.0017）
ln*age*	0.0097*** （0.0016）	0.0111*** （0.0031）	0.0051*** （0.0004）	0.0095*** （0.0009）	0.0013 （0.0008）	0.0004 （0.0019）
tax	0.0257 （0.0191）	0.0357 （0.0383）	0.0022 （0.0068）	0.0573 （0.0426）	0.0006 （0.0135）	0.0204 （0.0328）

续表

	(1)	(2)	(3)	(4)	(5)	(6)
	high		middle		low	
	OFDI	*ofditimes*	*OFDI*	*ofditimes*	*OFDI*	*ofditimes*
ln*wage*	−0.0072*** (0.0022)	−0.0072* (0.0037)	0.0022*** (0.0007)	0.0178*** (0.0043)	−0.0000 (0.0016)	0.0047 (0.0037)
hhi	−0.0100 (0.0221)	−0.0700* (0.0394)	0.0055 (0.0070)	0.0606** (0.0235)	−0.0125 (0.0139)	0.0249 (0.0199)
_*cons*	−0.0192* (0.0109)	−0.0833*** (0.0197)	−0.0350*** (0.0038)	−0.1430*** (0.0128)	−0.0179* (0.0097)	−0.1420*** (0.0231)
PE	Yes	Yes	Yes	Yes	Yes	Yes
IE	Yes	Yes	Yes	Yes	Yes	Yes
YE	Yes	Yes	Yes	Yes	Yes	Yes
N	114249	114249	895946	895946	125485	125485

4.1.3.5 不同投资目的地的检验

表4.6报告了融资约束对不同投资目的地企业的异质性影响，其中，第（1）列和第（2）列、第（3）列和第（4）列、第（5）列和第（6）列分别为仅投资于发展中国家的企业、仅投资于发达国家的企业、同时投资于发展中国家和发达国家的企业。

首先，估计结果显示，企业融资能力提升显著提高了企业对发达国家和发展中国家的投资概率和投资次数，对于同时投资于发达国家和发展中国家的企业而言，企业融资能力改善主要提高了其对外直接投资的可能性，对企业对外直接投资的次数没有显著影响；其次，企业融资能力提升对企业境外直接投资的促进作用在发达国家更大，融资能力强的企业更可能到发达国家进行投资；对同时投资于发达国家和发展中国家企业的作用则介于两者之间。这与李磊和包群（2015）的估计结果一致，H5得到验证。原因在于相对于发达国家而言，发展中国家的经济条件和制度水平较为落后，企业投资面临的风险更大。所以，企业融资能力改善导致企业更倾向于到发达国家进行投资。

表 4.6　融资约束对不同投资目的地企业的异质性影响

	(1)	(2)	(3)	(4)	(5)	(6)
	ofdideveloping		ofdideveloped		ofdiboth	
	OFDI	*ofditimes*	*OFDI*	*ofditimes*	*OFDI*	*ofditimes*
Score_A	0.0009**	0.0013***	0.0028***	0.0030***	0.0003***	−0.0008
	(0.0004)	(0.0005)	(0.0003)	(0.0003)	(0.0001)	(0.0007)
tfp_r	0.0107***	0.0125***	0.0041***	0.0045***	0.0011***	0.0074***
	(0.0007)	(0.0008)	(0.0005)	(0.0005)	(0.0002)	(0.0018)
export	0.0437***	0.0495***	0.0283***	0.0299***	0.0029***	0.0101***
	(0.0014)	(0.0017)	(0.0011)	(0.0012)	(0.0003)	(0.0013)
ln*kl*	0.0075***	0.0081***	0.0035***	0.0037***	0.0005***	0.0024***
	(0.0004)	(0.0004)	(0.0003)	(0.0003)	(0.0001)	(0.0005)
ln*age*	0.0049***	0.0055***	0.0011***	0.0013***	0.0004***	0.0019***
	(0.0005)	(0.0006)	(0.0004)	(0.0004)	(0.0001)	(0.0004)
tax	−0.0011	−0.0017	0.0074	0.0062	0.0032	0.0467
	(0.0071)	(0.0083)	(0.0055)	(0.0060)	(0.0021)	(0.0316)
ln*wage*	0.0034***	0.0031***	0.0002	0.0008	0.0015***	0.0102***
	(0.0008)	(0.0009)	(0.0006)	(0.0007)	(0.0003)	(0.0032)
hhi	0.0185***	0.0221***	−0.0009	−0.0015	0.0005	0.0245
	(0.0063)	(0.0071)	(0.0045)	(0.0047)	(0.0012)	(0.0162)
_cons	−0.0518***	−0.0580***	−0.0325***	−0.0366***	−0.0071***	−0.0385***
	(0.0041)	(0.0045)	(0.0032)	(0.0034)	(0.0012)	(0.0089)
PE	Yes	Yes	Yes	Yes	Yes	Yes
IE	Yes	Yes	Yes	Yes	Yes	Yes
YE	Yes	Yes	Yes	Yes	Yes	Yes
N	1150573	1150573	1150573	1150573	1150573	1150573

4.1.3.6　不同投资动因的检验

表4.7报告了融资约束对水平型和垂直型对外直接投资企业的影响结果。估计结果显示，企业融资能力提升对企业不同动因的投资决策存在差异，企业融资能力提升更有利于企业做出开展垂直型对外直接投资的决策。其原因可能在于水平型投资的周期长、成本高，企业的投资决策更加审慎。H6得到验证。

表 4.7 融资约束对不同投资动因企业的异质性影响

	(1)	(2)	(3)	(4)
	Horizontal		Vertical	
	OFDI	*ofditimes*	*OFDI*	*ofditimes*
Score_A	0.003^{***} (0.001)	0.003^{***} (0.001)	0.038^{***} (0.005)	0.039^{***} (0.005)
tfp_r	0.011^{***} (0.002)	0.010^{***} (0.002)	0.148^{***} (0.008)	0.149^{***} (0.008)
export	0.026^{***} (0.003)	0.029^{***} (0.004)	0.723^{***} (0.018)	0.729^{***} (0.019)
ln*kl*	0.007^{***} (0.001)	0.008^{***} (0.001)	0.108^{***} (0.005)	0.110^{***} (0.005)
ln*age*	0.003^{**} (0.001)	0.003^{**} (0.001)	0.062^{***} (0.006)	0.066^{***} (0.006)
tax	0.006 (0.014)	0.008 (0.016)	0.090 (0.091)	0.072 (0.093)
ln*wage*	0.003 (0.002)	0.005^{*} (0.003)	0.047^{***} (0.010)	0.050^{***} (0.011)
hhi	0.049^{**} (0.023)	0.052^{**} (0.024)	0.133^{*} (0.075)	0.129^{*} (0.076)
_cons	-0.086^{***} (0.009)	-0.094^{***} (0.010)	-0.828^{***} (0.053)	-0.860^{***} (0.054)
PE	Yes	Yes	Yes	Yes
IE	Yes	Yes	Yes	Yes
YE	Yes	Yes	Yes	Yes
N	1150573	1150573	1150573	1150573

4.1.4 稳健性检验

为确保估计结果的稳健性，本书采用解释变量不同的度量方式对以上结果进行了稳健性检验。首先，如前文所述，本书构建了企业融资能力落在（80%，100%]区间的分项指标个数的综合指标 *Score_B*。其次，参照 Greenway 等（2007）的研究，利用企业短期负债/流动资产，构建了影响企业融资能力的负债率指标*leverage*；参照Feenstra等（2011）的研究，利用企业利息总支出/企业销售总收入的对数值，构建了企业获取融资约束的指标ln*intrest*；参照Cleary等（2004）的研究，利用（企业流动资产-流动负债）/总资产，构建了影响企业融资约束的流动性约束指标*liquidity*。企业的融资能力分别与上述利息支出指标和流动约束指标成正比，与企业的负债率指标成反比。

表4.8报告了采用不同企业融资约束指标的估计结果。由表4.8的估计结果可知，即使企业融资约束采用不同的度量方式，企业融资能力改善仍然对企业对外直接投资具有显著的促进作用。因此，本书估计结果具有稳健性。

4.1.5 结论与启示

本节在阐述企业融资约束对企业开展对外直接投资决策影响机制的基础上，提出本书的理论假设，并基于企业境外投资的微观企业数据库，实证检验了企业融资约束对其境外直接投资决策的异质性影响。研究发现：①企业融资能力提升不仅有利于提高企业进行对外直接投资的概率，也有助于增加其境外直接投资的次数。②企业融资能力提升对私营企业的影响较大。③企业融资能力提升对行业外源融资能力较低的企业的促进作用更大。④企业融资能力提升更有助于生产率低的企业做出开展对外直接投资的决策。⑤企业融资能力改善更有助于企业到发达国家开展对外直接投资。⑥企业融资能力改善更有助于企业进行垂直型对外直接投资。通过采用企业融资能力的不同度量指标进行实证检验，上述结果依然稳健。

本节的研究结论对中国“走出去”战略的实施和“一带一路”倡议的实施具有重要的现实意义。由于企业对外直接投资是一项资金需求多、期限长、风险高的活动，这对企业在全球范围内配置金融资源的能力提出了更高要求，融资约束是制约中国企业“走出去”的重要因素。在中国存在金融抑制和信贷所有制歧视的背景下，中国政府应积极为企业提供融资支持，深化金融体制改革，拓宽企业的融资渠道，尤其是要加大对私营企业的融资支持力度，为企业“走出去”插上金融的翅膀。

表 4.8 基于融资约束不同度量指标的检验

	(1)	(2)	(3)	(4)	(5)	(6)	(7)	(8)
	OFDI	***ofditimes***	***OFDI***	***ofditimes***	***OFDI***	***ofditimes***	***OFDI***	***ofditimes***
Score_E	0.0009*** (0.0003)	0.0005 (0.0010)						
leverage			−6.77e−07*** (1.50e−07)	−1.06e−06*** (2.56e−07)				
ln*intrest*					0.0054*** (0.0004)	0.0124*** (0.0010)		
liquidity							0.0040** (0.0020)	0.0200*** (0.0050)
tfp_r	0.0054*** (0.0005)	0.0257*** (0.0021)	0.0058*** (0.0005)	0.0264*** (0.0019)	0.0096*** (0.0007)	0.0414*** (0.0031)	0.0057*** (0.0005)	0.0260*** (0.0019)
export	0.0321*** (0.0012)	0.0908*** (0.0025)	0.0328*** (0.0012)	0.0916*** (0.0024)	0.0405*** (0.0016)	0.1181*** (0.0033)	0.0325*** (0.0012)	0.0910*** (0.0024)
ln*kl*	0.0049*** (0.0003)	0.0146*** (0.0007)	0.0051*** (0.0003)	0.0148*** (0.0007)	0.0042*** (0.0004)	0.0155*** (0.0010)	0.0050*** (0.0003)	0.0144*** (0.0007)
ln*age*	0.0052*** (0.0004)	0.0086*** (0.0008)	0.0052*** (0.0004)	0.0087*** (0.0008)	0.0056*** (0.0005)	0.0083*** (0.0011)	0.0051*** (0.0004)	0.0084*** (0.0008)
tax	0.0046 (0.0058)	0.0571* (0.0334)	0.0064 (0.0059)	0.0590* (0.0333)	0.0039 (0.0096)	0.0697 (0.0574)	0.0063 (0.0058)	0.0580* (0.0327)

续表

	(1)	(2)	(3)	(4)	(5)	(6)	(7)	(8)
	OFDI	*ofditimes*	*OFDI*	*ofditimes*	*OFDI*	*ofditimes*	*OFDI*	*ofditimes*
ln*wage*	0.0010 (0.0006)	0.0151*** (0.0034)	0.0012* (0.0007)	0.0152*** (0.0033)	0.0019** (0.0009)	0.0220*** (0.0050)	0.0013** (0.0006)	0.0155*** (0.0032)
hhi	−0.0028 (0.0059)	0.0444** (0.0183)	−0.0031 (0.0060)	0.0448** (0.0186)	−0.0050 (0.0089)	0.0408* (0.0231)	−0.0030 (0.0059)	0.0441** (0.0183)
_*cons*	−0.0295*** (0.0033)	−0.1213*** (0.0113)	−0.0288*** (0.0033)	−0.1218*** (0.0123)	−0.0064 (0.0054)	−0.0962*** (0.0152)	−0.0285*** (0.0033)	0.1210*** (0.0121)
PE	Yes	Yes	Yes	Yes	Yes	Yes	Yes	Yes
IE	Yes	Yes	Yes	Yes	Yes	Yes	Yes	Yes
YE	Yes	Yes	Yes	Yes	Yes	Yes	Yes	Yes
N	1150573	1150573	1132136	1132136	757526	757526	1150573	1150573

4.2 母国劳动力成本：母国视角

近年来国内劳动力成本快速上涨可能是中国境外直接投资快速增长的主要驱动因素之一。首先，近年来中国对外直接投资的分布具有明显区域特征，截至2019年末，中国在发展中经济体的对外直接投资存量占比高达87.3%。其次，中国对外直接投资可能存在生命周期，随着经济的发展，其主要动机逐步从获取战略资产到提高生产效率再到占领当地市场（黄益平，2013）。近年来随着中国农村可转移的剩余劳动力日益减少，"人口红利"逐渐消失，以及企业劳动生产率增速放缓，国内劳动力成本正在快速上涨，中国的劳动力比较优势正在消失（姚枝仲，2013；蔡昉和都阳，2011；中国经济学人智库（The EIU），2014）。同时，谷本正幸（2014）的研究结果表明，中国不再是日本对外直接投资的首选地，在日本企业的担心因素中，"劳动力成本上升"是其最大的担心因素（占比为77.1%），也从侧面证实了中国的廉价劳动资源优势已不复存在。国内劳动力成本的持续攀升，导致中国很多企业失去了劳动力成本优势，尤其是那些附加值比较低、成本敏感度比较高的低端劳动密集型中小企业，在不能及时通过技术创新而实现产业升级的情况下，纷纷到国外寻求更有效率的对外直接投资。基于此，本书推测近年来中国企业对外直接投资高速增长的背后，国内劳动力成本上升可能是其中的原因之一。

尽管现有诸多研究已分别从东道国、母国以及双边因素的角度对近年来中国对外直接投资迅速增长的背后驱动因素进行了分析。然而，鲜有研究关注劳动力成本因素对中国企业"走出去"的影响①，而且存在诸多值得拓展的空间。第一，现有文献主要从东道国的角度，以人均GDP作为劳动力成本的代理变量进行间接考察。第二，从母国角度分析的文献，仅仅关注了劳动力成本对各省对外直接投资流量和存量总额的影响，忽略了其对企业境外投资项目数量的影响。而中国民营企业尤其是中小企业因受政府

① 可能是由于劳动力成本上涨近几年才比较明显，因而现有文献很少专门研究劳动力成本上升对中国对外直接投资的影响。目前本书作者仅看到郑志丹（2017）研究了面对工资上涨企业对出口和对外直接投资的权衡。

干预的程度较小，市场化程度更高，其决策行为对国内劳动力成本上升的影响更加敏感，已成为近年来中国企业“走出去”的主力军。根据《2018年度中国对外直接投资统计公报》，就投资额而言，截至2018年末，中国非国有企业的对外直接投资存量已超过国有企业，占比为52%；从数量来看，中国非国有企业的对外投资数量构成比例高达95.1%①。因此，为了更准确地研究劳动力成本对中国企业境外直接投资的影响，需要关注中小型非国有企业的投资行为，而研究中更准确的投资量度指标应该是境外投资项目的数量而非额度。第三，已有文献缺乏关于劳动力成本对不同境外直接投资动机企业的异质性影响。

基于上述分析，本节将基于2003—2014年中国省级层面对外直接投资项目的数据，考察母国劳动力成本对企业“走出去”的影响。与已有文献相比，本书具有以下创新点：一是以各地区境外投资企业数量作为因变量，更能准确反映劳动力成本等市场力量对中国企业“走出去”的影响；二是不仅分析了劳动力成本对中国企业对外直接投资影响的区域差异，还着重关注了劳动力成本对不同对外直接投资动机企业的异质性影响，更好地识别了劳动力成本上升与企业“走出去”之间的因果关系。

4.2.1 理论和假设

Kojima（1978）基于日本企业对外直接投资的实践，提出了“边际产业扩张理论”，也称为“比较优势理论”（the theory of comparative advantage）。该理论认为一国的对外直接投资应从本国已经处于或即将处于比较劣势的产业或边际产业开始，而这些产业在东道国却具有明显或潜在的比较优势，这些优势可以抵消企业跨国投资的不确定性所导致的成本，从而使企业有利可图。因此，企业对外直接投资从边际产业开始，不仅可以使母国国内的产业结构更加合理，增加本国的对外贸易，而且有利于东道国产业结构的调整，促进东道国劳动密集型行业的发展，从而实现母国和东道国双方的互利共赢。

① 截至2019年末，对外直接投资存量中非国有企业占比为49.9%，对外直接投资企业数量非国有企业数量占比为95.0%。

近年来随着中国经济的高速增长，人民生活水平不断提高。中国相关行业的平均工资、农民工工资以及农业雇工工资均在快速提高，农村可供转移的剩余劳动力也在逐渐减少，“刘易斯拐点”正在加速到来（蔡昉和都阳，2011）。尤其是自2002年之后，沿海地区的农民工工资开始大幅提高，增长速度显著高于2002年之前的水平，加上2005年开始的人民币升值，国内生产成本已经大幅度提高，并且预计还将快速上涨（姚枝仲，2013）。谷本正幸（2014）的研究也表明，中国不再是日本对外直接投资首选地，“劳动力成本上升”是企业最大的担心因素（占比77.1%）。因此，中国经济的劳动力成本优势正逐渐消失，单凭劳动成本已不足以维持中国企业在全球的生产力竞争优势，尤其是对于中国劳动密集型的中小型民营企业。迫于国内日益上升的成本因素，国内一些企业不得不通过对外直接投资而转向国际市场，或者进行技术创新活动，实现产业升级。然而，对于国内的大多数非国有企业而言，受制于国内的经济制度，并不能享受到与国有企业同等的国家创新补贴和融资优惠政策，短期内很难顺利实现产业升级。故近年来随着中国国内劳动力成本的持续上升，国内劳动密集型产业的比较优势日益消失，劳动密集型产业正逐渐成为中国的边际产业。根据“边际产业扩张理论”，中国国内受劳动力成本影响较大的部分产业将会通过对外直接投资活动寻求国外市场。故本书提出如下假设：

H1：国内劳动力成本上升促进了企业对外直接投资。

由于国家之间的经济发展水平和产业结构存在显著差异，相对于发达国家而言，发展中国家的劳动力成本更低，更具有劳动力成本优势，而且，中国企业在发展中国家更具有竞争优势。因此，受制于全球价值链上游企业的战略影响，中国会将处于价值链低端的劳动力密集型产业配置到劳动力更加丰富的发展中国家。企业通过“走出去”，不仅可以有效降低劳动力成本，还可以进一步开拓海外市场，更好地参与全球价值链升级。因此，本书提出如下假设：

H2：国内劳动力成本上升促进了中国对发展中国家的对外直接投资。

Markusen（1995）依据企业对外直接投资的动机，将企业的境外直接投资活动分为垂直型和水平型两种类型。其中，水平型直接投资是指为接近当地市场而在东道国生产最终产品，并将产品在东道国进行销售。垂直型对外直接投资是指企业为了降低生产成本，根据各地要素价格的差异，将生产的各个环节分布于不同的国家，并对特定东道国进行出口。Yeaple（2003）的研究结果表明，东道国相对较低的工资和两国之间比较低的运输成本促使企业进行垂直型对外直接投资，而高的运输成本与东道国高的相对工资促使企业从事水平型对外直接投资。因此，随着国内劳动力成本的不断上升，越来越多的国内企业将会到国外从事垂直型对外直接投资活动。故本书提出如下假设：

H3：国内劳动力成本上升促进了中国垂直型对外直接投资。

由于中国各地区的地理和经济文化存在明显的区域差异，而且，东部地区的劳动力成本明显高于中西部地区，故本书提出如下假设：

H4：东部地区劳动力成本上升对企业对外直接投资的影响更显著。

4.2.2 模型、变量与数据

4.2.2.1 模型设定

根据前文的理论和假设，并参照已有的研究（陈景华，2014；肖文和韩沈超，2016），本书将模型设定为：

$$\ln Y_{i,t}=C+a\ln wage_{i,t\_1}+\beta X_{i,t}+\eta_i+\mu_t+\varepsilon_{i,t}\ln Y_{i,t}=C+a\ln wage_{it\_1}+\beta X_{i,t}+\eta_i+\mu_t+\varepsilon_{i,t} \quad (4.2)$$

其中，被解释变量$Y_{i,t}$为i省t年对外直接投资项目的数量，主要解释变量$wage_{i,t-1}$为i省t-1年的平均工资，为缓解模型中的内生性，本书把解释变量滞后一期。$X_{i,t}$为其他控制变量，参照已有研究，主要包括各省的经济发展水平、经济规模、经济开放水平、能源消耗和技术水平以及地区和年度固定效应（陈景华，2014；黄志勇等，2016；肖雯和韩沈超，2016）。

4.2.2.2 变量与数据说明

考虑到数据的可得性，本书的样本区间为2003—2014年，最终的研究样本为中国2003—2014年31个省份。另外，参照已有研究，本书剔除了投资目的地为开曼群岛、英属维尔京群岛和百慕大群岛等公认的避税天堂国家和地区。

被解释变量分别为 i 省在 t 年对外直接投资项目数量、水平型对外直接投资项目数量以及垂直型对外直接投资项目数量的对数值。在稳健性检验中，本书也采用各省份每年对外直接投资额的流量来衡量。参照韩剑（2015）关于水平型和垂直型对外直接投资的分类方法，根据境外企业名录数据库中对企业经营范围的描述，将资源开采、境外生产加工、技术研发和在海外建立分拨中心而进行转口贸易的商贸服务企业归为垂直型对外直接投资企业，将直接在当地市场销售的企业归为水平型对外直接投资企业①。

需要说明的是，本书之所以采用商务部公布的境外企业名录数据库中各省份对外直接投资的项目数量作为被解释变量，其主要原因如下：首先，该数据库信息丰富，指标全面②。该数据库不仅包含境内企业所投资的国家或地区、所属省市，还包含了投资企业的具体经营范围等信息，利用此数据不仅可以考察劳动力成本对中国境外投资企业数量的影响，还可以根据研究需要，详细考察境外劳动力成本对不同投资类型（水平型与垂直型）对外直接投资企业的影响③。其次，中央企业由于享受较多的国家优惠政策，受国家政策影响较大，对国内劳动力成本上升的影响可能并不敏感，受劳动力成本影响较大的主要是一些中小民营企业。而该数据库中正好没有关于中央企业所在省份的信息。因此，本书在利用境外投资项目数量作为度量各省份对外直接投资的解释变量时，主要考察了劳动力成本对中央企业以外的中小型企业的影响，更具有合理性。

---

① 同时，为尽可能准确划分对外直接投资企业所属的类型，对于根据企业经营范围信息不能确定其所属类型的企业，本书采用互联网找到进行境外投资的企业官网，根据其官网所提供的信息进一步确定企业所属的投资类型。

② 该数据库包含了从1980年至今的所有中国对外直接投资企业信息（截至2014年底，共有189个境外经济体24229条境外企业信息），包括证书编号（商务部负责境外设立企业的核准，编号为核准证书编号）、东道国、境内投资主体名称、境外投资企业名称、境内企业归属省市（分为中央企业、省级行政区、计划单列市）、境外企业的经营范围、核准日期等7个指标。

③ 详见后文分析。

核心解释变量为各地区的劳动力成本，利用各省份的平均工资水平来度量。参照已有研究，本书还控制了影响中国企业对外直接投资的其他因素，具体如下：

经济发展水平。根据Dunning（1998）投资发展的周期理论，一国和地区的对外直接投资水平与其一国的经济发展水平密切相关，人均国民收入较高的国家更倾向于开展更多的对外直接投资行为。本书分别利用各省份的GDP和人均GDP来衡量各地区的经济发展水平。

自然资源因素。已有研究表明中国对外直接投资具有自然资源寻求的动因（Buckley，2007；蒋冠宏，2012等）。本书从母国自然资源需求的角度进行度量，用各省份能源消耗占GDP的比例来表示（陈景华，2014）。

产业结构。母国产业结构水平会从供给端和需求端影响企业对外直接投资的行为（肖文和韩沈超，2016）。本书以地区工业产值占GDP的比重来表示母国产业结构水平。

经济开放水平。本书分别用各地区的出口贸易规模和外商直接投资额进行衡量。首先，出口与对外直接投资之间具有互补和替代的关系（陈培如和冼国明，2018）。一方面，对外直接投资是国际贸易发展到一定程度的高级形式，两者具有互补关系。另一方面，市场寻求型对外直接投资具有跨越东道国贸易壁垒的动机，与出口呈现替代关系。因此，出口对对外直接投资的影响不确定。其次，外商直接投资对对外直接投资的影响具有负向的国际化效应和正向的竞争效应，最终取决于两种效应的大小（余官胜和都斌，2016）。

技术水平和研发能力。一方面，根据Dunning（1977）的生产折衷理论和Hymer（1976）的垄断优势理论，一国企业具有一定的绝对或者比较优势才能开展对外直接投资活动。而技术水平和研发能力是企业获得所有权优势和比较优势的重要方面之一。另一方面，中国对外直接投资企业也具有技术寻求的动机，若一地区企业的技术能力越弱，该地区企业通过对外直接投资获取先进技术的动机越强（Driffield & Love，2003）。因此，技术水平和研发能力对企业对外直接投资的影响不确定。本书分别利用各省份的专利申请量和大专及高等院校毕业生人数来衡量该地区的技术水平和研发能力。

以上数据均来源于历年《中国对外直接投资统计公报》《中国统计年鉴》《中国科技年鉴》《中国劳动统计年鉴》以及商务部境外企业名录数据库，为消除异方差和价格水平对估计结果的影响，所有水平变量均进行了对数化处理，并利用相应的价格指数进行了平减。表4.9报告了各变量的含义与描述性统计。

表4.9　变量含义与描述性统计

变量	变量含义	均值	标准差	最小值	最大值
ln*invest_num*	对外直接投资项目数量（个）	3.1497	1.3033	0.6931	6.2729
ln*horizontal*	水平型对外直接投资项目数量（个）	0.8521	0.9942	0	4.1744
ln*vertical*	垂直型对外直接投资项目数量（个）	3.0955	1.2933	0.6931	6.1841
ln*developing*	发展中国家对外直接投资项目数量（个）	2.5068	1.327	0	5.3613
ln*developed*	发达国家对外直接投资项目数量（个）	2.3478	1.4042	0	5.7746
ln*ofdi_stock*	对外直接投资存量（万美元）	5.8062	2.2944	–0.2568	10.6526
ln*wage*	城镇地区平均工资（元）	5.6053	0.5054	4.6441	6.8928
ln*edu*	大专及高等院校毕业生人数（人）	7.837	1.2385	2.9957	11.1051
industry_gdp	工业产值占 GDP 比重	0.3933	0.0964	0.0703	0.5304
ln*fdi*	外商直接投资流量（万美元）	10.0024	1.5712	5.6295	13.3093
ln*gdp*	GDP（万美元）	11.4464	1.1896	7.5992	13.8392
ln*resource*	能源消耗量（万吨标准煤）	9.1069	0.7448	6.5276	10.5687
ln*export*	出口额（万美元）	9.0728	1.765	4.755	13.222
ln*pergdp*	人均 GDP（万美元）	12.4952	0.7555	10.708	14.1581
ln*patent*	专利授权量（个）	8.5557	1.7455	2.7726	12.506

4.2.3　实证结果及解释

4.2.3.1　基本估计结果

表4.10报告了劳动力成本对中国对外直接投资影响的基本结果。其中，第（1）列、第（2）列、第（3）列、第（4）列和第（5）列的被解释变量分别为各省份对外直接投资项目的总量、对发展中国家和对发达国家对外直接投资项目的数量、水平型和垂直型对外直接投资项目的数量。第（1）列

平均工资的系数显著为正，表明各省份劳动力成本越高，对外直接投资的企业数量越多，H1得到验证。第（2）和第（3）列平均工资的系数显著为正，且劳动力成本对发展中国家的影响大于发达国家，表明劳动力成本上升主要促进了中国对发展中国家的直接投资。其原因为：一方面，相对于发达国家，发展中国的劳动力成本更低，中国在发展中国家进行投资能够节省劳动力成本。另一方面，基于海外直接投资的垄断优势理论，中国在发展中国家具有一定的技术垄断优势。因此，国内劳动力成本上升促进了中国对发展中国家的直接投资，H2得到验证。第（4）列平均工资变量的系数为负，且不显著，第（5）列表明国内劳动力成本上升显著促进了中国垂直型对外直接投资，即国内劳动力成本主要影响了中国成本导向型对外直接投资。H3得到验证。其他控制变量的系数也与现有文献一致，显著为正的GDP规模系数表明各省份对外直接投资的水平与经济规模相关（陈景华，2014；余官胜和杨文，2015）；各省份的人力资本水平为正，表明地区的技术优势促进了对外直接投资，工业化程度越高，企业对外直接投资水平越高（肖雯和韩超准，2016）；专利授权量的系数在发展中国家为正，在发达国家为负，表明中国在发展中国家进行直接投资是利用其技术优势，在发达国家开展对外直接投资是为了获取技术而培养技术优势。

表4.10　劳动力成本对中国对外直接投资影响的基本结果

	（1）	（2）	（3）	（4）	（5）
	ln*invest_num*	**ln*developing***	**ln*developed***	**ln*horizontal***	**ln*vertical***
*L.*ln*wage*	0.5210** （0.2313）	0.9333** （0.4139）	0.8412** （0.4224）	−0.1776 （1.0790）	0.5809** （0.2404）
ln*fdi*	0.0292 （0.0557）	−0.2363 （0.2074）	0.1785 （0.1760）	0.0316 （0.3645）	0.0189 （0.0595）
ln*export*	−0.0077 （0.0489）	0.0551 （0.1031）	0.0537 （0.0917）	−0.0597 （0.1751）	−0.0044 （0.0483）
ln*resource*	−0.0133 （0.1686）	−0.2412 （0.2826）	0.5745 （0.5563）	1.4980 （1.0996）	−0.0213 （0.1686）
ln*pergdp*	−0.0557 （0.2240）	−1.0312*** （0.3742）	0.8108 （0.5576）	−2.5693*** （0.9444）	−0.0695 （0.2319）

续表

	(1)	(2)	(3)	(4)	(5)
	ln*invest_num*	ln*developing*	ln*developed*	ln*horizontal*	ln*vertical*
ln*edu*	0.1140 (0.0808)	0.1272 (0.1211)	0.3583** (0.1523)	−0.4698 (0.3494)	0.1480* (0.0816)
ln*patent*	−0.0308 (0.0472)	0.0766 (0.0672)	−0.2537*** (0.0920)	−0.1257 (0.1669)	−0.0095 (0.0428)
industry_gdp	0.9912* (0.5179)	1.4048** (0.6384)	0.9168 (1.1284)	−0.2207 (1.9726)	1.1972*** (0.4605)
ln*gdp*	−0.1468 (0.2828)	0.8293* (0.4698)	−0.9965 (0.6406)	4.7889*** (1.5486)	−0.2679 (0.2463)
_cons	−0.9083 (3.1144)	0.8453 (4.7162)	−11.8714** (5.2819)	−27.8685** (11.1199)	−0.1223 (2.9547)
Year effects	Yes	Yes	Yes	Yes	Yes
Province effects	Yes	Yes	Yes	Yes	Yes
N	287	282	264	287	287

注：括号数值内为稳健性标准误；***、**、* 分别表示在 1%、5%、10% 的水平上显著；表 4.11 至表 4.15 同。

4.2.3.2 分地区

表4.11、表4.12和表4.13分别报告了国内劳动力成本对中国各地区对外直接投资的异质性影响。

与表4.10类似，各表的第（1）列、第（2）列、第（3）列、第（4）列和第（5）列的被解释变量分别为各省份对外直接投资项目的总量、对发展中国家和对发达国家对外直接投资项目的数量、水平型和垂直型对外直接投资项目的数量。

根据估计结果，本书发现：第一，劳动力成本上升主要促进了中国东部和中部地区的对外直接投资，对西部地区的影响不显著，表明中国西部地区企业劳动力成本的比较优势依然存在，证实了H4。第二，劳动力成本不仅促进了东部地区在发展中国家的对外直接投资，也促进了东部地区在发达国家地区的对外直接投资和垂直型对外直接投资。但是，劳动力成本上升对中部地区的促进作用仅对发展中国家比较显著。其原因为：一方面，相对于东部地区，中部地区的企业的比较优势较弱，企业的现有优势不足以抵消到发达国家投资所需的成本；另一方面，相对于东部地区，目前中部地区仍具有一定的劳动力成本优势。第三，除国内劳动力成本以外，影响各地区对外直接投资的因素存在差异。人力资本水平、经济规模和工业化水平是影响东部地区开展对外直接投资的主要因素；影响中部地区对外直接投资的主要因素为该地区的外商直接投资水平、经济规模、人均GDP和出口水平；西部地区对外直接投资水平的主要影响因素则为出口水平、经济规模、人均GDP和人力资本水平等，这也与已有文献基本一致（陈景华，2014；黄志勇等，2015）。

表4.11　劳动力成本对东部地区对外直接投资的影响

	（1）	（2）	（3）	（4）	（5）
	ln*invest_num*	*developing*	*developed*	ln*horizontal*	ln*vertical*
*L.*ln*wage*	0.5964*** （0.2260）	1.1043*** （0.4167）	1.1977** （0.4718）	1.3202 （1.2522）	0.5967*** （0.2311）
ln*fdi*	0.0264 （0.0842）	−1.2899** （0.5117）	0.1301 （0.1763）	−0.4785 （0.4221）	0.0348 （0.0882）
ln*export*	0.0054 （0.0955）	0.3598 （0.4033）	−0.0767 （0.1362）	−0.0317 （0.6289）	0.0314 （0.0995）
ln*resource*	0.0713 （0.4544）	−1.8919** （0.7407）	0.0365 （0.7826）	0.4553 （0.7112）	0.0388 （0.4512）
ln*pergdp*	−0.2926 （0.2585）	−1.5243** （0.6622）	0.0589 （0.3764）	−1.6772 （1.6252）	−0.3581 （0.2736）
ln*edu*	0.2583** （0.1138）	0.4781*** （0.1550）	0.4538** （0.2143）	0.2427 （0.3717）	0.2791** （0.1128）
ln*patent*	−0.0396 （0.0819）	0.0547 （0.1183）	−0.1104 （0.1286）	0.3852** （0.1524）	−0.0511 （0.0809）
industry_gdp	0.2446 （1.0263）	−1.3097 （1.1704）	3.4002* （1.8146）	7.1604** （3.1734）	0.0308 （0.9954）
ln*gdp*	−0.0718 （0.3351）	2.3633*** （0.8039）	−0.9263 （0.7801）	0.5713 （3.5948）	0.0073 （0.3449）
_cons	−0.7453 （4.5395）	9.5758 （10.9533）	−1.2695 （7.9245）	1.1223 （17.7380）	−0.9075 （4.5165）

续表

	(1)	(2)	(3)	(4)	(5)
	ln*invest_num*	*developing*	*developed*	ln*horizontal*	ln*vertical*
Year effects	Yes	Yes	Yes	Yes	Yes
Province effects	Yes	Yes	Yes	Yes	Yes
N	117	115	117	117	117

表4.12 劳动力成本对中部地区对外直接投资的影响

	(1)	(2)	(3)	(4)	(5)
	ln*invest_num*	*developing*	*developed*	ln*horizontal*	ln*vertical*
*L.*ln*wage*	0.5540*	1.4232***	0.0730	−2.4471	0.5809*
	(0.3052)	(0.4766)	(0.9601)	(4.2092)	(0.3227)
ln*fdi*	0.4230***	0.6508***	0.3962	0.1218	0.4212***
	(0.1006)	(0.2302)	(0.2810)	(0.9792)	(0.0876)
ln*export*	0.0757	0.0555	0.0681	−0.1825	0.0768*
	(0.0465)	(0.1190)	(0.1277)	(0.5044)	(0.0448)
ln*resource*	0.2797	0.3516	0.9907	2.9760	0.2647
	(0.5895)	(0.8880)	(0.9892)	(2.9575)	(0.5914)
ln*pergdp*	2.0584**	3.2738	3.7379**	−4.0520	2.2391***
	(0.8873)	(2.0812)	(1.6257)	(6.7772)	(0.8506)
ln*edu*	0.1676	0.1821	0.2357	0.1169	0.1785
	(0.1031)	(0.1661)	(0.2213)	(0.9708)	(0.1119)
ln*patent*	−0.1353**	−0.2343**	0.0166	−0.4102	−0.1243*
	(0.0629)	(0.1116)	(0.1407)	(0.3065)	(0.0655)
industry_gdp	0.4372	1.0342	−3.4872**	−3.3692	0.5125
	(0.7967)	(1.6550)	(1.4700)	(8.1805)	(0.8231)
ln*gdp*	−1.5747	−2.5833	−2.0506	9.0440*	−1.7856*
	(1.0318)	(2.0278)	(1.6163)	(5.3460)	(1.0233)
_cons	−17.7212**	−28.4816*	−49.4686***	−77.6337	−17.7892**
	(7.3297)	(16.6013)	(16.6002)	(71.6381)	(7.3503)
Year effects	Yes	Yes	Yes	Yes	Yes
Province effects	Yes	Yes	Yes	Yes	Yes
N	78	78	69	78	78

表4.13 劳动力成本对西部地区对外直接投资的影响

	(1)	(2)	(3)	(4)	(5)
	ln*invest_num*	*developing*	*developed*	ln*horizontal*	ln*vertical*
*L.*ln*wage*	−0.1798 (0.9324)	−0.5818 (1.7125)	−2.4304 (1.6214)	−1.7108 (3.7247)	−0.1039 (0.9695)
ln*fdi*	−0.0526 (0.0918)	−0.1325 (0.1910)	−0.1988 (0.4411)	2.0382* (1.0589)	−0.1164 (0.1191)
ln*export*	−0.2089** (0.0827)	−0.3618*** (0.1128)	−0.1316 (0.3346)	−1.6285*** (0.4848)	−0.1997** (0.0873)
ln*resource*	−0.3325 (0.3891)	−0.3792 (0.8748)	2.2654*** (0.7926)	0.9115 (2.0546)	−0.1979 (0.4116)
ln*pergdp*	0.4285 (0.7117)	−0.5143 (1.0567)	6.8308** (2.8105)	−24.8030*** (3.9860)	0.7842 (0.7512)
ln*edu*	0.1916 (0.1177)	0.2882 (0.1756)	0.7726 (0.4913)	−0.6840 (1.6501)	0.2780** (0.1152)
ln*patent*	0.0558 (0.1719)	0.4823 (0.3387)	−0.8782** (0.3839)	−2.5491*** (0.6679)	0.1425 (0.1457)
industry_gdp	−0.9464 (1.0189)	−0.3585 (1.4580)	−2.4726 (1.9295)	3.7840 (3.3507)	−0.5837 (1.0213)
ln*gdp*	−0.3176 (0.7350)	0.8098 (1.2430)	−6.0605** (2.6911)	36.5292*** (6.0071)	−0.9633 (0.7730)
_cons	2.7595 (6.9768)	2.1623 (10.4307)	−23.2003 (17.6241)	−96.0637*** (35.9147)	2.9231 (6.1664)
Year effects	Yes	Yes	Yes	Yes	Yes
Province effects	Yes	Yes	Yes	Yes	Yes
N	92	89	78	92	92

4.2.4 稳健性检验

本书分别从以对外直接投资存量作为因变量和选取不同的样本区间方面，对以上实证结果进行了稳健性检验。估计结果如表4.14和表4.15所示。

从表4.14和表4.15的估计结果来看，国内劳动力成本上升对中国对外直接投资存量的影响并不显著，但是，2005年之后国内劳动力成本上升对中国对外直接投资具有显著的促进作用，而且，其影响主要体现在中部地区。其背后原因在于，中国劳动力成本在2005年之后上升才比较明显（姚枝仲，2013）。

此外，由于从各省份对外直接投资存量的数据中，并不能区分出对发展中国家和发达国家以及垂直型和水平型对外直接投资，所以此处没有考察国内劳动力成本对不同类型对外直接投资的异质性影响。

表4.14 劳动力成本对中国对外直接投资存量的影响

	（1）	（2）	（3）	（4）
	全国	东部	中部	西部
	ln*ofdi_stock*	**ln*ofdi_stock***	**ln*ofdi_stock***	**ln*ofdi_stock***
L.ln*wage*	0.0871 （0.5931）	−0.0319 （2.0213）	−1.2654 （2.7019）	−0.1131 （1.3374）
ln*fdi*	−0.1469 （0.1196）	−0.2953** （0.1160）	0.6514 （0.4388）	−0.0323 （0.3030）
ln*export*	0.1447 （0.1154）	−0.5846 （0.3616）	0.1009 （0.2439）	0.0480 （0.2839）
ln*resource*	0.8513* （0.4590）	0.9351 （2.3664）	5.9920*** （2.1474）	−0.5778 （1.3992）
ln*pergdp*	0.3103 （0.7542）	2.3036 （1.4230）	1.6689 （3.5648）	0.2689 （2.8282）
ln*edu*	0.0323 （0.2155）	−0.1414 （0.3603）	0.5356 （0.5255）	0.1552 （0.5046）
ln*patent*	0.0829 （0.1273）	−0.2955 （0.4461）	−0.2016 （0.3025）	−0.0571 （0.5966）
industry_gdp	1.2845 （1.1885）	−3.9377 （6.5272）	−0.4096 （2.8322）	−1.3271 （2.9083）
ln*gdp*	1.4896 （0.9776）	2.1516 （1.7276）	2.6710 （4.3656）	0.3499 （3.7077）
_cons	−23.4221*** （6.1697）	−41.4380** （17.7549）	−103.1022*** （34.1087）	1.3094 （22.7724）
Year effects	Yes	Yes	Yes	Yes
Province effects	Yes	Yes	Yes	Yes
N	300	120	80	100

表4.15　劳动力成本对中国对外直接投资存量的影响（2006—2014年）

	（1）	（2）	（3）	（4）
	全国	东部	中部	西部
	ln*ofdi_stock*	ln*ofdi_stock*	ln*ofdi_stock*	ln*ofdi_stock*
*L.*ln*wage*	1.1879* （0.6714）	–0.5859 （1.0967）	3.2326* （1.6904）	0.5438 （1.8263）
ln*fdi*	–0.6329*** （0.1246）	–1.2220*** （0.1850）	0.8937 （0.7239）	–0.0436 （0.4964）
ln*export*	0.1516 （0.1152）	–0.1368 （0.1604）	0.1033 （0.3013）	0.2166 （0.2647）
ln*resource*	–0.4630 （0.4824）	–2.9483** （1.4059）	3.4181** （1.3815）	0.9747 （1.3248）
ln*pergdp*	–0.8432 （0.8911）	0.0345 （0.4995）	5.7457* （3.1150）	3.8822 （2.4202）
ln*edu*	0.1423 （0.1990）	0.3012 （0.2843）	0.0139 （0.4943）	0.1929 （0.4001）
ln*patent*	0.0484 （0.1324）	–0.3050** （0.1462）	–0.0804 （0.3122）	–0.1411 （0.4287）
industry_gdp	0.5832 （1.3067）	–5.4402 （3.9378）	–4.7343 （5.4800）	–0.5188 （3.6074）
ln*gdp*	3.1576*** （1.0851）	4.6852** （1.8602）	0.0681 （4.7217）	–2.1030 （3.6387）
_cons	–17.6962** （6.8781）	–1.9266 （10.7202）	–121.2763*** （45.8164）	–33.8937 （36.4177）
Year effects	Yes	Yes	Yes	Yes
Province effects	Yes	Yes	Yes	Yes
N	210	84	56	70

4.2.5　结论与启示

本节从近年来中国劳动力成本不断上升的现象出发，基于中国2003—2014年31个省份境外投资企业名录数据，在阐述母国劳动力成本对中国对外直接投资影响的理论基础上，进行了实证检验。研究结论如下：首先，近年来国内劳动力成本快速上涨是中国对外直接投资迅速增加的主要因素之一，中国对外直接投资可能存在生命周期，随着经济的发展，中国对外直接投资的主要动机正逐渐从获取战略资源向追寻效率转变；其次，劳动力成本上升对中国对外直接投资的影响具有区域异质性、类型异质性和时间异质性，促进了中国对发展中国家的直接投资和垂直型直接投资；对东部和中部地区的作用比较明显，而且，其影响在2005年之后更加显著。以上结果对被解释变量的替代和样本区间的选择均是稳健的，对理解近年来中国企业“走出去”的行为具有重要启示作用。

上述结果具有重要的政策含义：第一，中国中小企业到海外开展直接投资，很大程度上是由于国内劳动力成本上升驱动的，但是，若要使中国企业保持长久的竞争力，不断向全球价值链高端攀升，中国企业必须不断加强创新能力，才能在海外投资中获得良好的绩效，实现企业的高质量“走出去”。第二，由于中国社会经济发展存在显著的区域差异，目前，中国西部地区劳动力成本还相对较低，政府可以鼓励中国企业优先到西部地区发展，这样不仅可以解决西部地区的就业问题，还有助于缩小中西部地区差异。

4.3 贸易壁垒的跨越行为：东道国视角

随着多边贸易协定的开展和贸易自由化进程的持续推进，以关税为代表的传统贸易壁垒不断削减，而其他的贸易政策工具如反倾销壁垒的使用则越来越频繁。反倾销措施作为WTO框架下维护公平贸易的三种反制措施之一，历来被列为“三大例外”的允许范畴（WTO允许的三大“例外措施”指反倾销、补贴与反补贴和保障措施），其初衷是针对贸易伙伴倾销行为的一种约束。然而，现实中反倾销却经常沦为实施贸易保护主义的工具，已成为各国贸易保护的最重要手段。据WTO统计，自1995年开始，中国已连续21年成为世界上受到反倾销调查最多的国家。尤其是2001年来，中国遭受反倾销调查的次数呈现快速增长的趋势。由于面对东道国的贸易壁垒，出口企业可能会选择在东道国直接投资建厂而继续保持在东道国的市场份额。近年来中国遭受的反倾销调查和对外直接投资也呈现了相似的增长趋势。因此，本书推测跨越东道国贸易壁垒可能是近年来中国对外直接投资快速增长的原因之一。

现有研究加深了本节关于贸易壁垒与对外直接投资之间关系的认识，但仍具有诸多值得拓展的空间。第一，现有文献主要以日本等发达国家为研究对象，研究方法以构建数理模型的定性分析和数据描述性分析为主，实证研究相对较少。第二，现有少量关于中国的研究，结论尚未达成一致。相关的实证研究数据较为陈旧，样本选择和研究方法等均存在值得改进的地方。而且，已有研究忽略了贸易壁垒与对外直接投资之间可能存在的内生性问题。

本节主要有以下贡献：第一，以2003—2015年中国对178个国家和地区的对外直接投资为研究对象，样本量较大，并从多个方面对实证结果进行了稳健性检验。第二，分析了贸易壁垒对中国对外直接投资的异质性影响，尤其是首次分析了东道国承认中国“市场经济地位”与否的影响。第三，考虑了贸易壁垒与对外直接投资之间可能存在的内生性问题。

4.3.1 理论和假设

4.3.1.1 贸易壁垒与中国对外直接投资

跨越贸易壁垒的国际投资理论最早见于Mundell（1957）关于贸易和投资关系的理论，Mundell（1957）研究认为外生的贸易保护增加引起了国家之间资本边际收益的差异，从而导致了资本的国际流动。与上述研究不同，Bhagwati等（1987）、Dinopoulos等（1989，1992）认为进口国的贸易保护水平是内生的，贸易保护水平不仅会引致跨越贸易壁垒的直接投资，而且贸易壁垒跨越型境外投资也会影响进口国的贸易保护需求。在东道国进行直接投资的企业为实现两个时期的利润最大化，即使短期内遭受损失，也会在第一时期进行跨越贸易壁垒的境外投资。短期损失是企业当前为预防未来贸易保护所付出的成本，因为企业相信跨越贸易壁垒的对外直接投资，增加了当地就业，并取代了被认为是减少了国外就业的出口，从而降低了东道国未来贸易保护的可能性以及潜在的贸易保护程度。而外国投资者短期遭受的损失也能够被随后降低的贸易保护威胁所抵消，因此，由这种贸易壁垒引致的对外直接投资被称为“补偿性对外直接投资”。

目前，以关税为代表的传统贸易壁垒不断削减，各国实施贸易壁垒的主要工具为反倾销等其他非关税壁垒（Blonigen & Prusa，2003）。与传统的贸易壁垒相比，反倾销不仅具有形式上的合法性，而且便于操作，目标针对性强，在执行、操作等具体环节具有很大的模糊性、随意性和不透明性，往往造成税率高、杀伤力强的贸易保护结果（王孝松等，2015）。因此，反倾销不仅会诱发企业的国际投资行为，而且其强度甚至可能会超过关税等其他贸易壁垒。故针对世界平均关税水平不断下降[①]，中国连续21年来成为遭受反倾销调查最多的国家。依据被征收高额反倾销税的事实（王孝松等，2015），本书提出如下假设：

H1：中国跨越关税壁垒型的对外直接投资行为不明显。

H2：对华反倾销引致了中国跨越反倾销壁垒型对外直接投资。

4.3.1.2 贸易壁垒的异质性影响

相对于发展中国家，发达国家对华反倾销的数量多，实施力度大，以美国和欧盟为例，根据WTO的统计，1995—2017年，美国和欧盟对华实施的反倾销数量占世界对华反倾销数量的比例和占所有对华反倾销指控国的比重均近1/4，而且，最终对华采取反倾销措施的平均数量也高于其他发展中国家，对中国企业征收的反倾销税也很高。同时，由于发达国家和发展中国家的经济和制度环境不同，中国在发达国家和发展中国家进行投资所面临的风险和投资动机也存在差异。因此，考虑到发达国家和发展中国家对华反倾销的不同特点，以及投资环境的差异。本书提出如下假设：

H3：中国跨越反倾销壁垒的对外直接投资行为在发达国家与发展中国家间存在异质性。

“一带一路”倡议作为中国当前阶段最重要的区域发展与合作平台之一，“一带一路”沿线国家也正逐渐成为中国对外直接投资的重要区位。考虑到

① 根据WDI数据，世界加权平均关税税率（Tariff rate, applied, weighted mean, all products (%)）从1996年的33.96%下降到了2012年的2.88%；根据World Integrated Trade Solution（WITS）的统计，世界有效加权平均关税税率（（tariff-effectively applied）（AHS Weighted Average（%）））从1994年的12.12%下降至2016年的4.8%。

“一带一路”和其他国家之间的经济发展和制度环境以及它们对华反倾销调查的特征存在较大差异，对华反倾销壁垒引致的对外直接投资效应可能也具有异质性。因此，本书提出如下假设：

H4：中国在“一带一路”和其他国家间的跨越反倾销壁垒的对外直接投资行为存在差异。

在对华贸易争端中，东道国是否承认中国的“市场经济地位”非常重要。它不仅是计算“双反”税率的关键因素，也是《中国加入WTO议定书》第十五条引发争议的核心。根据第十五条（a）项（ii）款，如果中国生产商不能明确证明在制造、生产和销售该产品方面具备市场经济条件，进口国就可以使用“替代国”价格计算产品的正常价值，并由此确定倾销幅度与反倾销税率。其中，替代国的选择以及替代国国内价格的认定是论辩双方反复争论的焦点，调查发起国经常罔顾事实，使用西班牙、新加坡等经济水平与生产成本远高于中国的经济体作为替代国，大幅虚增了中国出口企业的成本，导致中国企业在反倾销诉讼中屡屡败诉，并被实施高额的反倾销税。而且，在反倾销调查中替代国的使用屡屡得逞的情况下，一些国家开始滥用这一做法。因此，本书提出如下假设：

H5：中国在承认中国“市场经济地位”与否的国家间跨越反倾销壁垒的对外直接投资行为具有异质性。

4.3.2 模型、变量与数据

4.3.2.1 模型设定与变量说明

自Tinbergen（1962）将引力模型引入国际贸易问题研究中以来，引力模型逐渐被应用到国际投资的研究中（Eaton & Tamura，1994；Blonigen，2005; Buckley et al.，2007）。参照Di Mauro（2000）、蒋冠宏和蒋殿春（2012）的研究，本节模型设定如下：

$$\ln Y_{it}=C+\alpha \ln GDP_{it}+\beta tradebarrier_{it}+\gamma \ln dist_{it}+\theta X_{it}+n_i+\mu_t+\varepsilon_{it} \quad (4.3)$$

其中，i表示东道国，t表示年份，Y_{it}为中国OFDI流量，在稳健性检验中，本书也用OFDI存量来表示；$tradebarrier_{it}$为东道国对华发起反倾销的数量和关税水平。由于反倾销调查具有持续性，借鉴Barrell和Pain（1999）的做法，东道国对华发起反倾销数量用其存量表示。根据上文的理论分析，考虑到反倾销政策的实施具有滞后性和缓解反倾销与OFDI之间的双向因果关系而造成的内生性问题，本书将东道国对华发起反倾销数量存量滞后一期。对于关税壁垒，由于当年的关税税率并不适用于下一年度，故不存在持续性影响。

GDP_{it}为东道国GDP；$dist_{it}$为双边距离[①]；X_{it}为其他控制变量，主要控制了东道国资源、人均GDP、技术和产权保护水平以及中国对东道国的出口量等变量；n_i和μ_t分别为国家和时间固定效应；ε_{it}为随机误差项，C为常数项。对各国而言，中国每年的GDP相同，在年份上的差异亦被年份固定效应所控制，因而略去。本节主要变量的含义和描述性统计见表4.16。

表4.16　变量含义与描述性统计

变量	变量含义	样本量	均值	标准差	最小值	最大值
ln*ofdi_f*	中国对东道国对外直接投资流量（万美元）	2167	5.34	7.86	−5.38	26.64
ln*ofdi_s*	中国对东道国对外直接投资存量（万美元）	2167	10.3	6.86	−5.38	30.62
sad_ff	中国遭受反倾销存量（最终至终止，个）	2167	10.07	19.53	0	88
sad_pf	中国遭受反倾销存量（初步至终止，个）	2167	11.25	21.8	0	100
tariff	东道国加权平均关税水平（%）	1691	5.86	5.06	0	31.11
ln*dist*	两国之间的距离成本	2064	13.64	0.55	11.53	14.66
ln*gdp*	东道国 GDP 对数值（万美元）	2124	10.39	2.32	5.05	16.58
ln*export*	中国对东道国出口对数值（万美元）	2158	6.59	2.45	−2.65	12.84
ln*pgdp*	东道国人均 GDP 对数值（万美元）	2124	8.5	1.54	5.27	11.86

① 本书遵循蒋殿春和张庆昌（2011）、蒋冠宏和蒋殿春（2012）的做法，用双边以城市人口为权重的加权距离和国际原油价格的乘积来衡量距离成本。其原因为：一是由于双边之间的地理距离是恒定不变的，采用个体固定效应模型估计引力模型时，不能被识别。二是距离成本与航运成本等因素相关。

续表

变量	变量含义	样本量	均值	标准差	最小值	最大值
tech	东道国高科技产品出口占比（%）	1687	9.16	11.42	0	73.64
resource	东道国矿石和金属产品占比（%）	1739	8.56	14.52	0	86.42
prights	东道国产权保护水平	1910	45.49	24.5	0	95

注：其中，*sad_ff* 为中国遭受反倾销调查的存量（反倾销调查的作用从反倾销最终措施实施一直持续到反倾销措施终止），*sad_pf* 为中国遭受反倾销调查的存量（反倾销调查的作用从反倾销初步措施实施一直持续到反倾销措施终止）。

4.3.2.2 样本区间选择与数据来源

样本选择如下：首先，由于中国从2003年才开始正式公布OFDI数据，故样本区间为2003—2015年。其次，对样本做了以下处理：第一，剔除了开曼群岛和英属维尔京群岛等公认的避税天堂国家和地区的样本（Kolstad & Wiig，2009）；第二，去掉了OFDI流量为负值的观测值（Yao et al.，2015）；第三，剔除样本期间中国对其一直没有进行出口贸易的东道国样本；第四，根据Razin和Sadka（2007）的建议，将OFDI流量的缺失值替换为零值；第五，由于样本中OFDI存在诸多零值，参照Busse和Hefeker（2007）的建议，利用公式对OFDI变量进行转换。因此，本书最终选取了2003—2015年中国进行对外直接投资的178个国家和地区为样本。

主要数据来源如下：《2015年度中国对外直接投资统计公报》、中国贸易救济信息网、世界银行世界发展指标（WDI）数据库、联合国商品贸易统计数据库（UNCOMTRADE）[①]、美国传统基金会数据库、世界经济展望（World Economic Outlook）数据库、CEPII数据库。需要说明的是，文中所有涉及的宏观经济变量的绝对量指标，均利用以2010年为基期的美元GDP平减指数进行了价格平减。

① 本书采用世界银行WDI数据库中东道国矿石和金属产品的出口占其总出口的比重来度量东道国资源禀赋，然而，其数据缺失较为严重，缺失数据主要是因该比例较小而被舍弃，本书借鉴张慧（2014）的做法，采用联合国商品贸易统计数据库（UNCOMTRADE）中第27、第28和第68等三类产品的比例进行补全。

4.3.3 实证结果及解释

4.3.3.1 初始检验

表4.17为利用固定效应模型估计的基本结果，为确保估计结果的稳健性，除基本引力模型的控制变量外，本书依次加入其他控制变量。

由表4.17可知，无论是仅加入基本引力模型的控制变量，还是加入其他控制变量，反倾销变量的回归系数均显著为正，关税的回归系数不显著。表明反倾销与中国对外直接投资呈现出显著的正相关性，而关税对中国对外直接投资并没有显著影响。其原因在于，随着全球贸易自由化进程持续推进，以关税为代表的贸易壁垒逐渐减少，世界平均关税水平不断下降。因此，H1和H2得到验证。其他控制变量的结果也与现有文献基本一致（蒋冠宏和蒋殿春，2012b；Yeung & Liu，2008）。

表4.17 贸易壁垒对中国对外直接投资影响的基本结果

	（1）	（2）	（3）	（4）
	ln*ofdi_f*	ln*ofdi_f*	ln*ofdi_f*	ln*ofdi_f*
sad_ff	0.0976*** （0.0355）	0.0989*** （0.0363）	0.1054*** （0.0367）	0.0989*** （0.0364）
tariff	−0.0174 （0.0634）	−0.0191 （0.0637）	−0.0555 （0.0648）	0.0027 （0.0697）
ln*dist*	−20.4087*** （1.9258）	−20.8647*** （2.4253）	−20.9524*** （2.5132）	−22.0862*** （2.5877）
ln*gdp*	3.3520** （1.5180）	3.5908** （1.5802）	6.9904*** （2.3226）	6.9723*** （2.2647）
ln*export*		−0.1250 （0.3308）	−0.3094 （0.3417）	−0.5323 （0.3725）
ln*pgdp*			−5.0484* （2.6196）	−5.1770* （2.6461）
tech			−0.0021 （0.0252）	0.0025 （0.0280）
resource			−0.0207 （0.0292）	−0.0250 （0.0314）

续表

	（1）	（2）	（3）	（4）
	lnofdi_f	lnofdi_f	lnofdi_f	lnofdi_f
prights				−0.0582* （0.0296）
Constant	247.2054*** （39.6052）	251.7284*** （42.9200）	191.2747*** （56.6819）	210.1029*** （56.3944）
Country Effects	Yes	Yes	Yes	Yes
Year Effects	Yes	Yes	Yes	Yes
N	1450	1450	1258	1211

注：括号内为稳健性标准误；***、**、* 分别表示在 1%、5%、10% 的水平上显著；表 4.18 至表 4.22 同。

其他控制变量的回归结果也与现有文献基本一致，东道国GDP规模的系数显著为正，表明中国企业“走出去”具有市场寻求的动机；东道国人均GDP不仅衡量了东道国的购买力水平，也衡量了东道国的劳动力成本，东道国人均GDP的回归系数显著为负，表明东道国劳动力成本对中国对外直接投资具有负向影响，中国对外直接投资具有降低成本的动机；东道国的产权保护水平显著为负，表明中国企业倾向于向制度比较差的地区投资，其原因在于相对于其他企业，中国企业更善于利用复杂的人际关系进行寻租（Mock et al.，2007；Yeung & Liu，2008）；东道国资源禀赋的回归系数不显著，主要是因为中国对外直接投资资源寻求的动机与东道国制度相关（Kolstad & Wig，2009；杨娇辉等，2016）；东道国的技术水平为正，但不显著，其原因在于东道国技术对中国OFDI的影响是双重的。一方面，技术寻求（Technology-Seeking）表明国际资本是以获取东道国技术为目的的，这种技术寻求动机和“技术溢出”假说密切相关（Driffield & Love，2003；Fosfuri & Motta，1999）；另一方面，技术开发型（Technology-Exploiting）意味着企业的OFDI行为是为了利用其技术优势（Driffield & Love，2003），这种动机与传统的生产折衷理论一致（Dunning，1981）。

4.3.3.2 异质性分析

（1）发展中国家和发达国家间的异质性

表4.18为贸易壁垒对发展中国家和发达国家的异质性影响。研究发现，发达国家对华反倾销的对外直接投资引致效应大于发展中国家，H3得到支持。其原因为：一方面，发达国家对华实施的反倾销数量多、力度大；另一方面，中国在发达国家往往具有技术寻求的动机，但其也往往对中国实施严格的技术壁垒，从而进一步促进了中国对外直接投资。

其他控制变量的估计结果也与现有文献基本一致，比如，东道国的制度水平在发展中国家显著为负，在发达国家不显著，进一步验证了中国企业更善于在制度较差的国家投资进行寻租（Mock et al.，2007；Yeung & Liu，2008）；中国在东道国的出口与对外直接投资在发达国家呈现出了显著的替代效应，在发展中国家则具有促进作用；东道国人均GDP的系数在发达国家显著为负，表明劳动力成本对中国对外直接投资具有显著的负向影响（蒋冠宏和蒋殿春，2012b）。

表4.18 贸易壁垒对发展中国家和发达国家的异质性影响

	（1）	（2）	（3）	（4）
	发展中国家		发达国家	
	ln*ofdi_f*	ln*ofdi_f*	ln*ofdi_f*	ln*ofdi_f*
sad_ff	0.0980^{***} （0.0354）	0.0942^{**} （0.0366）	0.0711^{*} （0.0413）	0.1697^{***} （0.0543）
tariff	−0.0534 （0.0625）	−0.0163 （0.0683）	1.0475^{*} （0.6193）	0.5235 （0.5424）
ln*dist*	-16.4740^{***} （2.5922）	-16.8105^{***} （3.6552）	-26.8843^{***} （2.1190）	-27.1849^{***} （4.4271）
ln*gdp*	5.9435^{***} （1.9719）	5.2940^{*} （2.8362）	3.0205 （3.2200）	41.4592^{***} （10.4215）
ln*export*		0.2444 （0.3871）		-3.4407^{***} （1.0759）
ln*pgdp*		−1.1857 （2.6457）		-38.2480^{***} （9.5668）

续表

	(1)	(2)	(3)	(4)
	发展中国家		发达国家	
	lnofdi_f	lnofdi_f	lnofdi_f	lnofdi_f
tech		0.0140 (0.0347)		0.0308 (0.0364)
resource		−0.0082 (0.0314)		−0.1826 (0.1363)
prights		−0.0585* (0.0327)		−0.0005 (0.0531)
Constant	171.4573*** (53.0091)	175.0016** (80.0182)	327.2519*** (46.2944)	−2.6e+02 (179.7975)
Country Effects	Yes	Yes	Yes	Yes
Year Effects	Yes	Yes	Yes	Yes
N	1064	841	386	370

（2）“一带一路”和非“一带一路”沿线国家间的异质性

表4.19为贸易壁垒对“一带一路”和非“一带一路”沿线国家的异质性影响[①]。从表4.19中发现东道国对华反倾销对“一带一路”沿线国家和其他国家引致的跨国直接投资效应存在异质性影响，H4得到验证。在“一带一路”沿线国家中，反倾销对对外直接投资的影响主要体现在发展中国家；在非“一带一路”沿线国家中，反倾销对发展中国家对外直接投资的引致效应则小于发达国家。其原因可能在于“一带一路”沿线国家样本中，对华实施反倾销调查的国家除以色列之外，均是发展中国家，而且，根据WTO的统计，截至2016年12月，发展中国家对华反倾销数量占整个“一带一路”沿线国家对华反倾销总量的98.3%；而在非“一带一路”沿线国家样本中，对华发起反倾销调查的则大都是发达国家，而且，发达国家对华实施的反倾销数量具有集聚效应，实施力度大、数量多。因此，非“一带一路”沿线国家中，反倾销对发达国家对外直接投资的引致效应大于发展中国家。

① 本书“一带一路”沿线国家主要包括64个国家和地区，详见后文附录附表1。

表4.19 贸易壁垒对"一带一路"和非"一带一路"沿线国家的异质性影响

	(1)	(2)	(3)	(4)
	"一带一路"沿线国家		非"一带一路"沿线国家	
	发展中国家	发达国家	发展中国家	发达国家
	ln*ofdi_f*	**ln*ofdi_f***	**ln*ofdi_f***	**ln*ofdi_f***
sad_ff	0.1588** (0.0712)	0.0833 (0.0589)	0.0571* (0.0301)	0.1691** (0.0621)
tariff	−0.0536 (0.1076)	−0.4990 (1.3400)	0.0326 (0.0762)	0.7921 (0.6351)
ln*dist*	−18.0035*** (6.5583)	−7.3450 (9.3090)	−18.2917*** (5.3946)	−22.8780*** (5.2652)
ln*gdp*	8.7467*** (2.5927)	26.6128** (7.9397)	1.3161 (7.1827)	70.1900*** (10.5161)
ln*export*	−0.8215 (0.9292)	−0.1511 (2.0446)	0.3856 (0.4994)	−2.9365** (1.3127)
ln*pgdp*	−0.4604 (2.2905)	−16.6962 (10.7059)	2.2229 (7.4960)	−66.5818*** (10.6522)
tech	−0.0674* (0.0354)	0.0321 (0.0752)	0.0564 (0.0537)	0.0148 (0.0418)
resource	−0.0381 (0.0583)	−0.2212 (0.8195)	0.0083 (0.0326)	−0.2915** (0.1291)
prights	0.0023 (0.0412)	0.0293 (0.0945)	−0.1027** (0.0408)	0.0738 (0.0625)
Constant	149.9889 (112.2968)	−2.7e+02 (252.9680)	264.0988 (170.5554)	−8.0e+02*** (214.8480)
Country Effects	Yes	Yes	Yes	Yes
Year Effects	Yes	Yes	Yes	Yes
N	344	74	497	296

(3)东道国承认中国"市场经济地位"与否的国家间差异

表4.20对承认中国"市场经济地位"与否的国家进行了分样本分析。从估计结果来看，无论是仅加入基本引力模型的控制变量，还是加入所有其他控制变量，东道国对华反倾销调查对承认中国"市场经济地位"国家的对外直接投资的引致效应均小于不承认中国"市场经济地位"的国家，H5得到验证。因为在反倾销调查中，如果东道国不承认中国的"市场经济地位"，通常会采用"替代国"做法，进而向中国企业征收更高的反倾销税。

表4.20 贸易壁垒对承认中国"市场经济地位"与否国家的异质性影响

	(1)	(2)	(3)	(4)
	承认中国"市场经济地位"的国家		其他国家	
	ln*ofdi_f*	ln*ofdi_f*	ln*ofdi_f*	ln*ofdi_f*
sad_ff	0.0907* (0.0463)	0.0743* (0.0428)	0.0948** (0.0434)	0.1170** (0.0466)
tariff	−0.0995 (0.0783)	0.0269 (0.1008)	0.0206 (0.0941)	0.0057 (0.0915)
ln*dist*	−15.0096*** (1.7935)	−12.2600*** (4.5241)	−21.8961*** (2.3561)	−24.2692*** (3.1726)
ln*gdp*	6.0754*** (1.8228)	8.8540 (5.5833)	3.0573* (1.6726)	7.9246*** (2.5438)
ln*export*		0.9076 (0.7046)		−1.0411* (0.5598)
ln*pgdp*		−6.1964 (7.0447)		−5.6317** (2.5790)
tech		−0.0002 (0.0330)		0.0009 (0.0427)
resource		0.0142 (0.0461)		−0.0523 (0.0378)
prights		0.0492 (0.0586)		−0.1123*** (0.0306)
Constant	147.9735*** (39.1253)	35.1628 (139.1031)	269.0528*** (45.5920)	232.9925*** (59.1528)
Country Effects	Yes	Yes	Yes	Yes
Year Effects	Yes	Yes	Yes	Yes
N	550	451	879	739

4.3.4 稳健性检验

本节对因变量和自变量采取不同的度量方式对上述结果进行稳健性检验。

4.3.4.1 贸易壁垒对中国对外直接投资存量的影响

表4.21报告了本书采用中国对外直接投资存量作为因变量的估计结果。研究发现，即使以中国在东道国对外直接投资的存量作为本书的被解释变量，结论仍与前文一致。

4.3.4.2 贸易壁垒的影响：基于自变量的不同度量方式

由于东道国对华实施初步反倾销措施时就会对企业的投资决策产生影响，此处以东道国实施反倾销初步措施至反倾销措施终止作为反倾销的作用区间。基于贸易壁垒不同度量方式的检验结果如表4.22所示，研究发现，即使采用不同的方式度量自变量，结果仍与前文一致。因此，本书的结果具有稳健性。

4.3.5 结论与启示

本节基于2003—2015年中国对178个国家和地区对外直接投资的面板数据，实证分析了反倾销和关税水平对中国对外直接投资的影响。研究发现，首先，东道国对华反倾销显著促进了中国对外直接投资，而东道国关税壁垒对中国对外直接投资的影响并不显著。其次，中国跨越反倾销壁垒的对外直接投资行为在发达国家和发展中国家、“一带一路”和非“一带一路”沿线国家、承认中国“市场经济地位”和不承认中国“市场经济地位”的国家之间存在异质性。在全样本中，反倾销对发达国家对外直接投资的引致效应大于发展中国家；在“一带一路”沿线国家中，反倾销对对外直接投资的影响主要体现在发展中国家；在非“一带一路”沿线国家中，反倾销对发展中国家对外直接投资的引致效应则小于发达国家；中国跨越反倾销壁垒的对外直接投资行为在不承认中国“市场经济地位”的国家更为显著。最后，分别从因变量和自变量的不同度量方法等方面进行稳健性检验，结果依然稳健。

中国连续多年来遭受反倾销损害，这也对其经济的长远发展造成了严重的影响。目前中国企业表现出了跨越反倾销壁垒的对外直接投资行为。利用OFDI来规避国外对华反倾销是一个行之有效的途径。中国政府应该鼓励企业“走出去”，不仅可以减缓未来东道国对华反倾销的频率和威胁，也促使

表 4.21　贸易壁垒对中国对外直接投资存量的影响

	（1）	（2）	（3）	（4）	（5）	（6）	（7）	（8）	（9）
		国家类型		“一带一路”沿线国家		其他国家		中国“市场经济地位”	
	所有国家	发展中国家	发达国家	发展中国家	发达国家	发展中国家	发达国家	是	否
	lnofdi_s	**lnofdi_s**	**lnofdi_s**	**lnofdi_s**	**lnofdi_s**	**lnofdi_s**	**lnofdi_s**	**lnofdi_f**	**lnofdi_f**
sad_ff	0.0956**	0.0711**	0.1519**	0.1334***	0.1085***	0.0235	0.1434**	0.0743*	0.1170**
	（0.0381）	（0.0336）	（0.0616）	（0.0465）	（0.0252）	（0.0366）	（0.0654）	（0.0428）	（0.0466）
tariff	0.0269	−0.0147	1.4642**	0.0420	1.6030	−0.0150	1.5054**	0.0269	0.0057
	（0.0648）	（0.0638）	（0.6265）	（0.0741）	（0.8671）	（0.0802）	（0.6169）	（0.1008）	（0.0915）
ln*dist*	−24.2798***	−18.0545***	−25.4210***	−12.9745***	−2.6833	−23.6729***	−22.3280***	−12.2600***	−24.2692***
	（2.4228）	（2.8744）	（4.8034）	（2.4741）	（9.6458）	（5.7040）	（3.8793）	（4.5241）	（3.1726）
ln*gdp*	3.0202	3.3732*	36.2064**	3.4910**	20.3383*	−3.6695	61.2191***	8.8540	7.9246***
	（2.0220）	（2.0110）	（13.6402）	（1.5590）	（10.3530）	（6.0543）	（17.6547）	（5.5833）	（2.5438）
ln*export*	−0.2670	0.2673	−1.2193	1.1697**	2.5393**	0.0110	−0.9464	0.9076	−1.0411*
	（0.3233）	（0.2113）	（1.0509）	（0.5519）	（0.9282）	（0.1367）	（1.1457）	（0.7046）	（0.5598）
ln*pgdp*	−2.8447	1.4660	−40.9924***	−0.3341	−17.7278	10.5547**	−65.6982***	−6.1964	−5.6317**
	（2.1570）	（1.6735）	（13.2348）	（1.8069）	（14.6700）	（5.1339）	（15.4700）	（7.0447）	（2.5790）
tech	0.0146	0.0094	0.0683	−0.0070	−0.0872	0.0217	0.0749	−0.0002	0.0009
	（0.0252）	（0.0137）	（0.0488）	（0.0320）	（0.0635）	（0.0135）	（0.0467）	（0.0330）	（0.0427）
resource	−0.0125	0.0175	−0.2704**	0.0003	−0.6405	0.0171	−0.3734***	0.0142	−0.0523
	（0.0200）	（0.0152）	（0.1227）	（0.0379）	（0.7829）	（0.0163）	（0.1246）	（0.0461）	（0.0378）
prights	−0.0299	−0.0324	0.0317	−0.0229	0.1125	−0.0512	0.0626	0.0492	−0.1123***
	（0.0202）	（0.0204）	（0.0416）	（0.0223）	（0.1026）	（0.0312）	（0.0613）	（0.0586）	（0.0306）
Constant	297.0007***	231.0284***	−2.4e+02	132.9234***	−2.8e+02	444.8300***	−7.0e+02**	35.1628	232.9925***
	（46.4025）	（56.9439）	（230.0651）	（40.3383）	（280.9347）	（155.2920）	（293.4411）	（139.1031）	（59.1528）
Country Effects	Yes	Yes	Yes	Yes	Yes	Yes	Yes	Yes	Yes
Year Effects	Yes	Yes	Yes	Yes	Yes	Yes	Yes	Yes	Yes
N	1211	841	370	344	74	497	296	451	739

表 4.22 基于贸易壁垒不同度量方式的检验

	(1)	(2)	(3)	(4)	(5)	(6)	(7)	(8)	(9)
		国家类型		“一带一路”沿线国家		其他国家		中国“市场经济地位”	
	所有国家	发展中国家	发达国家	发展中国家	发达国家	所有国家	发展中国家	发达国家	发展中国家
	ln*ofdi_f*	**ln*ofdi_f***	**ln*ofdi_f***	**ln*ofdi_f***	**ln*ofdi_f***	**ln*ofdi_f***	**ln*ofdi_f***	**ln*ofdi_f***	**ln*ofdi_f***
sad_pf	0.0835**	0.0810**	0.1624**	0.1342**	0.0869	0.0519*	0.1473**	0.0668*	0.0935*
	(0.0381)	(0.0322)	(0.0670)	(0.0621)	(0.0843)	(0.0277)	(0.0693)	(0.0350)	(0.0511)
tariff	0.0045	−0.0138	0.5676	−0.0518	−0.4168	0.0339	0.8181	0.0305	0.0023
	(0.0690)	(0.0675)	(0.5478)	(0.1040)	(1.2869)	(0.0760)	(0.6187)	(0.1012)	(0.0899)
ln*dist*	−21.9602***	−16.8883***	−25.1306***	−17.9464***	−6.1838	−18.4124***	−21.3695***	−12.3884***	−24.0935***
	(2.6291)	(3.6419)	(4.3190)	(6.4661)	(9.7475)	(5.3623)	(5.1908)	(4.5058)	(3.2191)
ln*gdp*	6.8658***	5.1745*	42.1535***	8.3998***	27.0256**	1.1915	70.0368***	8.7063	7.6812***
	(2.3218)	(2.8334)	(10.3086)	(2.5267)	(9.0834)	(7.1549)	(10.9660)	(5.5619)	(2.6329)
ln*export*	−0.4912	0.2567	−3.1958***	−0.7711	0.0182	0.3872	−2.6913**	0.9224	−0.9773*
	(0.3676)	(0.3897)	(1.1023)	(0.9331)	(1.8826)	(0.5007)	(1.2817)	(0.7076)	(0.5376)
ln*pgdp*	−5.2438*	−1.2165	−40.2159***	−0.6265	−18.1256	2.3542	−67.8301***	−6.1185	−5.7631**
	(2.6751)	(2.6553)	(9.3689)	(2.2762)	(12.0673)	(7.4823)	(10.9068)	(7.0671)	(2.6507)
tech	0.0031	0.0138	0.0337	−0.0677*	0.0314	0.0563	0.0168	0.0001	0.0021
	(0.0278)	(0.0347)	(0.0355)	(0.0352)	(0.0761)	(0.0537)	(0.0412)	(0.0330)	(0.0425)
resource	−0.0233	−0.0076	−0.1533	−0.0353	−0.1159	0.0083	−0.2651*	0.0140	−0.0486
	(0.0313)	(0.0314)	(0.1423)	(0.0567)	(0.7834)	(0.0326)	(0.1397)	(0.0463)	(0.0381)
prights	−0.0569*	−0.0574*	0.0095	0.0066	0.0247	−0.1027**	0.0862	0.0497	−0.1094***
	(0.0294)	(0.0324)	(0.0564)	(0.0377)	(0.0951)	(0.0410)	(0.0616)	(0.0586)	(0.0300)
Constant	208.9228***	177.0208**	−3.0e+02*	151.7809	−2.9e+02	267.7951	−8.3e+02***	38.7936	232.3158***
	(58.2966)	(79.8734)	(176.7410)	(109.9441)	(277.6352)	(169.6478)	(218.9549)	(138.8651)	(63.0055)
Country Effects	Yes	Yes	Yes	Yes	Yes	Yes	Yes	Yes	Yes
Year Effects	Yes	Yes	Yes	Yes	Yes	Yes	Yes	Yes	Yes
N	1211	841	370	344	74	497	296	451	739

企业充分利用境内和境外“两个市场、两种资源”，在全球范围内配置资源，不断提高企业的国际化能力和全球竞争力。当然，中国在利用对外直接投资来规避东道国贸易壁垒时，也应注意防范其他风险。中国可以借鉴和吸收20世纪80年代日本和韩国在面对欧美贸易壁垒时，进行跨越贸易壁垒对外直接投资的经验与教训。

4.4 本章小结

首先，本章基于企业对外直接投资是一项资金需求多、期限长、风险高的活动，对企业在全球范围内配置金融资源的能力要求高，以及中国国内金融市场存在金融抑制和企业融资歧视的事实出发，在阐述企业融资约束对企业开展对外直接投资决策影响的理论基础上，提出理论假设，并基于1998—2007年《中国工业企业数据库》和《中国境外投资企业（机构）名录》的匹配数据库，实证检验了融资约束对企业开展对外直接投资决策的影响。研究发现：融资约束是制约企业“走出去”的重要因素之一，企业融资能力提升不仅提高了企业对外直接投资的概率，也增加了企业对外直接投资的次数；而且，融资约束对企业对外直接投资的影响具有异质性，与企业所有制和生产率、行业外源融资依赖度以及投资目的地和投资动机相关。企业融资能力提升对私营企业对外直接投资的决策影响较大，企业融资能力改善对行业外源融资能力较低的企业的促进作用更大，生产率较低的企业融资能力改善更倾向于做出对外直接投资的决策；融资约束对企业对外直接投资的影响与企业的目的地和投资动机相关，企业融资能力增加更有助于提高企业到发达国家对外直接投资的概率，企业融资能力改善对从事垂直型对外直接投资的企业的促进作用更大。即使采用不同的指标度量企业的融资约束能力，融资约束仍然是制约企业对外直接投资的重要因素。因此，本书的结果具有稳健性。

其次，本章从近年来中国劳动力成本不断上升的现象出发，基于中国2003—2014年31个省份境外直接投资的面板数据，在阐述母国劳动力成本对对外直接投资影响的理论基础上，实证检验了我国劳动力成本上升对企业对外直接投资的影响，研究结果表明：国内劳动力成本的上升促进了中国企业的对外直接投资；同时，劳动力成本上升对中国对外直接投资的影响具有异质性，主要促进了中国对发展中国家的对外直接投资和垂直型对外直接投资；此外，国内劳动力成本上升对中国对外直接投资的影响存在区域差异性，劳动力成本上升对东部和中部地区的作用比较明显。本书从各个方面对以上基本估计结果进行了稳健性检验，结果依然比较稳健。因此，以上估计结果具有可靠性。

最后，本文利用2003—2015年中国对178个国家和地区境外投资的面板数据，实证分析了东道国贸易壁垒对中国对外直接投资的影响。研究结果表明：其一，中国对外直接投资具有显著的跨越东道国反倾销调查的动机。其二，中国跨越反倾销贸易壁垒的对外直接投资行为在发达国家和发展中国家、“一带一路”和非“一带一路”沿线国家、承认中国“市场经济地位”和不承认中国“市场经济地位”的国家之间存在异质性。这些结果在采用不同的因变量和自变量的度量方法时，依然稳健。因此，实证结果具有可靠性。本书对中国企业“走出去”及“一带一路”倡议的有效实施具有重要的借鉴意义。因此，本节的政策含义如下：

第一，融资约束是制约中国企业“走出去”的重要因素之一。为保持中国企业对外直接投资持续稳定的发展，一方面，中国企业，尤其是中小民营企业，应不断拓宽融资渠道，提高融资能力，降低企业经营风险；另一方面，中国政府应为企业“走出去”提供更好的融资服务与支持，建立企业投融资服务支持制度，加快中资金融机构境外布点步伐，从而缓解企业融资约束，促进中国企业“走出去”。

第二，近年来，中国劳动力成本不断上升是中国中小企业不断“走出去”的重要原因之一。中国中小企业劳动力成本的比较优势正在不断消失，导致中国中小企业不断到劳动成本相对低廉的其他国家进行投资。同时，以上结果也表明，中国西部地区的中小企业的劳动力成本的比较优势还依然存在。以上结果具有明显的政策含义，一方面，中国中小企业到海外开展直接投资，很大程度上是由于国内劳动力成本上升驱动的，但是，如果要使中国企业保持长久的竞争力，不断向全球价值链高端攀升，中国企业必须不断加强创新能力，才能在海外投资中获得良好的绩效。另一方面，中国社会经济发展存在显著的地区差异。目前，中国西部地区劳动力成本还相对较低，政府可以鼓励中国企业优先到西部地区发展，这样不仅可以解决西部地区的就业问题，还有助于缩小中西部地区差异。

第三，中国企业到海外开展对外直接投资活动具有规避东道国贸易壁垒的动机。中国企业在跨越东道国贸易壁垒开展对外直接投资的活动中，应注意对海外投资风险的控制，并积极加快企业研发，提高企业的创新能力，这方面可以借鉴和吸收早期日本和韩国以跨越东道国贸易壁垒而开展企业对外直接投资活动的经验与教训。

5 中国对外直接投资的政府动因

本章将重点分析中国金融机构境外布点和境外经贸合作区等两大投资促进政策，并结合“一带一路”倡议，实证分析其对中国企业对外直接投资的影响。

5.1 境外金融机构布点

海外投资是一项资金需求多、期限长、风险高的活动，对企业在全球范围内配置金融资源的能力提出了更高要求。因此，在中国企业普遍面临融资约束的情况下，完善的金融体系和金融市场无疑是企业进行境外投资活动的必要保障。尽管东道国金融机构也可以为中国企业“走出去”提供融资服务，但这种方式不仅要面临交易费用高、法律和语言不熟悉等问题，而且，许多国家和地区对外来投资者的融资支持条件苛刻，往往设有各种政策和法律的限制。因此，要为中国企业“走出去”提供更好的融资服务和支持，迫切需要中国金融机构“走出去”。

在金融全球化的浪潮下，伴随着中国“走出去”战略的实施和中国金融业整体实力的不断增强，中国金融业也开启了国际化进程[①]，开始倡导和鼓

① 根据中国《国民经济行业分类和代码》（GB/4754–2002）的分类标准，中国金融业共包括4个大类：银行业、证券业、保险业、其他金融活动，尽管2011年中国颁布的新国家标准《国民经济行业分类》（GB/T4754–2011）将金融服务业的4个大类的名称进行了变更，把原来的“银行业”更改为了“货币金融服务”，把原来的“证券业”改为了“资本市场服务”，“保险业”保持不变，把原来的“其他金融活动”更名为“其他金融业”，但截至目前，该标准仍未被广泛使用。历年《中国金融年鉴》和《中国银行业监督管理委员会年报》仍然采用《国民经济行业分类和代码》（GB/4754–2002）的统计分类标准。故本书也继续沿用《国民经济行业分类和代码》（GB/4754–2002）的分类标准。

励有条件的中资金融机构采取适度的国际化举措，试图使中国金融机构的国际化与企业“走出去”能够并驾齐驱。近年来中国金融机构“走出去”的步伐明显加快，特别是自2008年以来，中资金融机构积极实施客户跟随的国际化战略，在中国境外投资比较多的地区，通过建立分支机构、参股或并购等方式，开展跨国经营，为中国“走出去”企业提供境外融资等金融服务。目前，中国金融机构国际化主要以银行业为主[①]，根据《中国银行业监督管理委员会年报（2016）》统计，截至2016年底，已有22家中资银行业金融机构在海外63个国家和地区设立了1353多家分支机构。

“一带一路”倡议的官方文件《愿景与行动》中明确指出，“一带一路”建设的合作重点为“政策沟通、设施联通、贸易畅通、资金融通、民心相通”等互联互通，也被广大学者视为“一带一路”倡议的核心（金碚，2016）。而中国金融机构境外布点和对外直接投资则分别属于“资金融通”和“贸易畅通”中重要的组成部分。“资金融通”是否对“贸易畅通”具有促进作用，即中国金融机构“走出去”是否推动了中国实体企业“走出去”？

然而，尽管现有文献对中国境外直接投资的各种动因进行了较为深入的研究，但是，现有文献关于母国金融机构境外布点对企业“走出去”影响的研究较为匮乏，少量有关此方面的研究，也多为简单的描述性分析，缺乏系统的理论与实证分析。Hale（2012）认为母国境外金融机构网络有助于跨国企业克服信息不对称问题，减少企业境外投资的障碍。因此，在近年来中国金融机构和实体企业“走出去”步伐共同加快的背景下，本书认为中国金融机构境外布点可能也是近年来中国对外直接投资迅速增长背后的主要驱动因素之一。

为弥补现有文献的空白，本节在阐述金融机构境外布点影响企业对外直接投资理论机制的基础上，实证分析了中国金融机构境外布点对境外直接投资的影响。与已有文献相比，本书具有以下贡献：一是在详细阐述金融机构

① “中国金融40人论坛”研究部第154期CF40要报（http://www.cf40.org.cn/plus/view.php?aid=5516）指出“银行业是中国金融业的主体，金融机构‘走出去’就是银行业‘走出去’”。

境外布点影响对外直接投资理论机制的基础上，结合三个相关的数据库，首次实证分析了中国金融机构境外布点对境外直接投资的影响；二是考察了中国金融机构境外布点对境外投资的异质性影响；三是不仅利用解释变量滞后一期来解决本书由于因变量和自变量互为因果关系而造成的内生性问题，还尝试采用工具变量克服由其他因素而导致模型的内生性问题。

5.1.1　金融类与非金融类的相关性

5.1.1.1　规模相关性

首先，2006—2015年中国金融类和非金融类OFDI流量的变动趋势基本一致，但是，金融类OFDI的增速相对较慢，而且，具有一定的波动性。不过，2011年以来，随着政府对中国金融机构"走出去"支持的力度不断加大，金融类直接投资流量呈现了比较稳定的上升趋势。但是，金融类OFDI的增速相对较慢，而且，具有一定的波动性（见图5.1）。

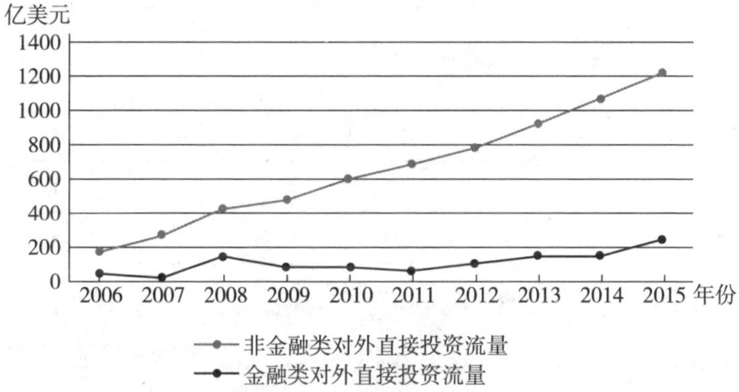

图5.1　2006—2015年中国金融类和非金融类OFDI流量情况

其次，中国的境外金融机构分布的主体以银行业为主，表5.1描述了中国对外直接投资存量与境外银行的分布状况。从表5.1中可以发现，就中国对每个国家（地区）的境外投资和境外金融机构的排名而言，两者具有正相关性。在2014年中国对外直接投资的存量的前20名国家中，目前，除了英属维尔京群岛（避税天堂国家）和挪威外，中国银行业在这些东道国均设立了境外金融机构布点。

表5.1 2014年中国对外直接投资存量和境外银行数量排序对比

国家（地区）	对外直接投资存量排序	银行数量排序
中国香港	1	1
开曼群岛	3	31
美国	4	2
澳大利亚	5	4
新加坡	6	6
卢森堡	7	10
英国	8	3
俄罗斯	9	11
法国	10	19
加拿大	11	9
哈萨克斯坦	12	24
印度尼西亚	13	26
南非	14	17
德国	15	7
老挝	17	21
荷兰	18	38
中国澳门	19	14
缅甸	20	46

最后，中国境外金融机构的规模分布与境外投资的分布并不匹配。①就覆盖国家数量的匹配度而言，截至2014年末，尽管中国企业已遍布186个国家和地区，但是中国仅在53个国家和地区设置了金融机构；②就境外金融机构布点的数量和境外企业的数量而言，截至2014年末，中国境外金融分支机构与境外投资企业两者之间的比例仅为4%，如果按照境外金融分支机构来算的话，仅为0.2%。

因此，以上分析表明，一方面，与对外直接投资总量相比，中国金融机构境外布点的规模还有很大的发展空间。另一方面，也表明目前中国在东道国设立分支机构的功能定位可能仍主要是为中国企业提供境外投资服务，而不是在国际范围内融通资金、配置资源，提升金融机构的国际竞争力。

5.1.1.2 区位相关性

图5.2描绘了中国金融机构和对外直接投资存量在三大经济体之间的分布①，首先，整体而言，中国境外金融机构在三大经济体之间的分布与中国对外直接投资的分布具有正相关性，中国境外金融机构分布较多的地区，对外直接投资的存量也比较多。其次，境外金融机构的分布与境外投资存量的地理分布并不完全匹配，中国金融机构在发展中国家的分布较少②。

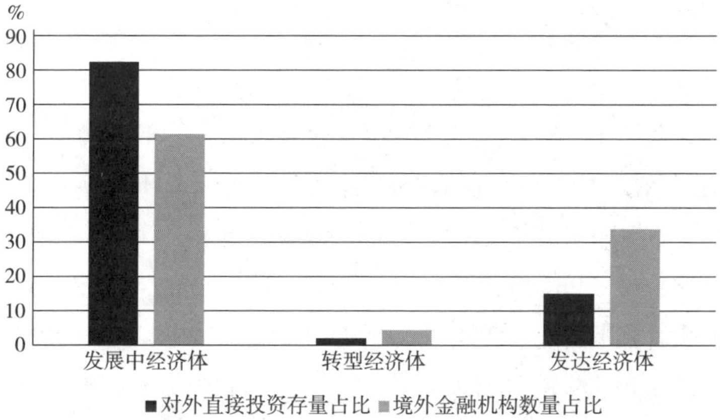

图5.2 2014年三大经济体境外金融机构数量和OFDI存量占比

5.1.2 理论和假设

中国金融机构境外布点对企业对外直接投资具有直接和间接两方面的影响。直接影响是为企业提供东道国经营信息而降低企业的投融资风险和融资成本，进而为企业提供融资服务而缓解企业融资约束；间接影响是使企业获得充足的资金，促进企业技术创新和提高生产率。

5.1.2.1 直接影响

Levine（1997）认为金融系统主要有五大功能：一是有效分散风险，便利风险管理；二是获取资源配置与投资信息，将金融资源配置到社会回报率

① 此处三大经济体的分类遵循历年《世界投资报告》的分类标准。

② 本章图表的数据均来源于历年《中国对外直接投资统计公报》和《中国银行业监督管理委员会年报》。

最高的投资项目当中，从而取得最大化投资效率；三是监控管理者和实施公司控制，保障投资效率；四是动员和运用储蓄，提高社会投资水平；五是减少交易成本，便利投融资等金融、经济交易。因此，金融系统能够通过降低风险、促进融资、减少交易成本等三条途径直接促进企业投资。企业境外直接投资是一项资金需求多、期限长、风险高的活动，相对于国内投资，企业面临的风险更为复杂、信息不对称性更为严重，融资的条件也更为苛刻，资金需求量大且回报期较长，交易过程更加烦琐。因此，根据金融功能理论，企业境外投资对金融系统的功能的要求更高，完善的金融体系和金融市场无疑是企业进行境外投资活动的必要保障。

影响企业跨国直接投资的主要因素包括投资保护的不确定性（Antràs，2009）、潜在子公司区位选择的搜寻成本（Grossman & Helpman，2002）以及当地的金融摩擦和东道国的市场风险等（Desai et al.，2008）。其根源在于东道国与母国公司之间的信息不对称，金融机构网络通过收集和处理信息，有助于跨国企业克服境外投资的进入障碍（Hale, 2012）。尽管东道国金融机构也可以为“走出去”企业提供融资服务，但这种方式不仅要面临交易费用高、法律和语言不熟悉等问题，而且，许多国家和地区对外来投资者的融资支持条件苛刻，往往设有各种政策和法律的障碍。而母国境外金融分支机构在为本国的跨国企业提供融资服务时则具有信息提供方面的独特竞争优势。

一方面，母国金融机构在东道国设立分支机构以及为境外投资企业提供融资服务时，会收集与投资相关的东道国的投资环境、制度风险等信息，并与所服务的企业进行信息共享，起到信息中介的作用。最终，其完善的信息披露和专业的人才团队，帮助企业有效分析投资活动的可行性，通过信息传递和运用金融工具分散企业的投资风险，从而通过项目筛选，将资金配置到获利可能性大、投资回报率高的项目当中（Rajan et al.，2000）。另一方面，尽管金融机构竞争性贷款的利润非常小，但是广大金融机构通常会利用打包贷款业务，进行更有利可图的费用生成服务，比如涉及外商直接投资，金融机构一般不仅为其客户提供单一的融资服务，还通过大使馆、当地的商业会所和政府机构、法律机构为其客户提供关于当地的法律管制、税收、经济发展、经济数据和投资机会等信息服务，确保其客户融入当地的商业网络中

（De La Torre et al.，2010）①。尽管东道国本地金融机构也可以为企业提供类似的信息服务，但由于信息的专有性，以及之前与企业母公司没有融资方面的业务关系，不大可能与企业充分共享信息。因此，外资企业倾向于利用母国跨国金融机构进行融资（Giannetti & Ongena，2012）。

此外，相对于发达国家，发展中国家的经济发展水平比较落后，经济、法律、文化、金融和社会制度水平不健全，政治稳定性较低，企业所面临的信息不对称程度更加严重，风险水平也更为复杂。故母国境外金融分支机构对企业"走出去"的促进作用在发展中国家可能更为显著。

5.1.2.2 间接影响

根据新新贸易理论，企业跨国投资决策存在生产率的"门槛效应"。同一行业内生产率最高和较高的企业分别以境外直接投资和出口的方式服务国际市场，生产率最低的企业则仅在国内生产和销售，甚至退出市场（Melitz，2003；Helpman et al.，2004）。Buch等（2014）将企业融资约束的异质性引入该理论，认为现实中企业往往面临融资困难，企业对外直接投资也存在融资约束的"门槛效应"。如果企业不能顺利获取足够的生产投资资金，即使企业的生产率很高，投资有利可图，但若没有足够的资金支付在东道国建厂或缺乏并购伊始所需的固定成本，同样不能够实现对外直接投资的目标。因此，企业对外直接投资也需要融资约束的门槛。而企业无论是通过提高生产率还是融资而缓解融资约束，均需要高效的金融系统和中介作保障。尤其是，人力资本和研发投入是企业生产率提高的重要条件，这些活动都需要雄厚的资金支持，而企业本身的自有资金往往难以满足这些需求。企业母国境外金融机构的建立则能更好地满足企业的融资需求，帮助企业克服融资困难，保证企业拥有充足的资金用于研发，进而提高企业生产率，顺利实现企业对外直接投资的决策。

综上所述，基于金融功能理论和新新贸易理论，母国境外金融分支机构的建立使金融服务深入到企业境外投资的前期考察、项目评估、融资安排、

① Spence（1976）认为这些费用生成服务可能是借贷的策略补充，能够增加金融机构的收益。

组织实施、海外经营发展等一系列环节当中，从而有助于降低企业风险和交易成本以及优化资源配置，打破企业投资的资金瓶颈，促进企业技术创新，从而提高企业对外投资的成功概率。具体影响机制如图5.3所示。基于上述分析，本书提出以下假设：

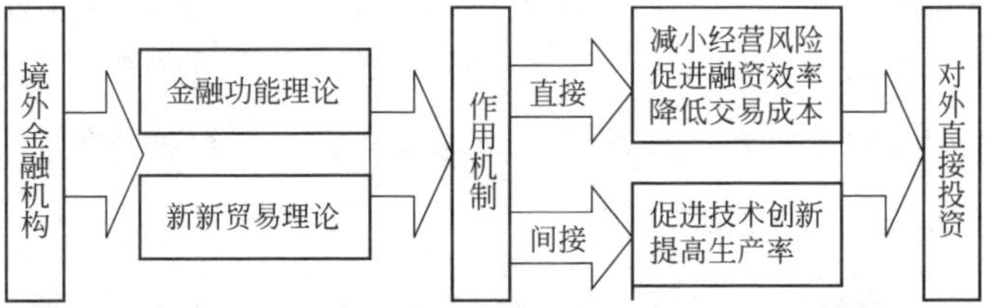

图5.3　境外金融机构对对外直接投资影响的理论机制

H1：中国在东道国建立境外金融机构促进了中国对该国的直接投资。

H2：中国境外金融机构布点主要促进了中国对发展中国家的对外直接投资。

5.1.3　模型、变量与数据

5.1.3.1　模型设定与变量说明

基于贸易引力模型，本书构建如下回归模型：

$$\ln ofdi_{it}=C+\alpha\ln GDP_{it}+\beta bank_{it-1}+\gamma\ln distcap_i+\theta X_{it}+\eta_j+\mu_t+\varepsilon_{it} \tag{5.1}$$

其中，$\ln ofdi_{it}$为因变量，采用中国每年在东道国直接投资的流量和所建立的企业数量来衡量；$bank_{it-1}$为自变量，由于目前中国的境外金融机构以银行为主，采用中国每年在东道国所建立的境外银行数量的存量来表示。同时，考虑到中国在东道国设立的金融分支机构对企业境外直接投资的影响可能存在滞后性，也为缓解由于两者之间可能存在反向因果关系而导致模型的内生性问题，将该变量滞后一期。X_{it}为其他控制变量，主要控制了东道国的市场特征、自然资源出口占比、高科技产品的出口占比、法律制度质量、中国与东道国之间的法律制度距离以及两国之间所签订的双边投资协定和自由贸易协定；同时还控制了地区固定效应η_j（东亚与太平洋、欧洲与中亚、拉丁美洲与加勒比海、中东与北非、北美、南亚、撒哈拉沙漠以南的非洲）和时间固定效应μ_t[①]。

5.1.3.2 样本区间选择与数据来源

考虑到企业在避税天堂国家和地区投资的特殊性，将该地区的样本予以剔除。基于数据的可得性，最终选取了2003—2014年中国进行对外直接投资的147个国家和地区为样本。变量的描述性统计见表5.2。

表5.2 变量含义和描述性统计

变量	变量含义	样本量	均值	标准差	最小值	最大值
ln*ofdi*	中国对东道国对外直接投资流量对数值（万美元）	1334	7.106	2.515	–0.116	13.374
ln*firm*	中国在东道国投资企业数量对数值（个）	1166	1.689	1.351	0	6.905
bank	境外银行数量（个）	1764	0.552	1.522	0	13
ln*dist*	两国之间的距离成本	1704	8.953	0.556	6.696	9.868
ln*gdp*	东道国 GDP（万美元）	1570	24.11	2.307	18.57	30.31
gdpgrowth	东道国 GDP 增长率（%）	1578	4.384	5.761	–62.08	104.5
ln*pgdp*	东道国人均GDP对数值(万美元）	1563	8.081	1.662	4.91	11.67
tech	东道国高科技产品出口占其总出口的比重（%）	1259	9.493	11.75	0	73.64
resource	东道国矿石和燃料占总出口比重（%）	1277	9.035	14.88	0	85.97
BIT	双边投资协定	1764	0.567	0.496	0	1
FTA	自由贸易协定	1764	0.083	0.276	0	1
rl	东道国法律质量	1764	–0.134	1.004	–1.956	2.121
rl_dis	中国与东道国之间的法律制度距离	1764	1.095	1.537	0	6.416

注：具体计算中各绝对变量均剔除了价格因素。

主要变量的数据来源如下：中国企业对外直接投资的流量和企业数量数据分别来源于历年《中国对外直接投资统计公报》和商务部的《境外投资企业（机构）名录》；境外银行数量数据来自历年《中国金融年鉴》《中国银

① 对于东道国而言，中国每年的GDP变量相同，在年份上的差异亦被年份固定效应所控制，故略去。

行业监督管理委员会年报》以及各大银行官网；双边投资协定数据来自联合国贸发会议（UNCTAD）的BIT数据库，并与中国外交部公布的BIT一览表进行逐一核对；自由贸易协定数据来源于中国自由贸易服务区官网；东道国GDP、GDP增长率、人均GDP、高科技产品出口占比、矿石和燃料出口占比资源储备数据来源于世界发展指数数据库（WDI）；地理距离数据来自CEPII数据库；东道国法律制度质量数据来自世界银行的全球治理指标（WGI），并根据Kogut（1988）提出的方法计算出中国与东道国之间的法律制度距离。

5.1.4 实证结果及解释

5.1.4.1 初始检验

境外金融机构对对外直接投资影响的基本回归结果见表5.3。本书发现在全样本中，中国金融机构境外布点显著促进了中国对东道国直接投资的规模和企业数量。证实了中国境外金融机构能够通过为企业提供融资服务以及与跨国经营相关的信息，从而增加中国企业对外直接投资的成功概率和投资规模。其他控制变量的结果也与现有文献的发现基本一致，其中，东道国与中国之间的距离显著为负，表明地理距离增加了企业境外直接投资的成本；东道国的自然资源、GDP规模和GDP增长率的系数显著为正，表明中国对外直接投资存在自然资源和市场寻求的动机；双边投资协定的系数为正，但不显著，其原因可能在于双边投资协定对境外投资的影响具有异质性，与东道国的经济和制度特征有关（宗芳宇等，2012）[①]。

本书发现在发展中国家和发达国家样本中，第一，中国金融机构境外布点显著促进了中国对发展中国家对外直接投资的流量和企业数量；第二，中国金融机构境外布点仅对中国对发达国家投资的企业数量具有显著的促进作用，对投资规模的促进作用不显著；第三，中国金融机构境外布点对发展中国家的促进作用大于发达国家。因此，上述结果证实了中国在发展中国家建立金融机构网络更有助于解决企业所面临的信息不对称问题而促进企业对外

① 后文的分析也证实了双边投资协定的签订主要促进了中国对发展中国家的境外直接投资。

直接投资。此外，由于中国对外直接投资的企业数量以非国有企业为主，而且，由于中国存在严重的信贷融资歧视，相对于国有企业，非国有中小企业所面临的融资约束更为严重（Claessens & Tzioumis，2006）。而以中国对东道国对外直接投资的企业数量作为因变量时，更能体现出中国金融机构境外布点对非国有中小企业“走出去”的影响。因此，在发达国家样本中，以境外直接投资的数量为因变量时其系数更为显著。关于其他控制变量，双边投资协定主要促进了中国对发展中国家的投资，可能是因为发展中国家投资风险更大，双边间的制度安排能够起到更大的作用（宗芳宇等，2012）。

表 5.3　境外金融机构对对外直接投资影响的基本回归结果

	（1）	（2）	（3）	（4）	（5）	（6）
	全样本		发展中国家		发达国家	
	ln*ofdi*	ln*firm*	ln*ofdi*	ln*firm*	ln*ofdi*	ln*firm*
bank	0.1470**	0.0904***	0.2410*	0.1921**	0.1023	0.0684*
	(0.0736)	(0.0325)	(0.1264)	(0.0950)	(0.1470)	(0.0389)
ln*distcap*	−1.0950**	−0.7184***	−2.2673***	−1.2156***	0.4238	−0.1557
	(0.5339)	(0.2555)	(0.6796)	(0.2328)	(0.7851)	(0.1727)
ln*gdp*	0.6137***	0.4513***	0.6566***	0.4288***	0.6862	0.7491***
	(0.1017)	(0 0462)	(0.1249)	(0.0525)	(0.4827)	(0.1203)
gdpgrowth	0.0364**	0.0180***	0.0307	0.0125*	0.0746	0.0632**
	(0.0171)	(0.0064)	(0.0234)	(0.0065)	(0.0652)	(0.0248)
ln*pgdp*	−0.0972	−0.2349**	−0.0054	−0.1805*	0.2726	0.1271
	(0.2115)	(0.0986)	(0.2208)	(0.0991)	(1.3651)	(0.3219)
hightech_exports	−0.0124	−0.0025	−0.0172	−0.0046	0.0121	−0.0039
	(0.0093)	(0.0050)	(0.0126)	(0.0055)	(0.0296)	(0.0124)
resource	0.0142*	0.0031	0.0154*	0.0012	0.0174	0.0282***
	(0.0076)	(0.0035)	(0.0093)	(0.0033)	(0.0401)	(0.0063)
BIT	0.1248	−0.0017	0.3577	0.0880	−1.8563***	−0.2665
	(0.2708)	(0.1255)	(0.2872)	(0.1388)	(0.5191)	(0.3197)
FTA	0.3730	0.0222	0.4368	−0.1898	−0.2851	0.1368
	(0.3962)	(0.1469)	(0.4250)	(0.1864)	(0.6463)	(0.1255)
rl	−0.3237	0.0863	−0.3471	0.1144	0.6212	0.4129
	(0.2615)	(0.1101)	(0.3087)	(0.1083)	(2.5481)	(0.7674)

续表

	(1)	(2)	(3)	(4)	(5)	(6)
	全样本		发展中国家		发达国家	
	ln*ofdi*	ln*firm*	ln*ofdi*	ln*firm*	ln*ofdi*	ln*firm*
rl_dis	0.1957 (0.1312)	−0.0327 (0.0553)	0.1707 (0.3124)	−0.0561 (0.0945)	−0.0229 (0.8383)	−0.1222 (0.2606)
Constant	−4.3288 (4.9656)	−2.6382 (2.5779)	3.7069 (6.0492)	1.7935 (2.1376)	−22.5064* (12.1642)	−19.5180*** (3.0610)
Region Effects	Yes	Yes	Yes	Yes	Yes	Yes
Year Effects	Yes	Yes	Yes	Yes	Yes	Yes
N	860	781	637	571	223	210

注：括号内数值为稳健性标准误；***、**、* 分别表示在 1%、5%、10% 的水平上显著；表 5.4、表 5.5 同。

5.1.4.2 工具变量检验

尽管前文已采用自变量的滞后一期，以缓解模型中境外金融机构布点和对外直接投资之间的反向因果而可能造成的内生性，但其内生性还存在第二种可能，即共识性。因为中国金融机构境外设立分支机构和中国企业“走出去”均具有销售产品与服务当地客户的动机，影响东道国投资环境和市场特征的遗漏变量可能同时影响中国金融机构的境外布点和实体企业的境外投资，从而造成模型的内生性。因此，本书尝试采用东道国的法律起源作为中国境外金融机构布点的工具变量，以更好地解决其内生性问题。

首先，一国的法律起源一般诞生于殖民地时期或者其建国时期等，因此，过去的法律制度起源和现代的对外直接投资不大可能有直接的联系，具有较好的外生性。其次，La Porta 等（1998）认为一国法律制度的起源和法律制度对其金融市场的发展具有直接影响。而目前中国金融机构“走出去”还处于初步阶段，主要是学习发达国家金融市场的发展经验，因此，东道国的法律起源与中国金融机构境外布点具有较高的相关性①。最后，为检验工

① 国内文献，蒋冠宏和张馨月（2016）也采用一国法律起源作为该国金融发展的工具变量，研究了东道国金融发展对企业对外直接投资的影响。

具变量的有效性，报告了第一阶段估计结果的F值，如表5.4所示。第一阶段估计结果的F值均大于10，表明不存在工具变量的弱识别问题。估计结果进一步表明，即使控制了模型中可能存在的内生性，中国境外金融机构的建立仍然显著促进了中国对东道国的直接投资，并对不同国家的影响具有异质性，主要促进了中国在发展中国家的境外直接投资。其他控制变量的估计结果，也与现有文献基本一致。双边投资协定的促进作用主要体现在发展中国家，中国对外直接投资具有市场和资源寻求的动机，在发展中国家主要是利用自身的技术，在发达国家则主要为寻求技术。

表5.4 境外金融机构对对外直接投资的影响：工具变量检验

	（1）	（2）	（3）	（4）	（5）	（6）
	全样本		发展中国家		发达国家	
	ln*ofdi*	ln*firm*	ln*ofdi*	ln*firm*	ln*ofdi*	ln*firm*
bank	0.5474***	0.3386***	1.1248***	0.8587***	0.0686	−0.0581
	（0.2093）	（0.0618）	（0.3745）	（0.1716）	（0.1300）	（0.0489）
ln*distcap*	0.0111	−0.1838	−1.0067***	−0.8361***	0.5019	−0.0023
	（0.2605）	（0.1130）	（0.2685）	（0.1582）	（0.3191）	（0.1396）
ln*gdp*	0.4095***	0.3833***	0.4113***	0.2896***	1.2771***	1.0299***
	（0.1090）	（0.0345）	（0.1023）	（0.0494）	（0.2780）	（0.1131）
gdpgrowth	0.0528***	0.0401***	0.0104	0.0291***	0.1205*	0.0694***
	（0.0188）	（0.0087）	（0.0198）	（0.0096）	（0.0649）	（0.0232）
ln*pgdp*	0.0273	−0.2233***	0.0465	−0.1833***	−1.7604***	−0.4758**
	（0.0902）	（0.0535）	（0.1022）	（0.0628）	（0.5836）	（0.2415）
hightech_exports	−0.0247***	−0.0136***	−0.0348***	−0.0098***	0.0474**	0.0173*
	（0.0074）	（0.0030）	（0.0080）	（0.0034）	（0.0213）	（0.0105）
resource	0.0139***	0.0039*	0.0132***	−0.0022	0.0649***	0.0234**
	（0.0040）	（0.0021）	（0.0048）	（0.0026）	（0.0167）	（0.0100）
BIT	0.3486**	0.0708	0.5866***	0.1106	−1.4537**	−0.0874
	（0.1632）	（0.0747）	（0.1713）	（0.0843）	（0.5697）	（0.2079）
FTA	0.7846***	0.3333***	−0.2668	−0.5608***	−0.1923	−0.2768
	（0.2917）	（0.1265）	（0.3912）	（0.1614）	（0.3747）	（0.3292）
rl	−0.8020***	−0.0845	−0.7005***	−0.1818**	−1.2163	−0.4217
	（0.1410）	（0.0681）	（0.1785）	（0.0879）	（1.8467）	（0.6632）

续表

	(1)	(2)	(3)	(4)	(5)	(6)
	全样本		发展中国家		发达国家	
	ln*ofdi*	ln*firm*	ln*ofdi*	ln*firm*	ln*ofdi*	ln*firm*
rl_dis	0.2296***	−0.0088	0.0280	−0.2980**	0.8049	0.2428
	(0.0794)	(0.0319)	(0.2221)	(0.1188)	(0.6170)	(0.2179)
Constant	−10.5222***	−6.2717***	1.5739	3.7883*	−16.7340***	−19.9757***
	(2.4570)	(1.1321)	(3.2673)	(1.9339)	(6.0708)	(2.3220)
First–F	22.2075	22.2075	12.6585	12.6585	26.8152	21.2872
Region Effects	Yes	Yes	Yes	Yes	Yes	Yes
Year Effects	Yes	Yes	Yes	Yes	Yes	Yes
N	822	724	592	510	230	214

5.1.4.3 稳健性检验

引力方程在对数线性化的过程中，由于Jensen不等式的存在，可能会使随机扰动项的零均值假定难以满足而导致模型存在内生性。因此，采用普通最小二乘法（OLS）进行估计的结果可能有偏。为此，Silva和Tenreyro（2006）建议采用泊松伪最大似然估计（Poisson Pseudo Maximum Likelihood，PPML），从而得到一致的估计结果。PPML较以往的引力模型估计方法（OLS，NLS等），估计偏误最小（郝景芳和马弘，2012），该方法目前已被广泛应用于引力方程的估计（Gil-Pareja et al.，2013）。

为检验估计结果的稳健性，本书采用PPML估计方法重新对样本进行了估计，估计结果如表5.5所示①。中国境外金融机构的建立显著促进了中国对东道国的直接投资，并具有异质性影响，主要促进了中国对发展中国家的对外直接投资。因此，整体而言，本书的估计结果具有稳健性。

① 由于利用PPML方法进行估计时，因变量必须大于等于0。而本书在以消除价格因素影响后的中国对各东道国对外直接投资流量的对数值作为因变量时，有6个样本值小于0，将此予以了剔除。同时，本书还分别直接以中国对各东道国对外直接投资流量的对数值和将消除价格因素影响后小于0的对数值替换为0作为因变量，估计结果仍然支持本书的结论。

表 5.5 境外金融机构对对外直接投资的影响：不同估计方法检验

	(1)	(2)	(3)	(4)	(5)	(6)
	全样本		发展中国家		发达国家	
	lnofdi	lnfirm	lnofdi	lnfirm	lnofdi	lnfirm
bank	0.0457***	0.0424***	0.0719***	0.0797***	0.0386***	−0.0106
	(0.0061)	(0.0116)	(0.0130)	(0.0270)	(0.0091)	(0.0184)
ln*distcap*	−0.0684**	−0.2306***	−0.2620***	−0.7624***	0.0384	−0.2117
	(0.0288)	(0.0596)	(0.0402)	(0.0957)	(0.0489)	(0.1384)
ln*gdp*	0.0631***	0.3069***	0.0768***	0.3333***	0.0528**	0.4050***
	(0.0085)	(0.0184)	(0.0097)	(0.0212)	(0.0224)	(0.0637)
gdpgrowth	0.0093***	0.0210***	0.0029	0.0093	0.0270***	0.0282
	(0.0028)	(0.0066)	(0.0030)	(0.0065)	(0.0090)	(0.0203)
ln*pgdp*	−0.0026	−0.1731***	−0.0074	−0.1753***	0.1193*	0.1217
	(0.0137)	(0.0396)	(0.0154)	(0.0452)	(0.0679)	(0.1786)
hightech_exports	−0.0018*	−0.0022	−0.0037***	−0.0063***	0.0017	0.0092*
	(0.0009)	(0.0017)	(0.0011)	(0.0018)	(0.0029)	(0.0050)
resource	0.0027***	0.0065***	0.0030***	0.0046***	0.0062**	0.0256***
	(0.0005)	(0.0014)	(0.0005)	(0.0015)	(0.0029)	(0.0086)
BIT	0.0593**	0.0626	0.0881***	0.0309	−0.0674	0.7478**
	(0.0265)	(0.0606)	(0.0265)	(0.0591)	(0.0796)	(0.3285)
FTA	0.0941***	0.2603***	−0.0207	−0.0780	0.0780	0.6063**
	(0.0337)	(0.0746)	(0.0485)	(0.1088)	(0.0781)	(0.2925)
rl	−0.1266***	−0.1164**	−0.0921***	−0.0124	0.3544	0.0186
	(0.0202)	(0.0489)	(0.0228)	(0.0519)	(0.3213)	(0.5390)
rl_dis	0.0583***	0.0646***	0.0593***	0.1147***	−0.1004	0.0057
	(0.0107)	(0.0222)	(0.0181)	(0.0350)	(0.1046)	(0.1843)
Constant	0.7277**	−3.6866***	2.1865***	0.5197	−1.5105*	−10.6307***
	(0.3139)	(0.6498)	(0.3607)	(0.7496)	(0.7988)	(1.4346)
Region Effects	Yes	Yes	Yes	Yes	Yes	Yes
Year Effects	Yes	Yes	Yes	Yes	Yes	Yes
N	856	781	635	571	221	210

5.1.5 结论与启示

互联互通被“一带一路”的官方文件称为“一带一路”建设的合作重点，“资金融通”和“贸易畅通”作为“一带一路”建设的重要组成部分，“资金融通”是否对“贸易畅通”具有促进作用？在近年来中国金融机构和实体经济企业同时加快“走出去”步伐的背景下，本节分别以中国金融机构境外布点和对外直接投资作为“资金融通”和“贸易畅通”的代理变量，考察了中国金融机构境外布点对中国对外直接投资的影响。理论分析表明母国金融机构境外布点有助于跨国企业克服信息不对称问题，通过降低企业海外经营风险、减少交易成本和缓解融资约束，以及促进企业研发创新与提高生产率等途径，促进母国企业对东道国的直接投资。基于中国2003—2014年对147个国家和地区的境外金融机构布点数据和对外直接投资数据以及《境外投资企业（机构）名录》数据，研究结果显示：中国金融机构境外布点不仅显著促进了中国对东道国的直接投资规模，还促进了投资的企业数量；金融机构境外布点对境外直接投资的促进作用具有异质性，主要促进了中国在发展中国家的投资。即使克服了模型中可能存在的内生性问题之后，上述结果依然成立。因此，本书的结果具有可靠性。

目前，无论是中国的金融类直接投资规模还是金融机构境外布点的覆盖率，均表明中国金融机构“走出去”的步伐远远落后于实体经济，尤其是“一带一路”沿线地区，金融市场发展的滞后，有效金融服务的缺失，很可能会阻碍中国境外投资的持续发展。因此，中国境外金融机构海外布局需要选择一套合理的策略。从区位上入手，结合“走出去”的区域特点，选择合适的战略模式，把握机遇，适时“走出去”。同时，吸取美、英、日、德等国家金融机构境外布局战略的经验与教训，围绕中资企业跨国经营的金融服务需求，通过多种途径完善海外机构布局，提高国际化金融服务的深度和广度。实现中国金融机构与实体企业“走出去”的并驾齐驱，为中国企业“走出去”插上金融的翅膀。

5.2　境外经贸合作区与“一带一路”倡议

随着各国政府积极推行全球化和自由化经济政策，所缔结的双边、多边国际投资协定对跨国投资的保护和促进作用日益增强。但数目繁多、内容繁冗的国际投资协定并不能有效地应对快速上升的制造业成本和复杂多变的海外投资环境。基于此，中国商务部从2006年开始筹建境外经贸合作区①，通过建立境外产业集群工业园区的形式为中国企业境外投资权益提供更好的保障，从而为中国企业境外投资搭建了新的平台。不同于传统的国际投资协定②，境外经贸合作区形式上主要借鉴了中国经济改革中成功的“特区”经验，因而，境外经贸合作区也成为中国向其他发展中国家输出经济发展经验的平台。

由于契合所在国经济和产业发展诉求，境外经贸合作区的合作模式受到东道国政府和当地社会民众的广泛认同，已经成为推进“一带一路”倡议和国际产能与装备制造合作的有效平台，是中国实现产业结构调整、全球产业布局的重要载体和“走出去”的重要名片。近年来，境外经贸合作区的建设步伐更不断加快，影响力和作用日益增强。2014年，中国商务部将境外经贸合作区定位为“一带一路”建设的重要承接点，并提出在“一带一路”沿线23个国家和地区建立77个境外经贸合作区的战略规划。“一带一路”官方文件《愿景与行动》中更是提出了“探索投资合作新模式，鼓励合作建设境外经贸合作区、跨境经济合作区等各类产业园区，促进产业集群发展”。因此，境外经贸合作区在“一带一路”建设中占有举足轻重的地位。研究如何有效建立和运行境外经贸合作区，不仅对促进中国对外直接投资具有重要的现实和理论意义，也将为有效推动中国“一带一路”的建设提供经验材料。

本节将在分析中国境外经贸合作区的现状与特点以及构建境外经贸合作区与“一带一路”建设“五通”的基础上，基于中国2003—2014年的境外直接投资数据，实证分析境外经贸合作区对中国对外直接投资的影响。

---

① 中国商务部官网关于境外经贸合作区的定义为，境外经济贸易合作区（Overseas Economic and Trade Cooperation Zone，OETCZ）是指“在中华人民共和国境内（不含港澳台地区）注册、具有独立法人资格的中资控股企业，通过在境外设立的中资控股的独立法人机构，投资建设的基础设施完备、主导产业明确、公共服务功能健全、具有集聚和辐射效应的产业园区”。

② 国际投资协定主要包括双边投资协定（Bilateral Investment Treaty，BIT）、双重征税条约、自由贸易协定（Free Trade Agreement，FTA)、区域一体化或合作协定以及复边和多边协议。

5.2.1 境外经贸合作区的现状与特点

5.2.1.1 分布现状

中国自2006年在巴基斯坦建立了第一个境外经贸合作区“海尔工业园”以来，根据《中国对外投资合作发展报告2015》，至2015年11月底，中国在建境外经贸合作区为75个，其中53个分布于“一带一路”沿线国家。目前，中国已建成的境外经贸合作区主要分布于南亚、非洲及东欧等欠发达地区，对促进和保护中国企业（尤其是中小企业）到这些制度相对落后国家的投资建设起了巨大的作用。其中，46%的国家属于“一带一路”沿线国家范围。

目前，境外经贸合作区内的投资行业主要以制造业为主导，涵盖能源、资源、建筑、农业、轻工、冶炼和电子等中国传统行业。每个合作区的投资规模大小不一，但都在1亿美元以上。同时，合作区所倡导的产业集聚和产能转移已经初现成效[①]。尽管根据各个境外经贸合作区投资的功能定位，商务部将境外经贸合作区划分为加工制造型、资源利用型、农业产业型、商贸物流型以及技术创新型和科技产业型等高科技园区等五种类型[②]，但是，就目前建成的境外经贸合作区而言，主要以前几种为主，高科技产业型境外经贸合作区较少，尤其是在“一带一路”沿线国家建设的经贸合作区。

由于缺乏值得借鉴的国际经验，合作区的建设也存在着一些不足：有的合作区由于前期吸引企业较少导致大量厂房空置与浪费；有的合作区定位不清导致大量的重复建设（Bräutigam & Tang，2013；张广荣，2013；洪联英和刘解龙，2011）。

---

① 截至2013年底，浙江省企业牵头的5家境外经贸合作区已经吸引119家企业入驻，共吸引投资14.98亿美元，当年实现产值48.6亿美元；入驻的企业大多数涉及纺织、制鞋、汽配、机械和化纤等产能过剩行业。俄罗斯乌苏里斯克合作区入驻的7家企业的固定资产投入已达3.75亿元。越南龙江工业园区第一家入驻企业海亮铜业有限公司投入建成7.1万吨的铜合金生产基地，可转移国内3.5万吨铜合金产能。倪刚辉（2014）提到了一个规避贸易摩擦的典型案例：面对美国轮胎特保案等贸易保护政策，杭州中策橡胶投资泰国罗勇工业园区建成轮胎生产基地，形成轮胎460万条/年和天然胶10万吨/年的产能，有效地避开了贸易壁垒。

② 各类型的具体内容见商务部和财政部联合印发的《境外经济贸易合作区考核办法》。

5.2.1.2 特点与作用

在中国对外直接投资高速增长的过程中，中国与其他国家签署的国际投资协定对中国对外直接投资的增长起了较大的促进作用。虽然FTA与BIT在国际上得到普遍认可与采用①，但是境外经贸合作区作为一种区域合作的方式比传统投资协定更加灵活，更加契合“一带一路”倡议的需求。比较而言，适合中国传统行业产能输出的对象国大多经济水平相对落后，很难在短时间内提供可以有效执行FTA或者BIT条款的制度保障。不同于FTA与BIT所注重的投资规范、投资自由化与便利化，境外经贸合作区可以灵活运用中国政府与发展中国家的外交关系，以“特区”的形式有效地保护中国投资者在这些相对落后的发展中国家的投资安全与利益。据此，商务部也在官方报告中将境外经贸合作区定位为“一带一路”建设的重要承接点，并于2014年提出在“一带一路”沿线23个国家和地区投入建设77个合作区的战略规划。

境外经贸合作区与BIT、FTA等传统国际投资协定的另一个显著区别在于，它不仅仅是为投资者提供“投资保护”的安全条款，更提供鼓励中国企业在境外投资的奖励政策。中国境外经贸合作区首先是由国家商务部牵头与政治稳定且与中国关系良好的国家政府达成协议，然后以国内审批通过的国有企业牵头作为建设经营主体与国外政府签约建设合作区。签约后，再由牵头企业对外招商，吸引国内外相关企业入驻，以抱团的形式进行对外直接投资，并形成境外产业集群（洪联英和张云，2011）。境外经贸合作区的运作模型主要体现为“政府为主导，企业为主体，市场化经营为原则”，其主导企业大多是国内经济实力较强且有国际经营经验的国有企业。对于审核授权后的合作区，中国政府将给予2亿~3亿元的财政支持和不超过20亿元的中长期贷款；而政府提供财政和贷款支持的原因在于境外经贸合作区为国内企业（特别是中小企业）提供了境外平台，方便国内企业以抱团的形式在国外经营并制定更加合理的规避风险策略。鉴于发展落后的国家往往制度水平

① 截至2011年，全球国际投资协定达到3164项目，其中BIT涵盖2833项，剩余项目大多数涵盖于FTA（关秀丽，2014），几乎所有WTO成员都参加了至少一个以上的FTA。

较低，存在较大的投资风险，特别是企业经营以外的风险（例如战争、动乱等），把中国企业以产业集群的形式建设在一起的境外经贸合作区，也可以更加方便东道国为合作区内的企业提供服务与保护。

除了有利于促进国际间经贸合作之外，境外经贸合作区对于中国国内经济结构的转型与升级同样发挥着重要的作用。自2008年国际金融危机以来，中国经济增长与资源环境冲突加剧，产能过剩突出，经济下行压力上升；另外，中国沿海制造业面临劳动力短缺和劳动力成本上升的双重困境，出口受挫且贸易摩擦愈演愈烈。2014年以来，中国经济进入新常态，经济增长放缓，严重的产能过剩造成银行不良资产规模的迅速上升，许多企业面临倒闭，大量工人面临下岗。面对机遇与挑战，加速过剩产能向外转移与加快产业结构升级成为必然（Bräutigam & Tang，2014）。境外经贸合作区将鼓励更多的企业加大对境外国家尤其是“一带一路”沿线国家的直接投资与建设，加速产能的输出，为国内的产业平稳升级提供时间上与资金上的支持与保障。境外经贸合作区鼓励出口企业到境外设厂生产，不仅可以利用签约国低廉的劳动力与原材料帮助中国企业降低制造成本、提高国际竞争力，还可以通过在签约国直接出口的形式有效规避国际上对中国出口限制所造成的贸易摩擦。由于合作区将中国原先直接出口的产品转移到境外生产并出口，合作区的推广与建设很可能在一定程度上减少中国的直接出口，对中国的出口产生“替代作用”。

面对日益复杂深刻的国际环境，境外经贸合作区的重要性逐渐凸显。尤其是2015年3月中国正式提出“一带一路”倡议规划与愿景，倡议在既有的与周边国家的双多边机制基础上，借用古代“丝绸之路”的文化沉淀，与“一带一路”沿线国家打造一个政治经济文化互通的利益共同体。依托于“一带一路”倡议和亚洲基础设施投资发展银行，对外直接投资已经成为中国与其他“一带一路”沿线国家紧密联系的纽带。由于中国“一带一路”倡议是一个以中国单边为主的开放式区域经济合作框架，其实施必须依托于中国现有诸多区域经贸协定的重组与整合。与此同时，在“一带一路”倡议范围内，面对大多数制度相对落后、投资风险较高的发展中国家，合作区对于境外投资权益的保障也起到了巨大的作用。在这样的背景下，境外经贸合作区的建设直接关系到“一带一路”倡议能否顺利实施。

已有文献将境外经贸合作区的战略与经济作用总结为以下几点：①规避北美和欧洲对中国直接出口限制所产生的贸易摩擦；②迅速提高境外对国产机器与设备的需求；③降低生产成本，向外转移过剩产能，促进国内产业升级；④促进产业集聚，以抱团的形式帮助中国优秀的中小企业“走出去”；⑤向落后国家介绍中国经济改革的先进经验，兼具援助的功能（Bräutigam & Tang，2014；贾玲俊和朱琳，2015；李丹和陈友庚，2015）。简言之，境外经贸合作区可以帮助中国企业“走出去”以更积极的姿态参与国际贸易和分工，更主动地分享和开拓国际市场，进一步提升中国的国际影响力，为中国的产业升级打下坚实的基础。

与本节研究密切相关的文献主要有三类：一是中国境外经贸合作区的相关研究；二是关于中国对外直接投资动因的研究；三是关于“一带一路”倡议中“五通”目标的研究。然而，目前关于境外经贸合作区的研究主要是运用案例分析和描述性讨论的方法，来阐述其产生背景、发展现状与作用，尚缺乏境外经贸合作区对中国经济具体影响的量化分析；关于中国对外直接投资动因的研究，现有文献主要从东道国的角度进行分析，而从母国角度进行研究的文献则缺乏针对中国政府促进境外投资的重大政策的量化分析；更重要的是，虽然“五通”在《愿景与行动》中被官方定为“一带一路”建设的合作重点，境外经贸合作区也被视为实现“一带一路”中“五通”的重要途径，但现有关于“一带一路”中“五通”的研究往往视角单一，无论是描述性分析，还是实证分析，都仅仅基于贸易、投资理论与数据简单地分析中国与“一带一路”沿线国家之间“五通”中贸易畅通的现状、所面临的挑战及影响贸易畅通的传统因素（地理距离、文化距离、贸易投资协定等），而鲜有文献量化分析境外经贸合作区对实现“一带一路”建设中“五通”目标的影响，更缺乏用以分析境外经贸合作区对实现“五通”目标影响的统一理论分析框架。

因此，现有研究的深度和广度与境外经贸合作区作为中国境外经贸合作新方式和中国“一带一路”建设重要承接点的重要定位极不相符。本节将以“境外经贸合作区”为切入点，尝试从新制度经济学的视角，构建一个境外经贸合作区与“五通”之间关系的理论框架，并基于中国2003—2014年的境外投资数据，实证分析境外经贸合作区对中国对外直接投资的影响，探究境外经贸合作区与“一带一路”建设中“设施联通、贸易畅通、资金融通”等目标之间的联系。

与现有文献相比，本节有如下创新点：一是首次构建一个理论框架并实证分析境外经贸合作区与“一带一路”建设中“设施联通、资金融通、贸易畅通”的关系；二是使用中国对东道国投资的企业个数作为因变量来分析境外经贸合作区（OETCZ）对中国OFDI的影响；三是探究其对不同动机OFDI的异质性影响。

5.2.2 理论分析和假设

本节将根据上述中国境外经贸合作区的内涵和目前的建设现状，基于新制度经济学的视角，来阐述境外经贸合作区及“一带一路”倡议中“互联互通”的内涵，从而探究两者之间的多重关系，并提出研究假设。

5.2.2.1 境外经贸合作区与对外直接投资

境外经贸合作区是指依据中国政府与东道国政府的谈判协议，引导并鼓励中国企业在东道国的特定区域所建立的具有集聚和辐射效应、基础设施完备、公共服务功能健全和主导产业完备的产业经济贸易合作园区。截至2016年4月，已在20个国家和地区建立了28个合作区，主要分布于南亚、非洲及东欧等欠发达地区，其中，一半的国家属于“一带一路”沿线国家。投资行业主要是能源、资源、农业、轻工、冶炼、电子等中国传统行业，园区类型主要为贸易加工型园区、工业园区和科技产业园等。

就境外经贸合作区的内涵而言，合作区是由中国政府与政治稳定、外交关系良好的国家，通过谈判签订协议，由东道国在特定的区域内，提供税收减免等相关的优惠政策和良好的营商环境的特殊区域[①]。因此，境外经贸合

---

① 境外经贸合作区的建立首先是中国政府与政治稳定、资源互补、外交关系良好的国家进行协商，确定基本的扶持政策，然后中国商务部再向中国的大型国有企业或有实力的民营企业公开招标，并在建设过程中对牵头企业的规划和实施进行实时监督和定期考察，提供必要的服务支持。关于国家对境外经贸合作区的政策支持，详见2010年中国商务部出台的《中国政府对境外经贸合作区的支持政策措施》http://www.mofcom.gov.cn/article/zt_jwjjmyhzq/subjectn/201004/20100406869369.shtml。

作区（OETCZ）一定程度上是两国政府间的高层次合作，是以政府间的协作为前提，由国家主导的政府行为。其本质上是中国与其他国家在有关限定区域内建立更加紧密双边经济贸易联系的一种制度安排，是中国政府首创的以两国优惠政策为依托、具有双方互惠互利特征的，在东道国所建立的跨境投资经济开发区（赵晓晨等，2012）。

根据理性选择制度主义理论，国家间的制度安排有助于降低合法的交易成本，促进两国间经济合作与发展（Keohane，2005）。而东道国稳定的政治经济环境是企业生存的基本保障（Delios & Henisz，2003），税收减免和准入限制放宽等政策则能为外资企业提供便利和降低成本，为企业投资的增长提供良好环境（Meyer & Nguyen，2005）。因此，境外经贸合作区作为东道国制度环境的一种替代性制度安排，为中国企业“走出去”提供了一种制度保障，具有降低企业在发展中国家投资风险的作用。因此，本书提出如下假设：

H1：境外经贸合作区作为东道国制度环境的一种替代性制度安排，有利于推动中国企业对外直接投资。

由于中国目前建成的境外经贸合作区主要分布在发展中国家，这些国家技术水平相对落后，中国企业难以在这些东道国获取到先进的技术资源，目标主要是更好地开发和利用东道国的市场和资源。因此，本书提出如下假设：

H2：境外经贸合作区主要促进了中国市场寻求型和资源利用型的对外直接投资。

5.2.2.2 境外经贸合作区、“一带一路”与“五通”

更重要的是，境外经贸合作区分布在诸多国家，既包括“一带一路”沿线国家，又包括非“一带一路”沿线国家，从目前境外经贸合作区建设的分布来看，截至2016年4月，中国已建成的28个境外经贸合作区中，其中16个分布于“一带一路”沿线的10个国家和地区。而由于“一带一路”和非“一带一路”沿线国家之间的经济发展和制度水平存在较大差异，境外经贸合作区对中国对外直接投资的影响大小也可能存在差异。因此，需要对“一带一路”和非“一带一路”沿线国家的样本分别进行考察。故而本书提出如下假设：

H3：境外经贸合作区对中国对外直接投资的影响在“一带一路”和非“一带一路”沿线国家之间可能存在差异。

如前文所述，“一带一路”的官方文件《愿景与行动》指出“一带一路”倡议“互联互通”的合作重点为“政策沟通、设施联通、贸易畅通、资金融通、民心相通”，并特别强调了境外经贸合作区在实现互联互通中的作用。为更加深入地分析境外经贸合作区与“五通”之间的关系，下文将基于新制度经济学理论提出一个理论分析框架。

根据新制度经济学理论，制度是影响人类行为的一系列规则与约束，主要包括法律、经济合约等正式规则，以及文化意识形态为基础的认知规范等非正式规则（North，1990）。Williamson（2000）进一步提出了四层次制度理论：第一，风俗、传统、宗教、文化、意识形态等没有明文规定或法律保护的非正式制度；第二，宪法、法律、司法、产权、政体等正式制度或博弈规则；第三，公司治理、政府治理、交易治理等治理机制；第四，基于市场等的具体资源配置机制等。而每个层次制度变迁的时间不同，从第一层次到第四层次的制度演化所需要的时间逐渐减少：非正式制度的演化至少需要上千年；正式制度的变迁在基本制度环境的基础上演变，比第一层次的非正式制度发生得更快，但仍相对缓慢，周期大致在10~100年；而第三层次制度的形成时间较短，需要1~10年；第四层次的市场等资源配置制度形成时间最短，当前就可以形成。

基于上述视角，可以将“互联互通”中的“政策沟通、设施联通、贸易畅通、资金融通、民心相通”的“五通”分别归结为不同层级的制度目标，其中“民心相通”属于第一层次的非正式制度，“政策沟通、设施联通、贸易畅通、资金融通”则属于Williamson（2000）所提出的第三、第四层次的经济制度。而境外经贸合作区作为东道国替代性制度的安排，是“政策沟通”的成功范例，因此也属于第三、第四层次制度。东道国的政治参与度、政权稳定性、政府效率、监管质量、腐败控制和法治规则等基础性的政治和法律制度则属于第二层次的正式制度。

由于更底层制度是高层制度赖以存在的基础，低层级制度对高层级制度是互补的关系，而同一层级多种制度之间则可以相互替代。因此，基于新制度经济学中关于制度演化以及各种制度之间关系的规律，本书提出H4和H5，以描述境外经贸合作区与“一带一路”“五通”之间的关系。

H4：境外经贸合作区的建立与东道国基础性的政治、法律等正式制度以及民心相通呈现互补关系[①]。

H5：境外经贸合作区的建立与中国与东道国之间的设施联通、贸易畅通、资金融通呈替代关系。

换言之，东道国基础性的政治、法律等正式制度的水平是境外经贸合作区顺利建立与发展的前提条件；而境外经贸合作区则可以通过为东道国提供设施联通、贸易畅通和资金融通等替代渠道来作为影响对外直接投资的具体作用机制：

第一，境外经贸合作区与设施联通。中国政府在东道国设立的境外经贸合作区建立了完善的基础设施，可以弥补东道国基础设施的不足。Kumar（2001）的研究表明完善的基础设施有助于形成集聚经济，降低运输成本，从而吸引更多的外商直接投资。Blyde和Molina（2015）认为完善的物流基础设施降低了运输和协调成本，显著增加了东道国垂直型外商直接投资，特别是高度依赖物流服务的行业。因此，境外经贸合作区内建立的基础设施起到了设施联通的作用，有助于促进中国对东道国的直接投资。

第二，境外经贸合作区与贸易畅通。境外经贸合作区与其他相关的投资贸易协定相比，针对性强，相对灵活，更加契合东道国的产业诉求和经济发展要求。境外经贸合作区的建立首先是由中国商务部牵头与中国资源优势互补、政治经济关系良好的目标国商议，确定基本的扶持政策；之后，以公开招标的形式面向具有一定实力的中国大型企业招标；最后，中标的牵头企业与目标国签订更加具体的政策支持协议，在中国政府的监督和扶持下建设园区，吸引中小企业入驻；此外，境外经贸合作区建设完成后还需要接受中国政府的考核。因此，境外经贸合作区在促进中国对外直接投资的过程中能起

① 民心相通是“一带一路”建设的社会根基，包括旅游活动、科教交流和民间往来等活动，强调了人民友好往来，增进相互了解和传统友谊，反映了国家间的社会和民意基础。境外经贸合作区可能通过员工培训、员工参加公共活动等增进民心相通。但是由于民心相通深受当地文化影响，境外经贸合作区是促进民心相通的一种方式，其建立对民心相通可以起到一种补充作用，并不能完全代替民心相通。

到替代其他双边投资和贸易协定的作用。

第三，境外经贸合作区与资金融通。境外经贸合作区是由大型企业主导建设、吸引中小企业“抱团”入驻而形成的产业链比较完整的产业集群。每个境外经贸合作区都有明确的主导产业和清晰的功能定位。根据产业集群理论，境外经贸合作区在东道国形成的产业集群有利于形成规模经济，实现集群内的企业信息共享，降低企业之间的交易成本，促进企业之间的合作，从而提高企业的劳动生产率（Marshall，1920；Weber，1929）。已有的研究也表明产业集群还有助于改善集群内企业所面临的履约环境和融资环境（Ruan & Zhang,2009;Long & Zhang,2011；龙小宁等,2015）。中国企业在“走出去”的过程中，往往面临融资约束问题（田巍和余淼杰,2012；王碧珺等,2015）。面对中国和东道国不完善的金融体系，中国通过在东道国建立境外经贸合作区而形成产业集群，可以缓解中小企业的融资困难，减少中小企业面临的融资制度因素的约束。

5.2.3 模型、变量与数据

本节将根据上一节的理论假设，构建回归模型，并基于中国2003—2014年的境外投资数据，实证检验境外经贸合作区对中国境外直接投资的影响。

5.2.3.1 模型构建

自贸易引力模型建立以来，诸多学者对其进行了深入研究和扩展，并将其广泛应用于分析国际贸易问题中的双边贸易流量、跨国直接投资和跨国并购等问题（Tinbergen，1962；Eaton & Tamura，1994；Buckley et al.，2007）。因此，参照以上研究并结合前文所提出的理论假设，将模型设定如下：

$$\ln Y_{it}=C+\alpha\ln GDP_{i,t-1}+\beta TC_{i,t-1}+\gamma\ln Dis_{i,t-1}+\theta X_{i,t-1}+\mu_t+\varepsilon_{it} \quad (5.2)$$

其中，i表示东道国，t表示年度；Y_{it}为因变量，即中国第t年在i国进行对外直接投资（OFDI）企业数量或有不同投资动机的对外直接投资企业数量；$TC_{i,t-1}$为核心自变量境外经贸合作区。根据理论假设，本书还构造了境外经贸合作区与东道国制度、基础设施、金融发展、孔子学院等交互项，以分析境外经贸合作区与“一带一路”倡议中“五通”之间的关系；$GDP_{i,t-1}$

为i国$t-1$年的GDP；$Dist_{i,t-1}$为中国与东道国之间的距离成本[①]；$X_{i,t-1}$为其他控制变量；μ_t为年度固定效应，用于控制随时间变化宏观经济波动；C为常数，ε_{it}为随机误差项。对各国而言，中国每年的GDP变量相同，在年份上的差异则为年份固定效应所控制，因而略去。为减缓由于东道国的经济环境与国际投资之间存在双向因果关系而导致的内生性问题，将有关东道国环境的控制变量均滞后一期。

5.2.3.2 变量说明

（1）被解释变量

本书采用中国在东道国对外直接投资的企业数量来衡量境外投资，主要基于以下两点考虑：一是中国境外经贸合作区的主要目标之一即是由国内实力雄厚且投资经验丰富的国有企业牵头建立，推动园区建设和招商引资，来帮助中小企业“抱团走出去”；而近年来中国“走出去”的企业中，也确实看到越来越多中小型民营企业的身影。因此，以中国境外企业名录数据中包含的企业数量作为被解释变量来考察境外经贸合作区对境外直接投资的作用较为合适。二是中国境外企业名录数据库信息丰富，不仅包含境内企业所投资的国家或地区、所属省市，还包含了投资企业的具体经营范围等信息，利用此数据除了可以考察境外经贸合作区对中国境外投资企业数量的影响，还可以考察境外经贸合作区对不同经营范围（投资动机）投资企业的影响。

（2）解释变量

本书的核心解释变量境外经贸合作区为二元变量。即如果中国t-1年在i国开始建设境外经贸合作区，其值在t年及t年之后为1，否则为0。

（3）控制变量

参考以往的研究，本书还控制了其他影响中国对外直接投资的双边因素和东道国因素。其中，双边因素主要包括双边投资协定（BIT）和自由贸易协定（FTA），东道国因素包括东道国的市场、资源、技术水平和制度质量

---

① 本书遵循蒋殿春和张庆昌（2011）的方法，用双边距离和国际原油价格的乘积来衡量距离成本。其原因如下：一是由于双边之间的地理距离是恒定不变的，在采用个体固定效应模型估计引力模型时，不能被识别。二是距离成本与航运成本等因素相关。

（Deng，2003；Eric & Spess，2004；Buckley，2008；宗芳宇等，2012）。

双边因素。双边投资协定从法律层面上对投资者提供鼓励和保护，是境外投资者的一个重要保护工具。根据UCTAD官网，截至2015年8月，中国已经与其他国家签订145个双边投资协定，其中生效110个，废止14个，签订未生效21个；而现有研究关于双边投资协定对境外投资的影响并没有达成一致结论（Aisbett，2009；Busse et al.，2010；宗芳宇等，2012；杨宏恩等，2016）。

自由贸易协定中也包含有一些投资保护条款，一定程度上为国家之间的国际投资提供了保护。截至2016年9月，中国与世界上22个国家和地区签订了14条自由贸易协定（FTA）。已有研究表明两国之间自由贸易协定的签订有利于国家之间的投资和贸易往来（Eric & Spess，2004；李嘉楠等，2016）。

BIT和FTA均为虚拟变量，由于协定签订之后就能够起到引导企业到东道国投资的作用，因此，本书分别采用BIT和FTA的签订年份来衡量其对中国对外直接投资的影响，即协定签订和签订之前为0，签订之后为1。

东道国因素。参照Buckley 等（2007）、蒋冠宏和蒋殿春（2012）、王碧珺（2013）等的研究，本书分别采用东道国GDP规模、人均GDP和GDP增长率测度企业的市场寻求型动机；利用东道国矿石和金属出口占总出口的比重衡量企业的资源寻求型动机；使用东道国高科技产品占总出口的比重表示企业的技术寻求和技术开发型动机。并采用世界银行全球治理指数中监管质量、法律质量、腐败控制、政府效率、政治稳定性以及话语权和问责制等六个指数的平均值衡量东道国的制度质量。此外，本书在考察境外经贸合作区与“一带一路”倡议“五通”之间的关系时还采用了东道国基础设施和金融发展水平以及中国在东道国所建立的金融机构数量的变量，详见后文分析。

5.2.3.3 样本区间选择与数据来源

由于中国从2003年才开始正式公布对外直接投资数据，因此，本书选取了2003—2014年与中国进行经贸往来的178个国家和地区为样本。关键变量的数据来源如下：OFDI项目信息数据来源于商务部网站的《中国境外投资企业（机构）名录数据库》[1]；境外经贸合作区的数据手工收集于中国商务部和各省商务厅以及对外贸易经济合作厅官网；FTA数据来源于中国自由贸易服务网；BIT数据来源于联合国贸发会议（UNCTAD）的BIT数据库，并与中国商务部公布的中国对外签订双边投资协定一览表逐一进行核对；东道国GDP、人均GDP、GDP增长率、资源、技术水平数据均来源于世界银行的世界发展指标（WDI）；中国与东道国之间的地理距离数据来源于CEPII数据库；每年加权的国际原油价格数据来源于IMF中的世界经济展望（World Economic Outlook）数据库；东道国制度质量数据来源于世界银行的全球治理指数（World Governance Indicator）。需要说明的是，文中所有的宏观变量均利用以2005年为基期的美元GDP平减指数进行了价格平减。

文中主要变量的定义、描述性统计如表5.6所示。由表5.6可以看出，样本期间中国在东道国不同动机下对外直接投资企业的平均数量从大到小依次为市场寻求型、资源寻求型以及技术寻求和利用型；中国在“一带一路”沿线国家对外直接投资企业的平均数量显著大于非“一带一路”沿线国家，而且在“一带一路”沿线国家资源和市场寻求型企业的平均数量显著大于非“一带一路”沿线国家，技术寻求和利用型平均企业数量“一带一路”沿线国家则小于非“一带一路”沿线国家，但差别不显著；中国在“一带一路”沿线国家境外经贸合作区的平均分布数量亦显著大于非“一带一路”沿线国家，样本期间中国所建立的境外经贸合作区（OETCZ）遍布14个国家和地区，其中，8个位于“一带一路”沿线国家，中国与东道国签订的双边投资协定和自由贸易协定的平均数量“一带一路”沿线国家也显著大于非“一带一路”沿线国家；“一带一路”沿线国家的平均GDP总量和GDP增长率显著大于非“一带一路”沿线国家，但是“一带一路”沿线国家的人均GDP显著小于非“一带一路”沿线国家，因此，整体而言，相对于非“一带一路”沿

① 该数据库包含了从1980年以来直到现在的所有中国对外直接投资企业信息（截至2014年底，共有189个境外经济体24229条境外企业信息），包括了证书编号（商务部负责境外设立企业的核准，编号为核准证书编号）、东道国、境内投资主体名称、境外投资企业名称、境内企业归属省市（分为中央企业、省级行政区、计划单列市）、境外企业的经营范围、核准日期等7个指标。

线国家，“一带一路”沿线国家的经济发展水平较低，但是增长潜力较大；“一带一路”沿线国家矿石和金属出口的比重显著小于非“一带一路”沿线国家，其原因在于：尽管“一带一路”沿线部分国家矿产资源比较丰富，与我国具有很强的互补性，但是世界上矿产资源的产量大国均不属于“一带一路”沿线国家，比如铁矿、铅矿、金矿、银矿和铝矿等资源比较丰富的澳大利亚，铜矿的主要生产国：智利、阿根廷和巴拿马等，铝矿的主要生产国几内亚、巴西和牙买加等；此外，相对于非“一带一路”沿线国家，“一带一路”沿线国家的平均制度质量、基础设施和金融发展水平较低。

5.2.4 实证结果及解释

根据前文的理论假设和回归模型，本节实证分析境外经贸合作区对中国对外直接投资的影响，以及境外经贸合作区与“一带一路”倡议“五通”目标实现之间的关系。

5.2.4.1 基本估计结果

（1）境外经贸合作区对中国对外直接投资的影响

表5.7报告了境外经贸合作区对中国对外直接投资影响的基本回归结果，第（1）列仅控制了基本引力模型变量，为确保实证估计结果的稳健性，第（2）列至第（5）列依次加入其他控制变量。从估计结果来看，境外经贸合作区的建立显著促进了中国对东道国的对外直接投资，为H1提供了实证支持。原因在于：自由贸易协定（FTA）和双边投资协定（BIT）的投资条款在制度水平落后的国家和地区很难短时间内得到有效执行，而中国在东道国建立境外经贸合作区，通过灵活地运用中国政府与东道国之间稳定的政治关系，以“特区”的形式为中国中小企业“走出去”提供了一个平台，有效保护了企业在经济和制度水平比较落后的国家和地区进行投资的安全。

其他控制变量的估计结果也与现有文献的发现基本一致，其中，两国之间距离成本的符号显著为负，表明中国与东道国之间的距离成本阻碍中国对东道国的投资；东道国的GDP规模和GDP增长率显著为正，表明中国企业对外直接投资具有市场寻求的动机；东道国人均GDP的系数显著为负，表明

表 5.6　变量含义与描述性统计

变量	变量含义	全部		“一带一路”沿线国家		非“一带一路”沿线国家		t 统计量
		样本	均值	样本	均值	样本	均值	
ln*ofdi*	OFDI 企业数量（个）	2484	0.8617 （1.3043）	768	1.1107 （1.3964）	1716	0.7502 （1.2452）	6.4172***
ln*market*	市场寻求型 OFDI 企业数量（个）	2484	0.9125 （1.2093）	768	1.1706 （1.2569）	1716	0.7970 （1.1694）	7.1881***
ln*resource*	资源利用型 OFDI 企业数量（个）	2484	0.3335 （0.7118）	768	0.4724 （0.8692）	1716	0.2713 （0.6191）	6.5645***
ln*tech*	技术寻求和利用型 OFDI 企业数量（个）	2484	0.1930 （0.5453）	768	0.1858 （0.4478）	1716	0.1962 （0.5838）	–0.4415
TC	境外经贸合作区	2484	0.0330 （0.1787）	768	0.0625 （0.2422）	1716	0.0198 （0.1394）	5.5348***
BIT	双边投资协定	2484	0.4195 （0.4936）	768	0.6745 （0.4689）	1716	0.3054 （0.4607）	18.3537***
FTA	自由贸易协定	2484	0.0668 （0.2498）	768	0.1641 （0.3706）	1716	0.0233 （0.1509）	13.4414***
ln*gdp*	东道国 GDP 对数值（万美元）	2090	23.6081 （2.3877）	684	24.1561 （1.6952）	1406	23.3415 （2.6196）	7.4118***
ln*pgdp*	东道国人均 GDP 对数值（万美元）	2083	8.1937 （1.6263）	684	8.0899 （1.3078）	1399	8.2444 （1.7594）	–2.0380**

续表

变量	变量含义	全部		“一带一路”沿线国家		非“一带一路”沿线国家		t 统计量
		样本	均值	样本	均值	样本	均值	
gdpgrowth	东道国 GDP 增长率（%）	2097	4.1648 （5.6488）	686	5.3808 （5.5071）	1411	3.5737 （5.6241）	6.9506***
ln*dist*	两国之间的距离成本	2340	13.2927 （0.6690）	708	8.5509 （0.3814）	1632	9.1882 （0.4761）	−31.5019***
resource	东道国矿石和金属占总出口的比重（%）	1670	8.2983 （14.2658）	551	5.9000 （8.8088）	1119	9.4793 （16.1681）	−4.8535***
high_exports	东道国高科技产品出口占其总出口的比重（%）	1630	9.2661 （11.8531）	535	8.8982 （13.5384）	1095	9.4458 （10.9379）	−0.8757
institution	东道国平均制度水平	2484	−0.0190 （0.8952）	768	−0.2523 （0.7215）	1716	0.0854 （0.9445）	−8.8226***
finance	东道国金融发展水平	1864	−9.35e−17 （0.9055）	644	−0.0606 （0.7095）	1220	0.0320 （0.9923）	−2.1007**
infrasture	东道国基础设施水平	1669	0.0537 （1.5954）	568	0.0252 （1.5039）	1101	0.0684 （1.6411）	−0.5241
confucius	东道国孔子学院数量（个）	2508	1.2951 （15.7945）	768	0.4193 （1.6281）	1740	1.6816 （18.9204）	−1.8457*

注：括号内数值为标准差；***、** 分别表示在 1%、5% 的水平上显著。

东道国劳动力成本阻碍了中国对东道国的直接投资；东道国高科技产品占总出口的比重符号为负但不显著，表明中国企业在东道国具有一定程度的技术开发型动机①，也与现有文献一致；双边投资协定（BIT）的符号为正，表明双边投资协定（BIT）的签订对中国对外直接投资具有一定的促进作用。由于自由贸易协定（FTA）包含了投资条款，而且其中的投资条款相对于双边投资协定（BIT）更具有灵活性和可操作性，本书的结果显示自由贸易协定（FTA）显著促进了中国对外直接投资。东道国制度水平显著为正，表明东道国良好的制度水平是中国对该国进行直接投资的保障。

表5.7　境外经贸合作区对中国对外直接投资影响的基本回归结果

	（1）	（2）	（3）	（4）	（5）
	ln*ofdi*	ln*ofdi*	ln*ofdi*	ln*ofdi*	ln*ofdi*
TC	0.5852*** （0.1064）	0.5618*** （0.1145）	0.5550*** （0.1146）	0.5202*** （0.1216）	0.5106*** （0.1200）
ln*gdp*	0.2962*** （0.0276）	0.2840*** （0.0312）	0.3171*** （0.0326）	0.3318*** （0.0379）	0.3476*** （0.0383）
ln*dist*	–0.7673*** （0.1459）	–0.6141*** （0.1277）	–0.5982*** （0.1301）	–0.5526*** （0.1520）	–0.5898*** （0.1460）
BIT		0.0547 （0.0955）	0.0618 （0.0958）	0.0198 （0.1128）	0.0134 （0.1136）
FTA		0.7815*** （0.1784）	0.7825*** （0.1770）	0.7025*** （0.1704）	0.6927*** （0.1654）
ln*pgdp*			–0.1077*** （0.0357）	–0.1330*** （0.0409）	–0.2356*** （0.0654）
gdpgrowth			0.0067*** （0.0023）	0.0118*** （0.0039）	0.0137*** （0.0042）
resource				0.0007 （0.0036）	–0.00004 （0.0039）

① 东道国技术对中国OFDI的影响是双重的。一方面，技术寻求（Technology-Seeking）表明国际资本是以获取东道国技术为目的的，这种技术寻求动机和“技术溢出”假说密切相关（Driffield & Love，2003；Fosfuri & Motta，1999）；另一方面，技术开发型（Technology-Exploiting）意味着企业的OFDI行为是为了利用其技术优势（Driffield & Love，2003），这种动机可以利用传统的OLI理论解释（Dunning，1981）。

续表

	（1）	（2）	（3）	（4）	（5）
	ln*ofdi*	ln*ofdi*	ln*ofdi*	ln*ofdi*	ln*ofdi*
high_exports					−0.0026 （0.0026）
institution					0.1995* （0.1094）
Constant	0.1949 （1.5779）	−0.9589 （1.4362）	−1.0343 （1.4437）	−1.6771 （1.7450）	−0.8934 （1.6850）
N	2007	2007	1998	1590	1540

注：括号内数值为稳健性标准误；***、**、* 分别表示在 1%、5%、10% 的水平上显著；表 5.8 至表 5.10 同。

（2）境外经贸合作区对不同动机下中国对外直接投资的异质性影响

“一带一路”倡议是按照优势互补、互利共赢的原则，与沿线国家和地区建立新的分工模式，以互联互通的形式，引领沿线国家和地区，实现共同发展（安虎森和栾秋琳，2017）。而目前，中国正在形成的经济网络空间、资源整合、人力资本、市场开拓等新的地缘、资源、人口和主体等比较优势，正是中国“一带一路”倡议成功实施的关键（高丽娜和蒋伏心，2017）。境外经贸合作区正是中国基于这些新的比较优势，与“一带一路”沿线国家和地区开展产业合作的重要载体。因此，本书通过考察境外经贸合作区对中国不同投资动机对外直接投资的异质性影响，分析境外经贸合作区是否可以成为发挥中国新比较优势的重要途径。具体而言，本书根据中国商务部公布的境外企业名录，按照企业的经营范围将其分为市场寻求型、资源开发型和技术寻求和技术开发型①。

表5.8为境外经贸合作区对中国对外直接投资异质性影响的估计结果。

① 在分类过程中，本书将经营范围中含有开拓市场、产品销售等关键词的企业归为市场寻求型；将经营范围中含有矿产资源开发、石油和天然气勘探、森林采伐等与东道国自然资源开发相关的关键词的企业归为资源开发型；将经营范围含有技术研发、产品研发等有关高科技类型的企业划分为技术寻求和技术开发型。对于依据企业经营范围的关键词不能归类的企业，再根据企业名称和经营范围，结合互联网查询企业的资料，进行综合判断，并手动逐条归类。

其中，第（1）列和第（2）列、第（3）列和第（4）列、第（5）列和第（6）列分别展示境外经贸合作区对中国市场寻求型、资源利用型、技术寻求和技术开发型境外投资的影响。基于表5.8的估计结果，本书发现无论是仅加入引力模型中的基本控制变量，还是加入影响对外直接投资的其他控制变量，现阶段境外经贸合作区对中国对外直接投资的促进作用都主要体现在市场寻求型和资源利用型的企业中，而对技术寻求型的对外直接投资并没有产生显著影响。这些发现支持H2，原因可能在于，虽然中国建立的境外经贸合作区具有鼓励高新技术和产品研发的意图，但由于目前中国境外经贸合作区的建设还处于初级阶段，并且已建立的境外经贸合作区主要分布于发展中国家和地区，这些国家和地区的技术水平相对落后，导致中国企业在这些国家和地区难以获得先进的技术，因而尚未起到对技术寻求型对外直接投资的促进作用。其他控制变量的基本结果也与现有文献基本一致。

表5.8 境外经贸合作区对中国对外直接投资的异质性影响

	（1）	（2）	（3）	（4）	（5）	（6）
	市场寻求型		资源利用型		技术寻求和技术开发型	
	ln*ofdi*	ln*ofdi*	ln*ofdi*	ln*ofdi*	ln*ofdi*	ln*ofdi*
TC	0.4423*** （0.0829）	0.3894*** （0.0900）	0.4558** （0.1782）	0.3917* （0.2093）	0.1029 （0.0914）	0.0939 （0.1094）
ln*gdp*	0.2846*** （0.0248）	0.3344*** （0.0347）	0.0833*** （0.0173）	0.1108*** （0.0231）	0.0909*** （0.0161）	0.1037*** （0.0239）
ln*dist*	–0.7219*** （0.1294）	–0.5601*** （0.1298）	–0.3349*** （0.1144）	–0.1822* （0.0990）	–0.2503*** （0.0902）	–0.2521*** （0.0808）
BIT		0.0224 （0.1052）		–0.0080 （0.0789）		–0.1118 （0.0943）
FTA		0.5713*** （0.1600）		0.5601*** （0.1704）		0.1235 （0.2106）
ln*pgdp*		–0.2313*** （0.0562）		–0.0641 （0.0404）		–0.0240 （0.0237）
gdpgrowth		0.0138*** （0.0034）		0.0031 （0.0030）		0.0040* （0.0024）
resource		–0.0022 （0.0034）		0.0060* （0.0035）		–0.0003 （0.0016）

续表

	（1）	（2）	（3）	（4）	（5）	（6）
	市场寻求型		资源利用型		技术寻求和技术开发型	
	ln*ofdi*	**ln*ofdi***	**ln*ofdi***	**ln*ofdi***	**ln*ofdi***	**ln*ofdi***
high_exports		−0.0029 （0.0021）		−0.0011 （0.0020）		−0.0027 （0.0017）
institution		0.2024** （0.0923）		−0.0075 （0.0733）		0.1010** （0.0486）
Constant	0.1349 （1.3807）	−0.7669 （1.4879）	1.1124 （1.2010）	−0.5026 （1.1054）	0.1507 （0.8935）	0.0665 （0.8811）
N	2007	1540	2007	1540	2007	1540

5.2.4.2　境外经贸合作区、“一带一路”与“五通”

（1）境外经贸合作区、“一带一路”与中国对外直接投资的异质性影响

如前文所述，“一带一路”和非“一带一路”沿线国家和地区之间的经济发展和制度水平存在较大差异，以及境外经贸合作区在“一带一路”建设中被赋予重要地位，本书分别对“一带一路”与非“一带一路”沿线国家和地区样本进行了分析，考察境外经贸合作区在两者之间对中国对外直接投资的影响是否存在差异，以检验H3。估计结果如表5.9所示，其中第（1）列至第（4）列为分样本回归，第（5）列为采用交互项的总样本回归。从第（1）列至第（4）列分样本的估计系数来看，境外经贸合作区对非“一带一路”沿线国家和地区的对外直接投资的促进作用相对大一些，但表5.9第（5）列的回归结果表明，境外经贸合作区对“一带一路”与非“一带一路”沿线国家和地区之间促进作用的差异并不显著。因此，就目前而言，境外经贸合作区对“一带一路”与非“一带一路”沿线国家和地区之间的促进作用还不存在显著的差异。

表5.9　境外经贸合作区、“一带一路”与中国对外直接投资的异质性影响

	（1）	（2）	（3）	（4）	（5）
	“一带一路”沿线国家		非“一带一路”沿线国家		全样本
	ln*ofdi*	**ln*ofdi***	**ln*ofdi***	**ln*ofdi***	**ln*ofdi***
TC	0.4764*** （0.1504）	0.4516*** （0.1635）	0.7071*** （0.1330）	0.6292*** （0.1358）	0.6604*** （0.1314）

续表

	(1)	(2)	(3)	(4)	(5)
	“一带一路”沿线国家		非“一带一路”沿线国家		全样本
	ln*ofdi*	**ln*ofdi***	**ln*ofdi***	**ln*ofdi***	**ln*ofdi***
TC_belt_road					−0.2741 (0.2016)
ln*gdp*	0.4783*** (0.0676)	0.4954*** (0.0894)	0.2890*** (0.0299)	0.3362*** (0.0408)	0.3475*** (0.0383)
ln*dist*	−2.2237*** (0.2551)	−1.7996*** (0.2385)	−0.7844*** (0.2266)	−0.8270*** (0.1993)	−0.5964*** (0.1462)
BIT		0.3326* (0.1975)		−0.1096 (0.1262)	0.0136 (0.1128)
FTA		0.5167** (0.2307)		0.7311*** (0.2137)	0.7072*** (0.1626)
ln*pgdp*		−0.0989 (0.1291)		−0.2147*** (0.0748)	−0.2340*** (0.0656)
gdpgrowth		0.0116** (0.0059)		0.0094 (0.0060)	0.0135*** (0.0042)
resource		−0.0015 (0.0055)		−0.0001 (0.0043)	−0.0002 (0.0039)
high_exports		−0.0127* (0.0074)		−0.0012 (0.0026)	−0.0025 (0.0025)
institution		0.0950 (0.1920)		0.1423 (0.1281)	0.1953* (0.1098)
Constant	7.8643*** (2.7887)	4.3164* (2.3393)	0.7151 (2.1896)	1.6378 (2.1859)	−0.8440 (1.6892)
N	630	511	1377	1029	1540

（2）境外经贸合作区、“五通”与对外直接投资

“政策沟通、设施联通、贸易畅通、资金融通、民心相通”被视为“一带一路”建设中互联互通的合作重点，境外经贸合作区作为中国“一带一路”建设中经贸合作的新模式对中国对外直接投资的影响是否与“五通”之间存在关联呢？为此，本节基于前文提出的H4和H5，来实证检验境外经贸合作区、“设施联通、贸易畅通、资金融通、民心相通”之间的交互影

响，即境外经贸合作区对中国企业“走出去”的促进作用是否与东道国的基础设施建设、金融发展水平以及双边经贸关系等因素相关联。其中，采用主成分分析法，将东道国基础设施和金融发展的多维变量分别整合成一维的本国基础设施和金融发展评价指数①，分别分析境外经贸合作区与“设施联通、资金融通”对中国对外直接投资的交互影响；贸易畅通的水平则通过是否签订了自由贸易协定（FTA）与双边投资协定（BIT）来衡量；用中国每年在东道国所建立的孔子学院的数量来表示“民心相通”。表5.10报告了境外经贸合作区与“五通”之间关系的估计结果，其中，第（1）列为全部国家和地区样本，第（2）列为“一带一路”沿线国家和地区样本，第（3）列为非“一带一路”国家和地区样本②。由表5.10第（1）列的估计结果可知，东道国制度水平与境外经贸合作区之间的交互项显著为正，表明境外经贸合作区与东道国的基本制度水平之间呈现互补的关系，即良好的东道国基本制度质量是境外经贸合作区促进中国对东道国直接投资的必要条件，验证了H4。其原因在于相对于东道国的政治民主度、政权稳定性、政府效率、监管质量、腐败控制和法治规则等基本的制度水平，境外经贸合作区作为东道国替代性的制度安排，属于更高层次的制度等级，根据新制度经济学中的制度演化理论，更高层次的制度需要以较低层次的制度为基础，二者之间呈互补关系。

同时，本书发现，境外经贸合作区与东道国金融发展和贸易畅通水平等相应指标的交叉项对OFDI呈负向影响，具体如下：境外经贸合作区分别与东道国金融发展之间交互项的系数为负，其原因可能在于境外经贸合作区形成了中小企业产业集群，而产业集群能够改善企业融资环境，缓解园区内企

① 基础设施评价指数包括每百人固定宽带互联网用户、移动蜂窝式无线通信系统的电话租用（每百人）、航空运输货运量（百万吨/公里）、城市改善的水源（获得改善水源的城市人口所占百分比）。金融发展评价指数分别包括金融发展深度，采用流动性负债占GDP的比重来表示；金融系统的效率，利用银行信贷占其总存款的比重表示；银行系统规模，用储蓄货币银行资产占中央银行和其他商业银行总资产的比重表示；银行系统效率用Z值（Z-score）表示。

② 由于样本期间非“一带一路”沿线国家间没有国家同时存在FTA和境外经贸合作区的国家，因此，表5.10第（3）列没有报告境外经贸合作区与FTA之间交互项的估计结果。

业的融资约束，从而助力中国企业“走出去”[①]；最后，境外经贸合作区与双边投资协定、自由贸易协定交互项的系数显著为负，表明境外经贸合作区与双边之间的经贸协定呈现显著的替代关系。对于上述结果，本书的解读是境外经贸合作区与“资金融通和贸易畅通”等是处于同一层级的制度，而同一层级的制度可以相互替代，因此，以上实证结果验证了H5。而“民心相通”相对于境外经贸合作区属于更底层的制度，两者具有互补的关系。综上所述，以上实证结果验证了H5和H4。

与前文一致，表5.10第（2）列、第（3）列也报告了“一带一路”和非“一带一路”沿线国家和地区的分样本估计结果，与全样本估计结果不同的是，在非“一带一路”沿线国家和地区，境外经贸合作区与东道国的基础设施与前文假设并不一致。其原因可能在于相对于“一带一路”沿线国家和地区，非“一带一路”沿线国家和地区的经济发展水平较高，东道国本身的基础设施已经比较完善。因此，境外经贸合作区对东道国基础设施的替代作用不明显，更多地起到一种补充作用。在“一带一路”沿线国家和地区，境外经贸合作区与东道国基础设施之间交互项的系数为负，但不显著，表明境外经贸合作区一定程度上起到了弥补东道国基础设施不足的作用。

综上所述，以上估计结果验证了H4和H5。即东道国良好的制度质量和“民心相通”是境外经贸合作区促进中国对东道国直接投资的基础，而境外经贸合作区能通过弥补“一带一路”沿线国家和地区基础设施、金融发展和贸易畅通的不足，促进中国企业对外直接投资。

表5.10 境外经贸合作区、“五通”与中国对外直接投资

	（1）	（2）	（3）
	全样本	“一带一路”沿线国家	非“一带一路”沿线国家
	ln*ofdi*	ln*ofdi*	ln*ofdi*
TC	0.7742*** （0.1730）	1.9461*** （0.3027）	0.6812*** （0.0763）
TC instution	0.3631* （0.1945）	2.0331*** （0.3619）	0.2260*** （0.0820）

① 本书作者到天津泰达境外经贸合作区调研时，曾听到境外经贸合作区帮助企业融资的案例。

续表

	(1)	(2)	(3)
	全样本	“一带一路”沿线国家	非“一带一路”沿线国家
	ln*ofdi*	ln*ofdi*	ln*ofdi*
TC_infrastructure	0.0190 (0.0516)	–0.0638 (0.0948)	0.1424*** (0.0543)
TC_BIT	–0.2040* (0.1226)	–0.0611 (0.1452)	–0.1369* (0.0783)
TC_FTA	–0.3967** (0.1703)	–0.8358*** (0.1476)	
TC_confucius	0.0525*** (0.0117)	–0.0059 (0.0285)	0.1757** (0.0801)
TC_finance	–0.2702** (0.1178)	–0.3202*** (0.0949)	–0.5863*** (0.0778)
finance	–0.0620 (0.0624)	–0.1144 (0.0954)	–0.0813 (0.0744)
confucius	0.0053*** (0.0008)	0.0341 (0.0261)	0.0052*** (0.0008)
infrastructure	0.1173 (0.0810)	0.3140** (0.1311)	0.0617 (0.0999)
BIT	–0.0146 (0.1127)	0.0859 (0.2155)	–0.0329 (0.1277)
FTA	0.6381*** (0.1698)	1.0320*** (0.2808)	0.5068*** (0.1259)
ln*gdp*	0.3744*** (0.0410)	0.4780*** (0.0801)	0.3435*** (0.0465)
ln*pgdp*	–0.3465*** (0.1030)	–0.1597 (0.1553)	–0.2799** (0.1300)
gdpgrowth	0.0190*** (0.0058)	0.0181** (0.0078)	0.0156* (0.0083)
ln*dist*	–0.5093*** (0.1375)	–1.7707*** (0.3098)	–0.6427*** (0.1588)
resource	–0.0004 (0.0038)	–0.0022 (0.0066)	–0.0005 (0.0044)

续表

	(1)	(2)	(3)
	全样本	“一带一路”沿线国家	非“一带一路”沿线国家
	lnofdi	lnofdi	lnofdi
high_exports	−0.0019 (0.0028)	−0.0146* (0.0079)	−0.0016 (0.0031)
instution	0.2092* (0.1241)	−0.2610 (0.2751)	0.2077 (0.1370)
Constant	−1.4160 (1.8131)	5.1659 (3.3267)	0.1668 (2.1655)
N	1058	378	680

5.2.4.3 工具变量检验

前文将解释变量滞后一期，缓解了模型中境外经贸合作区与对外直接投资之间由于存在反向因果关系而造成的内生性问题。但模型中还可能存在同时影响企业到东道国建立境外经贸合作区和对外直接投资的遗漏变量，而造成模型的内生性问题。因此，为更好地解决内生性问题，本书采用中国与东道国是否建立外交关系作为境外经贸合作区的工具变量，来重新估计上述模型。工具变量需满足以下两个条件：一是工具变量与境外经贸合作区相关；二是与方程的扰动项不相关。由于境外经贸合作区主要是由中国政府与外交关系比较好的国家签订投资合作协议而建立的产业园区，因此境外经贸合作区的建立与中国和东道国是否建立外交关系密切相关。而中国是否和东道国建立外交关系与多种因素相关，和中国是否对东道国进行直接投资并不具有直接的关系，具有一定的外生性。估计结果如表5.11所示。

表5.11 境外经贸合作区对中国对外直接投资的影响：工具变量检验

	(1)	(2)	(3)	(4)	(5)	(6)	(7)
	全样本	“一带一路”沿线国家	非“一带一路”沿线国家	全样本	市场寻求型	资源利用型	技术寻求和开发型
	lnofdi	lnofdi	lnofdi	lnofdi	lnofdi	lnofdi	lnofdi
TC	8.8769*** (2.6392)	5.3236 (4.4607)	11.8499*** (3.4301)	17.1043** (6.6879)	6.7338*** (2.0675)	4.8255*** (1.5582)	2.6794** (1.0575)

续表

	(1)	(2)	(3)	(4)	(5)	(6)	(7)
	全样本	“一带一路”沿线国家	非“一带一路”沿线国家	全样本	市场寻求型	资源利用型	技术寻求和开发型
	ln*ofdi*	**ln*ofdi***	**ln*ofdi***	**ln*ofdi***	**ln*ofdi***	**ln*ofdi***	**ln*ofdi***
TC_belt_road				−16.0561** (6.4020)			
ln*gdp*	−0.1615 (0.8688)	1.6202** (0.7566)	−2.4830 (1.7529)	−1.9886 (1.5938)	−0.2811 (0.6806)	−0.1288 (0.5129)	−0.5204 (0.3481)
ln*dist*	1.2469*** (0.1985)	0.5579 (0.3617)	1.7359*** (0.3161)	1.4611*** (0.2947)	1.1835*** (0.1555)	0.5763*** (0.1172)	0.5935*** (0.0795)
BIT	0.0368 (0.2670)	0.3298 (0.3477)	−0.1925 (0.3636)	−0.0243 (0.3481)	0.0437 (0.2092)	0.0283 (0.1577)	0.0372 (0.1070)
FTA	0.3617 (0.3747)	−1.5333 (1.8508)	1.5186*** (0.5137)	1.1495** (0.5121)	0.2998 (0.2935)	0.3298 (0.2212)	−0.0837 (0.1501)
ln*pgdp*	−2.7569** (1.1232)	−1.5170 (1.3017)	−2.7443 (2.1628)	−0.8411 (1.1524)	−2.0439** (0.8799)	−1.3728** (0.6631)	−0.5104 (0.4501)
gdpgrowth	0.0157 (0.0114)	−0.0064 (0.0182)	0.0385* (0.0196)	0.0145 (0.0147)	0.0163* (0.0089)	0.0033 (0.0067)	0.0067 (0.0046)
resource	0.0019 (0.0085)	−0.0066 (0.0150)	0.0053 (0.0104)	−0.0021 (0.0108)	−0.0013 (0.0066)	0.0050 (0.0050)	−0.0008 (0.0034)
high_exports	0.0031 (0.0070)	−0.0096 (0.0151)	0.0075 (0.0083)	0.0049 (0.0093)	0.0017 (0.0055)	0.0004 (0.0041)	−0.0024 (0.0028)
institution	0.7978* (0.4154)	0.9088 (0.8846)	0.2794 (0.4775)	0.2633 (0.4646)	0.6717** (0.3254)	0.2349 (0.2452)	0.2138 (0.1664)
Constant	10.9999 (18.7214)	−33.2248* (17.9858)	59.8850* (32.5420)	36.4654 (32.6847)	8.9470 (14.6657)	7.1224 (11.0532)	9.2670 (7.5015)
N	1530	511	1019	1530	1530	1530	1530

注：括号内数值为稳健性标准误；***、**、* 分别表示在 1%、5%、10% 的水平上显著。

5.2.4.4 稳健性检验

为检验估计结果的稳健性，本书将被解释变量换为中国对东道国直接投资存量①，重新估计境外经贸合作区对中国对外直接投资的影响。估计结果

① 此处本书将样本区间拓展到了2003—2019年，但是由于数据限制，该数据不能考察境外经贸合作区对中国不同投资动机的影响。

如表5.12所示，中国境外经贸合作区的建立对中国对东道国的直接投资具有显著的促进作用，并在“一带一路”和非“一带一路”沿线国家和地区存在异质性。因此，本书的估计结果具有稳健性。

表5.12 境外经贸合作区对中国对外直接投资存量的影响

	(1)	(2)	(3)	(4)
	全样本	“一带一路”沿线国家	非“一带一路”沿线国家	全样本
	ln*ofdistock*	ln*ofdistock*	ln*ofdistock*	ln*ofdistock*
TC	1.1065^{***} (0.1613)	1.0472^{***} (0.1839)	1.4781^{***} (0.2483)	1.3571^{***} (0.1988)
TC_belt_road				-0.6026^{**} (0.2654)
BIT	−0.2719 (0.3604)	0.5013 (0.3213)	-1.0697^{***} (0.3736)	−0.3032 (0.3541)
FTA	-1.5034^{***} (0.4141)	-0.8082^{***} (0.3008)	-2.6113^{***} (0.6923)	-1.5305^{***} (0.4017)
ln*gdp*	0.8718^{***} (0.1074)	1.0566^{***} (0.1592)	0.6878^{***} (0.2001)	0.8842^{***} (0.1093)
ln*pgdp*	0.3681 (0.2265)	0.3786 (0.2538)	0.0186 (0.4919)	0.3631 (0.2299)
gdpgrowth	0.0018 (0.0079)	0.0023 (0.0101)	0.0030 (0.0130)	0.0014 (0.0078)
ln*dist*	−0.1219 (0.3550)	−0.1894 (0.4613)	−0.2941 (0.7348)	−0.0618 (0.3658)
resource	0.0087^{*} (0.0051)	0.0099 (0.0069)	0.0060 (0.0075)	0.0087^{*} (0.0052)
high_exports	−1.8761 (2.4391)	−2.3116 (3.3845)	−1.2663 (3.3518)	−1.8306 (2.4106)
instution	-0.7197^{*} (0.3691)	-0.8968^{*} (0.4689)	−0.0867 (0.7791)	-0.7471^{**} (0.3699)
Constant	−3.4244 (4.4327)	−8.4044 (6.4590)	7.4070 (7.4580)	−4.1757 (4.5446)
N	1304	924	380	1304

注：括号内数值为稳健性标准误；***、**、* 分别表示在1%、5%、10%的水平上显著。

5.2.5 结论与启示

境外经贸合作区作为“一带一路”建设的重要承接点，契合所在国的经济和产业发展诉求，不仅成为推进中国“一带一路”建设和国际产能与装备制造合作的有效平台，也是中国实现产业结构调整和全球产业布局的重要载体。

本书以境外经贸合作区为切入点，基于新制度经济学的视角，构建了分析境外经贸合作区与“一带一路”及“五通”之间关系的理论框架，并利用中国2003—2014年的境外投资数据，实证检验了境外经贸合作区、“五通”对中国对外直接投资的作用。研究发现：首先，中国在东道国建立的境外经贸合作区显著促进了中国对东道国的直接投资；而且，境外经贸合作区对中国对外直接投资的影响具有异质性，主要促进了市场寻求型和资源利用型对外直接投资，对技术寻求型的对外直接投资并没有显著影响。更重要的是，境外经贸合作区对中国对外直接投资的作用与东道国的制度质量及双边之间的“民心相通”呈现互补的关系，而对“一带一路”沿线国家的设施联通、资金融通和贸易畅通则具有替代作用。因此，尽管中国境外经贸合作区可以弥补“一带一路”国家基础设施、金融发展和贸易畅通的不足，但东道国良好的制度质量和双边之间的“民心相通”仍是境外经贸合作区促进中国对外直接投资的基础。

因此，本书的研究结果具有以下的政策启示：

首先，新一代经贸规则构建中的重要特点之一是构建途径和模式从多边转向双边、区域或诸边①。而境外经贸合作区作为中国经贸合作的新方式，正是一种基于政府间自愿合作、以市场运作为主导原则的全球双边经贸治理规则，体现了“一带一路”倡议“共商、共建、共享”的原则。与其他经贸治理规则相比，境外经贸合作区能够更加灵活地运用双边政治外交关系，是中国企业合理规避风险、依照市场规律开拓海外市场的重要途径，尤其适用于制度环境仍然欠佳的“一带一路”沿线国家和地区。可见，正因为体现了“一带一路”倡议中“共商、共建、共享”的根本原则，境

① 石静霞.国际贸易投资规则的再构建及中国的因应[J].中国社会科学，2015（9）.

外经贸合作区的建立不仅与当今世界国际合作与经贸规则构建中的新趋势相契合，还可以很好地应对“一带一路”倡议提出的挑战。因此，境外经贸合作区建设中遵循的原则和取得的成绩应该可以为中国推动未来国际经贸新规则提供借鉴。

其次，“一带一路”倡议中“政策沟通、设施联通、贸易畅通、资金融通、民心相通”等“五通”分别属于不同层级的制度安排，各层级制度之间存在相互影响和相互作用的关系。本书的研究结果表明，境外经贸合作区作为政策沟通成功的典范，与“设施联通、资金融通和贸易畅通”处于同一制度层次，对设施联通、贸易畅通、资金融通具有替代作用。但另外，境外经贸合作区作为东道国的一种替代性制度安排，属于更高层次的制度等级，需要以其他低层次的制度为基础。只有东道国具有比较稳定的政治、文化、法律等正式的制度环境，境外经贸合作区才能对中国的对外直接投资以及东道国经济发展起到较大的促进作用。类似地，民心相通是处于东道国政治、法律等正式制度之下最基础的制度等级，故而境外经贸合作区的建立更需要以民心相通为条件。民心相通作为最基础的制度安排，需要较长的演化时间，因此，本书的研究结果指出了推动“一带一路”“五通”目标实现的具体步骤：应推动“民心相通”的进程，并在此基础上通过“政策沟通”的途径优先建立境外经贸合作区，以帮助东道国在区域内实现“设施联通、资金融通和贸易畅通”，并最终实现“五通”目标。

最后，迄今为止中国企业以境外经贸合作区为载体，按照“一带一路”建设中优势互补、互利共赢的原则，已颇有成效地实现了资源利用和市场寻求的投资目标。然而，尽管目前建立的境外经贸合作区也采用了科技产业园区的形式，但是对中国企业技术寻求和技术开发等动机的促进作用还不明显。因此，需要继续探索如何更好地推动技术寻求与创新开发动机的对外直接投资，并深入研究将境外经贸合作区建设成为中国企业创新重要支点的可能性与具体举措。

5.3 本章小结

近年来金融全球化的浪潮推动了金融机构的全球化，中国也不例外。中国金融机构全球化是否有助于母国实体企业对外直接投资的发展？此外，互联互通被“一带一路”的官方文件称为“一带一路”建设的合作重点，“资金融通”和“贸易畅通”作为“一带一路”建设的重要组成部分，“资金融通”是否对“贸易畅通”具有促进作用？目前，却鲜有文献对此进行探讨。基于此，本书根据中国2003—2014年对147个国家和地区的对外直接投资数据和境外金融机构布点数据，实证检验了中国金融机构境外布点对中国对外直接投资的影响。研究结果表明：中国金融机构境外布点的建立通过降低企业风险、减少交易成本和缓解融资约束，以及促进企业研发创新与提高生产率的途径，显著促进了中国对东道国的直接投资；此外，金融机构境外布点对境外直接投资的促进作用具有异质性，东道国境外金融机构的建立主要促进了中国对发展中国家的境外直接投资。即使采用不同的估计方法和克服了模型中可能存在的内生性问题之后，上述结果依然成立，因此，本书的结果具有可靠性。

在中国金融机构“走出去”的步伐远远落后于实体经济，国内金融市场发展滞后的情况下，为实现中国金融机构的国际化与实体企业“走出去”并驾齐驱，中国应继续加快中国金融机构境外布点的步伐。在帮助解决企业“走出去”所面临融资难题的同时，推动其加快融入全球产业链和价值链，提升中资企业和金融机构的国际竞争力。

境外经贸合作区作为促进中国对外直接投资的新模式，已成为政府帮助中国企业“走出去”的一个重要平台。境外经贸合作区作为“一带一路”建设的重要承接点，既契合东道国经济和产业发展的诉求，又利于推动中国企业“走出去”，对实现中国产业结构调整具有重要意义。但与境外经贸合作区日益重要的战略地位相比，鲜有文献实证分析境外经贸合作区的具体影响与作用。

本章在阐述境外经贸合作区发展特点与研究现状的基础上，基于新制度经济学的视角，构建了分析境外经贸合作区与“一带一路”及“五通”之间关系的理论框架，并利用中国2003—2014年的境外投资数据，实证检验了境外经贸合作区、“五通”对中国对外直接投资的作用。研究发现：首先，中国在东道国建立的境外经贸合作区显著促进了中国对东道国的直接投资；而且，境外经贸合作区对中国对外直接投资的影响具有异质性，主要促进了市场寻求型和资源利用型对外直接投资，对技术寻求型的对外直接投资并没有显著影响。而更重要的是，境外经贸合作区对中国对外直接投资的作用与东道国的制度质量及双边之间的“民心相通”呈现互补的关系，而对“一带一路”国家和地区的设施联通、资金融通和贸易畅通则具有替代作用。因此，尽管中国境外经贸合作区可以弥补“一带一路”国家和地区基础设施、金融发展和贸易畅通的不足，但东道国良好的制度质量和双边之间的“民心相通”仍是境外经贸合作区促进中国对外直接投资的基础。

上述发现对如何利用境外经贸合作区来有效推动“一带一路”建设中“五通”目标的实现具有借鉴意义：境外经贸合作区的建立固然可以帮助弥补“一带一路”国家基础设施、贸易增长和金融发展等方面的不足，有利于实现设施联通、贸易畅通与资金融通等目标；但东道国良好的制度质量是境外经贸合作区发挥作用的基础，因此加强与“一带一路”国家之间的政策沟通与民心相通是亟须提前完成之要务。

6 结论、启示与展望

6.1 结果与讨论

6.1.1 基本结果

近年来随着中国经济实力稳步提升和“走出去”战略的深入实施，中国企业对外直接投资迅猛增长。中国已连续两年实现双向直接投资项下的资本净输出，中国产业正以主导者的身份融入国际贸易与投资体系的新时期，但全球占比仍不高，与其他国家相比，仍有较大提升潜力与空间。

因此，当我们看到中国对外直接投资蓬勃发展的同时，也应理性地看到相较于其他国家和地区仍存在着较大差距。对外直接投资作为中国经济增长的重要引擎，为中国经济发展提供了强劲的动力。中国对外直接投资的高速增长是否可持续？其背后的主要驱动因素是什么？是政府驱动的还是市场驱动的？本书基于已有研究，以研究中国企业对外直接投资的动因为核心，在梳理中国企业对外直接投资的发展历程与现状的基础上，构建了影响企业对外直接投资的市场动因和政府动因的理论分析框架，分别基于微观企业、省级以及国家层面数据，从微观企业、东道国和母国角度，实证检验了中国企业对外直接投资高速增长背后的市场和政府驱动因素。最后，总结和讨论所得结论，提供相应的政策建议，并结合企业所处的国际和国内环境以及企业自身因素，展望了未来中国对外直接投资的发展趋势。本书主要结论如下：

改革开放以来，中国对外直接投资政策经历了从受限制的中央批准制度朝着更加透明和开放进行演变的过程。自2002年以来，中国对外直接投资呈现了投资规模持续增长、国际占比仍不高、金融类投资较为滞后、行业现代化、主体民营化、投资方式并购化、投资区域广泛化、“一带一路”沿线国家引领增长的特点。

中国对外直接投资受市场驱动和政府驱动双重因素的影响。企业融资约束、国内劳动力成本上升和东道国贸易壁垒等市场机制因素，以及中国境外经贸合作区和境外金融机构布点等重大境外投资促进政策均是近年来中国对外直接投资高速增长背后的重要驱动因素。

6.1.1.1 市场动因

基于微观企业层面数据的研究发现，融资约束是制约企业“走出去”的重要因素之一，企业融资能力提升提高了企业对外直接投资的概率和次数；而且，融资约束的影响与企业所有制和生产率、行业外源融资依赖度以及投资目的地和投资动机相关，企业融资约束对私营企业、行业外源融资依赖度和生产率较低的企业以及垂直型投资和到发达经济体投资的企业影响更大。

基于省级层面境外投资企业名录数据的研究发现，中国对外直接投资可能存在生命周期，近年来中国企业对外直接投资寻求效率的动机越来越明显。国内劳动力成本上升显著促进了企业从事垂直型对外直接投资和到发展中国家投资，这种影响在中国东部和中部地区表现得更为明显。

中国对外直接投资具有显著的跨越东道国反倾销壁垒的动机，中国跨越反倾销壁垒的行为在发达国家和发展中国家、“一带一路”和非“一带一路”国家、承认和不承认中国“市场经济地位”的国家之间存在异质性。在全样本中，发达国家的引致效应大于发展中国家；在“一带一路”沿线国家中，发展中国家的引致效应较大；在非“一带一路”沿线国家中，发达国家的引致效应较大；在不承认中国“市场经济地位”的国家跨越反倾销壁垒的效应更加显著。

6.1.1.2 政府动因

目前，中国境外经贸合作区和境外金融机构等重大境外投资促进政策，已取得初步成效。

基于国家层面数据的研究发现，中国金融机构境外布点的建立通过降低企业风险、减少交易成本和缓解融资约束，以及促进企业研发创新与提高生产率的途径，显著促进了中国对东道国的直接投资；而且，金融机构境外布点对中国对发展中国家境外直接投资的促进作用更大。

境外经贸合作区作为中国经贸合作的新方式，已经成为中国政府帮助企业“走出去”的一个重要平台。境外经贸合作区作为“一带一路”建设的重要承接点，在“一带一路”建设中发挥着重要作用。在构建境外经贸合作区与“一带一路”及“五通”之间关系的理论框架的基础上，基于国家层面境外投资企业名录数据的研究发现，境外经贸合作区的建立显著促进了中国对东道国的直接投资，并且这种促进作用具有异质性，更利于市场寻求型和资源利用型对外直接投资的增长；境外经贸合作区对中国对外直接投资的影响与各种环境条件之间呈现多重关系：一方面与东道国的制度水平以及民心相通之间呈现互补关系，另一方面与东道国的设施联通、贸易畅通和资金融通水平之间则呈现替代关系。

无论是基于当今国际和国内环境，还是企业自身发展的需要，中国对外直接投资仍存在较大的增长潜力与空间。当然，与之相伴的是，企业“走出去”遇到的风险也日益增多。因此，中国企业不仅需要不断提高自身抗风险的能力，中国政府也应主动出击，在持续实施和完善境外投资促进政策的同时，积极参与构建全球性双边和多边投资合作机制。

6.1.2　结果讨论

6.1.2.1　研究不足与局限

首先，通过对中国对外直接投资背后驱动因素的分析，本书发现中国作为快速发展中的经济大国，由于经济发展动力、社会制度结构、主流商业模式和企业竞争力以及利益相关者关系等方面，均与其他国家存在较大差异，中国企业一直处于社会和市场经济转型的特殊环境之中，导致中国对外直接投资的实践具有其自身的独特性。中国企业“走出去”的行为受到市场和政府等多种复杂因素的影响，尤其是中国政府的国家战略因素在中国企业“走出去”的过程中一直扮演者至关重要的角色。

因此，中国企业对外直接投资的国际化决策是一个复杂的过程，任何一个国际直接投资理论都不能完全诠释中国企业复杂的跨国直接投资现象。全面深入地诠释中国企业的跨国直接投资行为，不仅需要借鉴传统的发达国家和发展中国家的主流国际直接投资理论，还需要融合新新贸易理论分析框架下企业的跨国直接投资理论以及“资源—产业—制度”的RII理论分析框架等近年来的新理论，尤其是制度理论，因为中国企业“走出去”的过程母国政府的制度因素一直起着至关重要的作用。当然，融合以上多种跨国直接投资理论，创新与重构一个完全适合诠释中国企业跨国直接投资现象的统一的理论分析框架或理论模型也是本书所欠缺的。

其次，囿于笔者知识积累和数据的限制，本书对中国企业对外直接投资动因的分析，无论是市场动因方面，还是政府动因方面，均存在诸多不足。

第一，微观企业层面的数据可能是研究中国企业对外直接投资动机的更好选择。但是，由于我国关于企业对外直接投资方面的微观企业数据库匮乏，本书虽然充分利用了《中国工业数据库（1998—2007）》和《中国境外投资企业（机构）名录（2003—2015）》的匹配数据，但是，关于微观企业方面的研究仍显得较为单薄。此外，本书所得到的微观企业层面数据，还存在时间跨度短、时效性差，以及没有企业具体的对外直接投资额的问题。因此，很难捕捉到近年来中国企业境外直接投资动机的动态变化细节，是本书的一大遗憾与不足。

第二，关于市场驱动因素和政府驱动因素之间的关系。企业在“走出去”的过程中，市场驱动因素和政府驱动因素是相辅相成、相互影响的。一方面，正如前文所述，时间维度上，随着中国市场化改革的不断推进和中国企业竞争力的不断提高，中国企业“走出去”受市场驱动的因素的影响可能越来越大；另一方面，不同所有制的企业以及投资目的地和投资动机不同的企业，受市场驱动因素和政府驱动因素的影响可能也不同。

在现有的数据条件下，系统地证实这些理论推测可能存在较大的难度。本书虽然也尽可能地尝试充分捕捉市场驱动因素和政府驱动因素对企业的异质性影响，然而，由于受现有微观企业数据时间跨度短、样本容量小、时效性差、某些政府驱动因素很难量化等因素的影响，本书关于企业“走出去”的市场驱动因素和政府驱动因素之间具体关系的研究可能还存在不足。

6.1.2.2 未来研究方向

因此，基于上述分析，未来本书还将结合中国企业对外直接投资的实践，更加系统地思考中国企业对外直接投资中市场驱动因素与政府驱动因素之间的关系，尝试构建解释中国企业对外直接投资实践的理论模型，并重点利用微观数据开展实证研究，系统检验影响中国企业对外直接投资决策和投资规模的决定因素，分析企业异质性与企业对外直接投资之间的关系，使研究结论更富有微观基础。

6.2 政策启示

本书的研究结论具有一定的现实意义，因此，本书的政策含义也是明显的。

6.2.1 企业层面

总体而言，企业融资约束、国内劳动力成本上升和东道国贸易壁垒均是影响中国企业“走出去”的重要因素。中国企业应积极拓宽融资渠道、充分利用国内和国外两种市场资源，不断提升企业的技术创新能力，理性开展对外直接投资活动。

6.2.1.1 拓宽融资渠道，降低融资成本和经营风险

融资约束是制约中国企业“走出去”开展对外直接投资的重要因素。尽管中国政府已为企业“走出去”实施了一些有效的金融支持措施，例如本书所研究的境外经贸合作区和境外金融机构，均有为企业提供融资服务的功能，取得的初步成效也已为本书证实。但是，目前中国金融市场发展依然滞后，还存在境外金融机构的布点偏少、对外投资融资服务支持制度不完善的

问题。因此，中国企业应拓宽融资渠道，降低融资成本和经营风险。

6.2.1.2 充分利用国内和国际两个市场，加速企业创新

国内劳动力成本上升是中国中小企业对外直接投资的重要驱动因素，中小企业通过“走出去”延长了产品的生命周期，但是，中国企业在通过“走出去”开拓国际市场的同时，必须充分利用国内和国外两个市场，提高创新能力，不断向全球价值链高端攀升，才能保持持久的竞争力，从而进一步开拓国际市场和获得良好的海外投资绩效。同时，由于中国社会经济发展存在显著的地区差异，目前，中国西部地区的劳动力成本还比较低，政府可以鼓励中国企业优先到西部地区发展，这样不仅可以解决西部地区的就业问题，还有助于缩小中西部地区的发展差异。

6.2.1.3 及时提高产品竞争力，防范陷入防御性陷阱

首先，中国企业对外直接投资具有跨越东道国贸易壁垒的动机，中国企业在通过绕过贸易壁垒开展对外直接投资的活动中，应注意海外投资风险的防范与控制。尤其是，由于跨越贸易壁垒的需要，对东道国大规模的持续投资，而引起东道国的“投资威胁论”，最终引致东道国实施严格的安全审查政策。其次，企业在利用对外直接投资规避贸易壁垒的同时，要及时进行技术研发和创新，实施产品差异化策略，提高产品的竞争能力，避免陷入组装、重复生产低端产品的沼泽，从而在与本地企业的竞争中被大大削弱优势，进而陷入对外直接投资的防御性陷阱。为此，可以借鉴和吸收早期日本和韩国以对外直接投资跨越东道国贸易壁垒的经验和教训。

6.2.2 政府层面

目前，中国政府为推动企业“走出去”而实行的两项重大举措，即境外经贸合作区和境外金融机构，已经取得了初步成效，尤其是境外经贸合作区作为“一带一路”建设的重要承接点，在“互联互通”中发挥了重要作用。但是，其作用还存在诸多不足，中国政府应进一步补充与完善。

此外，中国企业在迎来良好发展机遇的同时，与之相伴的是，企业在东道国投资遇到的风险逐渐加大，遭到的歧视越来越多，面临众多挑战和不确

定性。中国不仅要继续完善与实施母国投资促进政策，也应在对外投资领域与东道国政府建立起相应的合作协调机制。

6.2.2.1 加快中国境外金融机构的战略布局

目前，无论是中国金融类直接投资的规模还是金融机构境外布点的覆盖率，中国金融机构“走出去”的步伐都远远落后于实体经济，尤其是“一带一路”沿线地区。为此，中国境外金融机构海外布局需要选择一套合理的策略。要从区位上入手，结合各区域特点，选择合适的战略模式，把握时机，适时“走出去”。同时，中国也应吸取美、英、日、德等国家金融机构境外布局战略的经验和教训，围绕中资企业跨国经营的金融服务需求，通过多种途径完善海外机构布局，提高国际化金融服务的深度和广度。

6.2.2.2 以境外经贸合作区为平台，实现互联互通

境外经贸合作区体现了“一带一路”倡议“共商、共建、共享”的根本原则，不仅与当今世界国际合作与经贸规则构建中的新趋势相契合，还可以很好地应对“一带一路”倡议所面临的挑战。然而，东道国良好的制度质量是境外经贸合作区发挥作用的基础，在此基础上通过“政策沟通”的途径优先建立境外经贸合作区，推动“民心相通”的进程，以帮助东道国在区域内实现“设施联通、资金融通和贸易畅通”，并最终实现“五通”目标。此外，探索科技园区型境外经贸合作区的建设，将境外经贸合作区建成中国企业创新的重要支点。

6.2.2.3 加强双边和多边合作，建立合作协调机制

企业国际化受母国和东道国因素的双重影响，为有效处理企业的海外投资冲突，为企业“走出去”保驾护航。中国应主动出击，深化与东道国双边和多边经贸、投资和金融领域的合作，积极参与建立全球性双边和多边投资协议，在保障中国企业境外投资正当权益的同时，也为国际直接投资体系的建立与健全做出发展中大国应有的贡献。

此外，良好、公平的国际竞争环境是中国实体企业和金融机构“走出去”的重要保证，中国政府应坚决抵制西方发达国家对中国企业的歧视，要求其在境外投资和金融方面做到对等开放和对等监管。

6.2.2.4 建立信息共享平台，提高信息利用效率

与东道国政府和行业组织合作，建立信息共享平台和预警系统，及时公布具有价值的公共信息，督促境外投资企业充分分析和运用有效信息，正确评估企业的生存环境，发挥政府对境外投资企业政治和安全的保护作用。

6.3 研究展望

本部分将在前文研究的基础上，结合当前中国“走出去”企业所处的国内外经济社会环境，以及目前中国企业对外直接投资的绩效，探究中国企业对外直接投资所面临的机遇和挑战。

6.3.1 机遇

6.3.1.1 仍有巨大增长空间

（1）国际占比低，增长潜力大

首先，与其他国家相比，对外直接投资存量低。根据《2016年度中国对外直接投资统计公报》，截至2016年底，尽管中国对外直接投资存量排名第六，然而，与排名第一的美国相比，差距仍然巨大，仅占同期美国对外直接投资存量的21.3%。就对外直接投资存量占GDP总额的比例和流量占总固定资产形成的比例而言，目前均长期低于全球平均水平①。

其次，OFDI业绩指数较小，存在较大增长空间。对外直接投资绩效指数是指一国或地区对外直接投资流量占全球对外直接投资流量的份额与该国

---

① 根据联合国贸发会议（UNCTAD）的统计，以2016年为例，中国对外直接投资存量与GDP的比率为11.4%，而全球、发达经济体、发展中经济体、转型经济体的比率分别为34.6%、44.8%、19.8%、22.6%；流量占总固定资产形成的比例仅为3.8%，而全球平均为7.9%，发展中国家平均为7.1%，东南亚也达5.1%。从体量上和中国经济可比的美国来看，即便美国历史上积累了大量的直接投资存量，但2016年其对外直接投资比例也占其固定资产形成比例的8.2%。

或地区国内生产总值占全球生产总值比例①。若该指数等于1，则认为该国对外直接投资的绩效达到世界平均水平；反之则反是。尽管，整体而言，近年来中国对外直接投资的业绩指数呈现出逐年上升的趋势，但是，均仍然小于1（见图6.1），即中国对外直接投资的绩效一直低于世界平均水平。

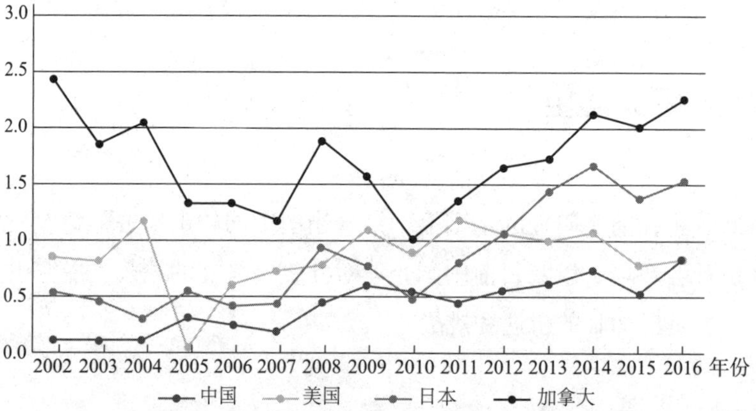

图6.1　2002—2016年中国与全球主要对外投资国OFDI业绩指数比较

资料来源：《2017年世界投资报告》和世界银行世界发展指数数据库（WDI），并经作者手动计算。

（2）区域差距大，中西部蕴含较大潜力

本书根据对外直接投资绩效指数的定义，构造了各省和地区历年的对外直接投资的业绩指数，如图6.2所示。目前中国“走出去”的企业主要是位于东部地区，中部和西部地区与东部地区的差距还呈现出逐年加大的趋势。随着中国对中西部地区经济支持力度的不断加大和“一带一路”倡议的持续推进，此外，根据本书第4.2节的结论，国内劳动力成本上升促进了中国对外直接投资，因此，可以推测未来中西部地区的对外直接投资有望实现进一步增长。

① 联合国贸发会议（UNCTAD）在《2001年世界投资报告》中首次提出了FDI的业绩指数（Inward FDI Performance Index）的概念，用于衡量一国引进FDI的成功程度，以消除各国不同的经济规模等因素对引进FDI造成的影响。FDI业绩指数是指某地区吸引FDI的份额占该地区经济总量的份额。该指数后来也被学者用来衡量一国或地区的对外直接投资业绩指数（Outward FDI Performance Index)）（邢厚媛，2003；刘宏和赵晓敏，2012；陈景华，2014；等）。

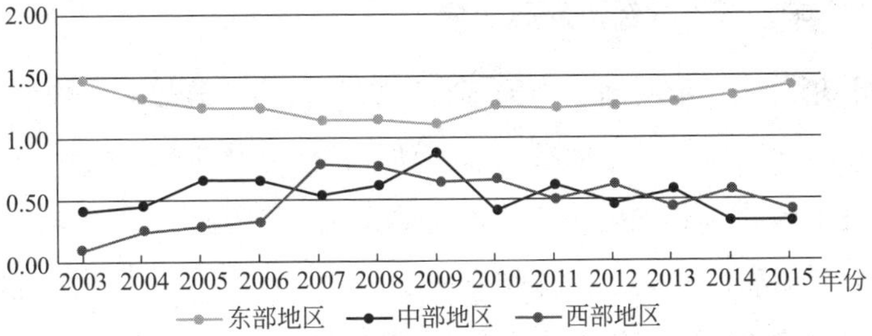

图 6.2　2003—2015 年中国东、中、西部地区 OFDI 业绩指数

资料来源：《2016 年度中国对外直接投资统计公报》，并经作者手动计算。

（3）基于发达国家经验，还将持续加速

当前中国具备了与美日投资加速时期相似的环境①。

首先，改革开放以来，中国经济总量在增长的同时，经济结构也在不断地调整与优化。第二、第三产业所占比重持续上升，第一产业则持续下降，产业结构正从重工业型向服务型和技术集约型转变。

其次，如前文所述，随着中国“人口红利”的不断消失，劳动力成本逐渐上升，以价格为优势的出口产品的竞争力不断下降，而出口产品质量正处于转型升级阶段，导致我国出口增长速度变缓。同时，在全球贸易保护主义愈演愈烈的情况下，与主要贸易伙伴之间的贸易摩擦也日渐增多，国外对华产品的反倾销案此起彼伏，具有比较优势的出口产品几乎均成了反倾销的对象。此外，中国还面临着各国严格的技术壁垒等其他新形式的贸易保护措施。这些因素均是中国对外直接投资增长的重要原因。因此，为实现国内产业结构转型升级，应对东道国对华反倾销及新贸易壁垒，中国对外直接投资有望持续增长。

最后，中国国内对外投资服务支持体系日益完善，随着“走出去”战略、“一带一路”倡议和国际产能合作的持续推进与实施，为中国企业“走出去”打下了良好的基础。

① 美日对境外投资加速时期具备以下几个共同条件：第一，国内正在经历产业升级，传统重工业发展遭遇瓶颈、占 GDP 比重下降，而第三产业正在兴起；第二，出口增长遭遇瓶颈、贸易摩擦升级，企业寻求直接对外投资的动力上升；第三，国内政策扶持力度加大，为企业对外投资排除路障。

6.3.1.2 中国与世界经济深度融合

党的十九大进一步明确了中国奉行互利共赢的开放战略，构建开放型经济新体制。明确提出了“主动参与和推动经济全球化进程，发展更高层次的开放型经济不断壮大我国经济实力和综合国力。”因此，中国与世界经济的融合程度不断加深，互利合作空间进一步加大。目前，中国正加速修订境外投资相关的法律法规，实施准入前负面清单和国民待遇制度，签订多边自由贸易协定，加快自贸区建设。

6.3.1.3 “一带一路”倡议提供了新机遇

“一带一路”倡议鼓励资本、技术、产品、服务和文化“走出去”，随着“一带一路”倡议的深入实施，中国与世界的融合将更加紧密。对外直接投资作为“一带一路”建设中互联互通的重要内容，为企业“走出去”提供了前所未有的战略机遇。

6.3.1.4 全球基础设施需求旺盛

随着区域经济一体化的发展，跨区域互联互通基础设施的需求日益增长。而发达国家的基础设施正在快速老化，新兴和发展中国家的基础设施供需缺口日益扩大。因此，当今全球对基础设施的需求旺盛，尤其是“一带一路”沿线国家和地区。2016年全球基础设施研究中心（GIH）发布的《全球基础设施展望》（*Global Infrastructure Outlook*）显示，2040年全球基础设施的投资需求将高达94万亿美元。目前中国不仅形成了一批具有全球比较优势的基础设施建设企业，而且发起了创办亚洲基础设施投资银行。因此，全球对基础设施的强劲需求是中国企业“走出去”的重要机遇。

6.3.1.5 企业“走出去”愿望强烈

受国内生产要素成本上升和产业结构调整的影响，以及政府建设创新型国家的需要，企业国际化经营步伐加快，“走出去”的愿望强烈。投资方式也从传统的以绿地为主向跨国并购转变，不断加大对先进制造业和高新技术产业的投资，加速融入全球创新网络。

6.3.2 挑战

6.3.2.1 国际投资环境

一方面，尽管金融危机之后，部分西方发达国家对中国投资企业的态度有所转变，但是，部分国家频繁以国家安全为由，对中国实行严苛的安全审查政策，投资保护主义倾向有所增强。另一方面，当前全球大宗商品价格波动剧烈，全球经济环境不确定因素较多，经济增长依然乏力。这些均是中国企业“走出去”所面临的重大挑战。

6.3.2.2 监管部门管控

国内部分“走出去”企业以境外投资之名进行非法资金跨境转移、外汇套利,例如，房地产、酒店、影城、娱乐业、体育俱乐部等领域出现的一些非理性投资的倾向，以及大额非主业投资、“母小子大”、“快设快出”等从事非主业的非理性境外投资，监管部门开始逐步收紧对境外投资的管控，可能会导致中国对外直接投资放缓，但是，长期而言，也会提高对外直接投资质量①。

6.3.2.3 对外投资支持制度

尽管近年来中国出台了一系列对外直接投资支持政策，但是，仍然存在一些问题。比如，前文的分析中，发现中国企业对外直接投资面临严重的融资约束问题，目前中国对“走出去”企业的金融服务支持政策仍然不完善，金融机构提供的金融产品和服务种类匮乏且不完善，我国的海外金融分支机构过少，所覆盖地区较少，未能提供充分的保险、担保等境外投资风险化解机制。

此外，中国现有的对外投资服务体系还存在一些体制性、制度性障碍问题，重事前、轻事中事后监督，缺乏对企业“走出去”的约束，导致企业在

① 为遏制非理性对外直接投资，国家不断加强投资真实性审查，叫停存在较大风险隐患的房地产、酒店、影城、娱乐业、体育俱乐部等领域的投资，并联合多个部门出台《进一步规范企业对外投资的指导意见》《对外投资备案（核准）报告暂行办法》《境外投资敏感行业目录（2018年版）》等法律法规。

境外恶性竞争以及引发文化冲突，损害了中国企业的形象。

6.3.2.4 企业国际竞争力和抗风险能力

中国企业作为后来者，与西方发达国家相比，企业的抗风险能力和跨国经营均存在较大差距。《2017年世界投资报告》显示，按照公司外国总资产排名，2016年全球最大的100名非金融跨国公司中中国仅有2家，跨国化指数（Trans Nationality Index，TNI）平均为36.8，全球100名的平均水平则为66.1。尽管在2016年全球发展中国家和转型经济体最大的100名非金融跨国公司中中国占据18家，但其跨国化指数也仅平均为26.1，全球100名的平均水平则为53.12①。此外，中国企业在境外经营中还存在缺乏社会责任感的现象，遭到东道国政府的强烈抵制。

因此，无论是从中国企业所处的国际和国内环境，还是美、日等国对外直接投资发展的经验、中国企业对外直接投资绩效的国别比较和区域比较以及中国企业积极融入全球创新网络的需求来看，未来中国企业仍有较大的增长潜力与空间。同时，中国企业在面临良好机遇的同时，同样也存在不少风险与挑战。国际投资环境的变化、中国企业国际竞争力和抗风险能力及政府对企业“走出去”的服务与支持制度均影响着未来中国对外直接投资的可持续发展。

① 关于跨国化指数（Trans Nationality Index，TNI）的计算方法，详见联合国贸发会议（UNCTAD）发布的《2017年世界投资报告》。

附　录

附表1　本书所界定的“一带一路”沿线国家和地区名单

区域	中文名称	英文名称	代码
中国	中国	China	157
俄罗斯	俄罗斯	Russian Federation (the)	643
蒙古	蒙古	Mongolia	496
东南亚 11 国	文莱	Brunei Darussalam	96
	缅甸	Myanmar	104
	柬埔寨	Cambodia	116
	印度尼西亚	Indonesia	360
	老挝	Lao People's Democratic Republic (the)	418
	马来西亚	Malaysia	458
	菲律宾	Philippines (the)	608
	东帝汶	Timor-Leste	626
	新加坡	Singapore	702
	越南	Viet Nam	704
	泰国	Thailand	764
独联体其他 6 国	阿塞拜疆	Azerbaijan	31
	亚美尼亚	Armenia	51
	白俄罗斯	Belarus	112
	格鲁吉亚	Georgia	268
	摩尔多瓦	Moldova (The Republic of)	498
	乌克兰	Ukraine	804

续表

区域	中文名称	英文名称	代码
南亚 8 国	阿富汗	Afghanistan	4
	孟加拉国	Bangladesh	50
	不丹	Bhutan	64
	斯里兰卡	Sri Lanka	144
	印度	India	356
	马尔代夫	Maldives	462
	尼泊尔	Nepal	524
	巴基斯坦	Pakistan	586
西亚北非 16 国	巴林	Bahrain	48
	巴勒斯坦	Palestinian Territory (The Occupied)	275
	伊朗	Iran (The Islamic Republic of)	364
	伊拉克	Iraq	368
	以色列	Israel	376
	约旦	Jordan	400
	科威特	Kuwait	414
	黎巴嫩	Lebanon	422
	阿曼	Oman	512
	卡塔尔	Qatar	634
	沙特阿拉伯	Saudi Arabia	682
	叙利亚	Syrian Arab Republic (the)	760
	阿联酋	United Arab Emirates (the)	784
	土耳其	Turkey	792
	埃及	Egypt	818
	也门共和国	Yemen	887
中东欧 16 国	阿尔巴尼亚	Albania	8
	波黑	Bosnia and Herzegovina	70
	保加利亚	Bulgaria	100
	克罗地亚	Croatia	191
	捷克共和国	Czech Republic (the)	203
	爱沙尼亚	Estonia	233
	匈牙利	Hungary	348

续表

区域	中文名称	英文名称	代码
中东欧16国	拉脱维亚	Latvia	428
	立陶宛	Lithuania	440
	黑山	Montenegro	499
	波兰	Poland	616
	罗马尼亚	Romania	642
	马其顿	Serbia	688
	斯洛伐克	Slovakia	703
	斯洛文尼亚	Slovenia	705
	塞尔维亚	Macedonia (The Former Yugoslav Republic of)	807
中亚5国	哈萨克斯坦	Kazakhstan	398
	吉尔吉斯斯坦	Kyrgyzstan	417
	塔吉克斯坦	Tajikistan	762
	土库曼斯坦	Turkmenistan	795
	乌兹别克斯坦	Uzbekistan	860

附表2　2003—2015年中国东、中、西部地区OFDI业绩指数

年份	东部地区	中部地区	西部地区
2003	1.4547	0.3921	0.0796
2004	1.3117	0.4448	0.2259
2005	1.2291	0.6444	0.2610
2006	1.2319	0.6280	0.3013
2007	1.1378	0.4971	0.7708
2008	1.1498	0.5779	0.7478
2009	1.0932	0.8413	0.6230
2010	1.2395	0.4234	0.6483
2011	1.2269	0.5717	0.5035
2012	1.2495	0.4728	0.5972
2013	1.2833	0.5324	0.4344
2014	1.3448	0.3108	0.5520
2015	1.4214	0.3099	0.3861

资料来源：《2016年度中国对外直接投资统计公报》，并经作者计算整理。

附表3 2003—2015年中国各省份OFDI业绩指数

省份	年份	OFDI 业绩指数
安徽省	2003	0.0925
安徽省	2004	0.2146
安徽省	2005	0.3237
安徽省	2006	0.5110
安徽省	2007	0.3549
安徽省	2008	0.3717
安徽省	2009	0.2089
安徽省	2010	1.5323
安徽省	2011	0.7206
安徽省	2012	0.6520
安徽省	2013	0.7740
安徽省	2014	0.2203
安徽省	2015	0.6916
北京市	2003	10.8940
北京市	2004	4.3399
北京市	2005	1.4769
北京市	2006	0.6329
北京市	2007	0.7990
北京市	2008	2.3138
北京市	2009	1.3516
北京市	2010	1.2635
北京市	2011	1.5015
北京市	2012	1.4919
北京市	2013	3.4095
北京市	2014	4.0125
北京市	2015	3.9279
福建省	2003	2.2442
福建省	2004	0.4592
福建省	2005	0.5907
福建省	2006	1.1569

续表

省份	年份	OFDI 业绩指数
福建省	2007	2.0494
福建省	2008	0.8123
福建省	2009	1.0868
福建省	2010	0.8449
福建省	2011	0.6271
福建省	2012	0.6872
福建省	2013	0.7120
福建省	2014	0.5139
福建省	2015	0.7813
甘肃省	2003	0.1076
甘肃省	2004	0.3123
甘肃省	2005	1.7747
甘肃省	2006	0.8389
甘肃省	2007	2.9228
甘肃省	2008	6.1481
甘肃省	2009	0.1987
甘肃省	2010	0.5748
甘肃省	2011	2.6854
甘肃省	2012	3.8642
甘肃省	2013	1.1150
甘肃省	2014	0.4702
甘肃省	2015	0.1333
广东省	2003	1.0945
广东省	2004	1.2252
广东省	2005	0.8358
广东省	2006	2.1691
广东省	2007	1.8470
广东省	2008	1.8360
广东省	2009	0.8498
广东省	2010	0.8092

续表

省份	年份	OFDI 业绩指数
广东省	2011	1.4182
广东省	2012	1.4639
广东省	2013	1.5549
广东省	2014	1.8909
广东省	2015	1.2397
广西壮族自治区	2003	0.1364
广西壮族自治区	2004	0.2205
广西壮族自治区	2005	0.0736
广西壮族自治区	2006	0.0752
广西壮族自治区	2007	0.2314
广西壮族自治区	2008	0.2977
广西壮族自治区	2009	0.3827
广西壮族自治区	2010	0.4544
广西壮族自治区	2011	0.2962
广西壮族自治区	2012	0.3301
广西壮族自治区	2013	0.0920
广西壮族自治区	2014	0.1717
广西壮族自治区	2015	0.1975
贵州省	2003	
贵州省	2004	
贵州省	2005	
贵州省	2006	
贵州省	2007	0.0091
贵州省	2008	0.0038
贵州省	2009	0.0485
贵州省	2010	0.0146
贵州省	2011	0.0740
贵州省	2012	0.0467
贵州省	2013	0.4207
贵州省	2014	0.1113

续表

省份	年份	OFDI 业绩指数
贵州省	2015	0.0458
海南省	2003	
海南省	2004	
海南省	2005	0.0059
海南省	2006	0.2947
海南省	2007	0.0500
海南省	2008	0.0297
海南省	2009	1.3344
海南省	2010	2.5005
海南省	2011	10.0436
海南省	2012	1.7710
海南省	2013	4.2045
海南省	2014	2.9818
海南省	2015	2.3880
河北省	2003	0.0288
河北省	2004	0.2524
河北省	2005	0.7764
河北省	2006	0.3896
河北省	2007	0.2039
河北省	2008	0.1821
河北省	2009	0.4639
河北省	2010	0.6076
河北省	2011	0.3928
河北省	2012	0.3436
河北省	2013	0.5331
河北省	2014	0.4874
河北省	2015	0.2322
河南省	2003	0.1604
河南省	2004	0.0912
河南省	2005	0.7342

续表

省份	年份	OFDI 业绩指数
河南省	2006	0.0565
河南省	2007	0.2411
河南省	2008	0.3962
河南省	2009	0.2253
河南省	2010	0.1196
河南省	2011	0.2179
河南省	2012	0.1821
河南省	2013	0.2994
河南省	2014	0.1842
河南省	2015	0.2612
黑龙江省	2003	0.3346
黑龙江省	2004	1.9786
黑龙江省	2005	2.7483
黑龙江省	2006	3.2121
黑龙江省	2007	1.2926
黑龙江省	2008	1.4909
黑龙江省	2009	0.5136
黑龙江省	2010	0.5338
黑龙江省	2011	0.3934
黑龙江省	2012	0.8354
黑龙江省	2013	0.8746
黑龙江省	2014	0.5127
黑龙江省	2015	0.2069
湖北省	2003	0.0671
湖北省	2004	0.0387
湖北省	2005	0.0670
湖北省	2006	0.0344
湖北省	2007	0.0498
湖北省	2008	0.0168
湖北省	2009	0.1154

续表

省份	年份	OFDI 业绩指数
湖北省	2010	0.1175
湖北省	2011	0.7500
湖北省	2012	0.3528
湖北省	2013	0.3429
湖北省	2014	0.2887
湖北省	2015	0.1584
湖南省	2003	0.1013
湖南省	2004	0.0876
湖南省	2005	0.4239
湖南省	2006	0.7050
湖南省	2007	0.7677
湖南省	2008	1.1974
湖南省	2009	2.7994
湖南省	2010	0.3988
湖南省	2011	1.2420
湖南省	2012	0.7095
湖南省	2013	0.3782
湖南省	2014	0.3414
湖南省	2015	0.2862
吉林省	2003	0.1132
吉林省	2004	1.5395
吉林省	2005	0.2736
吉林省	2006	0.6313
吉林省	2007	0.8100
吉林省	2008	0.9031
吉林省	2009	1.4890
吉林省	2010	0.5730
吉林省	2011	0.4027
吉林省	2012	0.3922
吉林省	2013	0.9427

续表

省份	年份	OFDI 业绩指数
吉林省	2014	0.2840
吉林省	2015	0.3446
江苏省	2003	0.3635
江苏省	2004	0.6360
江苏省	2005	0.5301
江苏省	2006	0.5222
江苏省	2007	1.0261
江苏省	2008	0.8667
江苏省	2009	0.8974
江苏省	2010	0.7704
江苏省	2011	0.9531
江苏省	2012	0.9148
江苏省	2013	0.8262
江苏省	2014	0.7358
江苏省	2015	0.7612
江西省	2003	0.2075
江西省	2004	0.0467
江西省	2005	0.1472
江西省	2006	0.0091
江西省	2007	0.1362
江西省	2008	0.2018
江西省	2009	0.1076
江西省	2010	0.2332
江西省	2011	0.3342
江西省	2012	0.4553
江西省	2013	0.4321
江西省	2014	0.5530
江西省	2015	0.4422
辽宁省	2003	0.2567
辽宁省	2004	1.0333

续表

省份	年份	OFDI 业绩指数
辽宁省	2005	0.3420
辽宁省	2006	0.9545
辽宁省	2007	0.5913
辽宁省	2008	0.4217
辽宁省	2009	1.8111
辽宁省	2010	2.4409
辽宁省	2011	1.0688
辽宁省	2012	1.7565
辽宁省	2013	0.7779
辽宁省	2014	0.6080
辽宁省	2015	0.5449
内蒙古自治区	2003	0.1672
内蒙古自治区	2004	0.3649
内蒙古自治区	2005	0.5085
内蒙古自治区	2006	0.4670
内蒙古自治区	2007	0.3392
内蒙古自治区	2008	0.3961
内蒙古自治区	2009	0.5803
内蒙古自治区	2010	0.1604
内蒙古自治区	2011	0.1855
内蒙古自治区	2012	0.5157
内蒙古自治区	2013	0.3950
内蒙古自治区	2014	0.7348
内蒙古自治区	2015	0.1670
宁夏回族自治区	2003	
宁夏回族自治区	2004	0.4243
宁夏回族自治区	2005	0.1620
宁夏回族自治区	2006	2.2927
宁夏回族自治区	2007	0.3184
宁夏回族自治区	2008	0.2267

续表

省份	年份	OFDI 业绩指数
宁夏回族自治区	2009	0.4054
宁夏回族自治区	2010	0.0979
宁夏回族自治区	2011	0.1279
宁夏回族自治区	2012	0.4332
宁夏回族自治区	2013	0.5470
宁夏回族自治区	2014	1.4487
宁夏回族自治区	2015	2.7546
青海省	2003	0.4931
青海省	2004	
青海省	2005	0.1709
青海省	2006	0.1158
青海省	2007	0.0710
青海省	2008	0.1078
青海省	2009	0.0703
青海省	2010	0.0238
青海省	2011	0.0215
青海省	2012	0.1068
青海省	2013	0.2770
青海省	2014	0.0818
青海省	2015	0.2383
山东省	2003	1.3349
山东省	2004	0.8331
山东省	2005	0.7883
山东省	2006	0.5295
山东省	2007	0.3777
山东省	2008	0.8345
山东省	2009	0.7555
山东省	2010	1.1231
山东省	2011	1.1324
山东省	2012	1.0917

续表

省份	年份	OFDI 业绩指数
山东省	2013	1.2622
山东省	2014	0.7754
山东省	2015	0.8307
山西省	2003	2.9000
山西省	2004	0.1915
山西省	2005	0.1209
山西省	2006	0.3470
山西省	2007	0.7127
山西省	2008	0.2008
山西省	2009	1.6449
山西省	2010	0.2005
山西省	2011	0.3386
山西省	2012	0.4039
山西省	2013	0.7290
山西省	2014	0.2812
山西省	2015	0.1073
陕西省	2003	0.0161
陕西省	2004	0.1247
陕西省	2005	0.0706
陕西省	2006	0.0222
陕西省	2007	0.1839
陕西省	2008	1.0454
陕西省	2009	0.9995
陕西省	2010	0.5990
陕西省	2011	0.7439
陕西省	2012	0.6644
陕西省	2013	0.3106
陕西省	2014	0.2755
陕西省	2015	0.2549
上海市	2003	1.4164

续表

省份	年份	OFDI 业绩指数
上海市	2004	4.2378
上海市	2005	6.5646
上海市	2006	3.8847
上海市	2007	2.1519
上海市	2008	1.3029
上海市	2009	2.9203
上海市	2010	2.1487
上海市	2011	1.9886
上海市	2012	2.5958
上海市	2013	2.0043
上海市	2014	2.4926
上海市	2015	6.7927
四川省	2003	0.0500
四川省	2004	0.1319
四川省	2005	0.3287
四川省	2006	0.2982
四川省	2007	1.4182
四川省	2008	0.3498
四川省	2009	0.2759
四川省	2010	0.9358
四川省	2011	0.5565
四川省	2012	0.3938
四川省	2013	0.3620
四川省	2014	0.5700
四川省	2015	0.2908
天津市	2003	0.3830
天津市	2004	0.9380
天津市	2005	0.4399
天津市	2006	0.5760
天津市	2007	0.7827

续表

省份	年份	OFDI 业绩指数
天津市	2008	0.6636
天津市	2009	1.0145
天津市	2010	0.8612
天津市	2011	0.7476
天津市	2012	0.8269
天津市	2013	1.2679
天津市	2014	3.1024
天津市	2015	1.1246
西藏自治区	2003	
西藏自治区	2004	
西藏自治区	2005	
西藏自治区	2006	
西藏自治区	2007	
西藏自治区	2008	
西藏自治区	2009	
西藏自治区	2010	0.0133
西藏自治区	2011	0.0740
西藏自治区	2012	0.0005
西藏自治区	2013	0.0044
西藏自治区	2014	0.0492
西藏自治区	2015	2.1287
新疆维吾尔自治区	2003	0.0279
新疆维吾尔自治区	2004	0.1664
新疆维吾尔自治区	2005	0.3028
新疆维吾尔自治区	2006	0.0517
新疆维吾尔自治区	2007	1.2461
新疆维吾尔自治区	2008	0.9013
新疆维吾尔自治区	2009	1.5348
新疆维吾尔自治区	2010	0.2044
新疆维吾尔自治区	2011	0.9889

续表

省份	年份	OFDI 业绩指数
新疆维吾尔自治区	2012	0.9077
新疆维吾尔自治区	2013	0.6113
新疆维吾尔自治区	2014	0.6958
新疆维吾尔自治区	2015	0.4822
云南省	2003	0.1797
云南省	2004	0.2656
云南省	2005	0.5461
云南省	2006	0.6673
云南省	2007	1.4703
云南省	2008	2.7193
云南省	2009	1.5914
云南省	2010	1.6541
云南省	2011	0.5802
云南省	2012	1.5943
云南省	2013	1.1471
云南省	2014	1.1588
云南省	2015	0.5116
浙江省	2003	0.6854
浙江省	2004	1.0318
浙江省	2005	1.0732
浙江省	2006	1.2538
浙江省	2007	1.1066
浙江省	2008	0.9821
浙江省	2009	1.1104
浙江省	2010	2.2494
浙江省	2011	1.1906
浙江省	2012	1.0756
浙江省	2013	1.1052
浙江省	2014	1.1311
浙江省	2015	1.2201

续表

省份	年份	OFDI 业绩指数
重庆市	2003	
重庆市	2004	0.5400
重庆市	2005	0.1549
重庆市	2006	0.3962
重庆市	2007	0.9585
重庆市	2008	0.9805
重庆市	2009	0.2643
重庆市	2010	1.0604
重庆市	2011	0.8324
重庆市	2012	0.7333
重庆市	2013	0.4431
重庆市	2014	0.6326
重庆市	2015	0.7008

资料来源：《2015 年度中国对外直接投资统计公报》，并经作者计算整理。

参考文献

[1] 安虎森，栾秋琳."一带一路"战略下东亚分工新格局的演变及实施方略[J]. 南京社会科学，2017（2）：22–29.

[2] 蔡昉，都阳. 工资增长、工资趋同与刘易斯转折点[J]. 经济学动态，2011（9）：9–16.

[3] 陈景华. 企业异质性、全要素生产率与服务业对外直接投资——基于服务业行业和企业数据的实证检验[J]. 国际贸易问题，2014（7）：112–122.

[4] 陈岩，马利灵，钟昌标.中国对非洲投资决定因素：整合资源与制度视角的经验分析[J].世界经济，2012，35（10）：91–112.

[5] 戴翔.中国企业"走出去"的生产率悖论及其解释——基于行业面板数据的实证分析[J].南开经济研究，2013（2）：44–59.

[6] 戴翔，韩剑，张二震. 集聚优势与中国企业"走出去"[J]. 中国工业经济，2013（2）：117–129.

[7] 戴翔. 生产率与中国企业"走出去"：服务业和制造业有何不同?[J]. 数量经济技术经济研究，2014，31（6）：74–87.

[8] 杜德斌，马亚华."一带一路"：中华民族复兴的地缘大战略[J]. 地理研究，2015（6）：1005–1014.

[9] 杜江，宋跃刚. 制度距离、要素禀赋与我国OFDI区位选择偏好——基于动态面板数据模型的实证研究[J]. 世界经济研究，2014（12）：47–52.

[10] 杜凯，周勤.中国对外直接投资：贸易壁垒诱发的跨越行为[J]. 南开经济研究，2010（2）：44–63.

[11] 杜思正，冼国明，冷艳丽. 中国金融发展、资本效率与对外投资水平

[J]. 数量经济技术经济研究，2016，33（10）：17–36.

［12］宫旭红，任颋. 融资约束、信贷支持与民营企业对外直接投资[J]. 产业经济研究，2017（5）：25–37.

［13］关秀丽. 高度重视FTA中投资定义条款发展趋势[J]. 中国经贸导刊，2014（12）：38–42.

［14］谷本正幸. 中国不再是日本对外直接投资首选地[J]. 国际经济评论，2014（2）：175–176.

［15］顾雪松，韩立岩，周伊敏. 产业结构差异与对外直接投资的出口效应——"中国—东道国"视角的理论与实证[J]. 经济研究，2016（4）：102–115.

［16］郭烨，许陈生. 双边高层会晤与中国在"一带一路"沿线国家的直接投资[J]. 国际贸易问题，2016（2）：26–36.

［17］韩剑. 垂直型和水平型对外直接投资的生产率门槛——基于中国企业层面微观数据的研究[J]. 中国经济问题，2015（3）：38–50.

［18］韩永辉，罗晓斐，邹建华. 中国与西亚地区贸易合作的竞争性和互补性研究——以"一带一路"战略为背景[J]. 世界经济研究，2015（3）：89–98.

［19］郝景芳，马弘. 引力模型的新进展及对中国对外贸易的检验[J]. 数量经济技术经济研究，2012（10）：52–58.

［20］洪俊杰，黄薇，张蕙，陶攀. 中国企业"走出去"的理论解读[J]. 国际经济评论，2012（4）：121–134.

［21］洪联英，刘解龙. 为什么中国企业对外直接投资增而不强——一个微观生产组织控制视角的分析[J]. 财贸经济，2011（10）：95–103.

［22］洪联英，张云. 我国境外经贸合作区建设与企业"走出去"战略[J]. 国际经贸探索，2011（3）：48–54.

［23］胡兵，邓富华. 腐败距离与中国对外直接投资——制度观和行为学的整合视角[J]. 财贸经济，2014（4）：82–92.

［24］胡江云，赵书博，王秀哲."一带一路"构想下的境外经贸合作区研究[J]. 发展研究，2017（1）：8–12.

［25］黄河. 公共产品视角下的"一带一路"[J]. 世界经济与政治，2015（6）：138–155.

[26] 黄先海，陈航宇."一带一路"的实施效应研究——基于GTAP的模拟分析[J]. 社会科学战线，2016（5）：39–49.

[27] 黄先海，余骁. 以"一带一路"建设重塑全球价值链[J]. 经济学家，2017（3）:32–39.

[28] 黄益平. 对外直接投资的"中国故事"[J]. 国际经济评论，2013（2）：20–33.

[29] 黄益平，何帆，张永生. 中国对外直接投资研究[M]. 北京：北京大学出版社，2013.

[30] 黄益平. 中国经济外交新战略下的"一带一路"[J]. 国际经济评论，2015（1）：48–53.

[31] 黄志勇，万祥龙，许承明. 金融发展对我国对外直接投资的影响——基于省级面板数据的实证分析[J]. 世界经济与政治论坛，2015（2）：122–135.

[32] 姜广省，李维安. 政府干预是如何影响企业对外直接投资的？——基于制度理论视角的研究[J]. 财经研究，2016（2）：122–133.

[33] 蒋殿春，张庆昌. 美国在华直接投资的引力模型分析[J]. 世界经济，2011，34（5）：26–41.

[34] 蒋冠宏，蒋殿春. 中国对发展中国家的投资——东道国制度重要吗？[J]. 管理世界，2012（11）：45–56.

[35] 蒋冠宏，蒋殿春. 中国对外投资的区位选择：基于投资引力模型的面板数据检验[J]. 世界经济，2012，35（9）：21–40.

[36] 蒋冠宏. 企业异质性和对外直接投资——基于中国企业的检验证据[J]. 金融研究，2015（12）：81–96.

[37] 蒋冠宏. 制度差异、文化距离与中国企业对外直接投资风险[J]. 世界经济研究，2015（8）：37–47.

[38] 蒋冠宏，张馨月. 金融发展与对外直接投资——来自跨国的证据[J]. 国际贸易问题，2016（2）：166–176.

[39] 贾玲俊，朱琳. 中国—东盟经贸合作新方式：境外经贸合作区[J]. 合作经济与科技，2015（7）：109–111.

[40] 蒋志刚."一带一路"建设中的金融支持主导作用[J]. 国际经济合作，

2014（9）：59–62.

［41］金碚. 论经济全球化3.0时代——兼论“一带一路”的互通观念[J]. 中国工业经济，2016（1）：5–20.

［42］冀相豹，葛顺奇. 母国制度环境对中国OFDI的影响——以微观企业为分析视角[J]. 国际贸易问题，2015（3）：76–85.

［43］冀相豹. 企业融资约束是否影响中国对外直接投资？[J]. 中国经济问题，2016（2）：3–15.

［44］梁莹莹. 中国对外直接投资决定因素与战略研究[D]. 南开大学，2014.

［45］李春顶. 境外经贸合作区建设与我国企业“走出去”[J]. 国际经济合作，2008（7）：25–28.

［46］李丹，陈友庚. 对外援助与我国境外经贸合作区建设[J]. 开放导报，2015（1）：51–53.

［47］李桂芳，于泓珺. 商业银行国际化与助力企业“走出去”研究——以中国银行支持双汇国际收购史密斯菲尔德案为例[J]. 经济体制改革，2016（4）：157–160.

［48］李国学. 制度约束与对外直接投资模式[J]. 国际经济评论，2013（1）：160–172.

［49］李嘉楠，龙小宁，张相伟. 中国经贸合作新方式——境外经贸合作区[J]. 中国经济问题，2016（6）：64–81.

［50］李磊，包群. 融资约束制约了中国工业企业的对外直接投资吗？[J]. 财经研究，2015（6）：120–131.

［51］李猛，于津平. 中国反倾销跨越动机对外直接投资研究[J]. 财贸经济，2013（4）：76–88.

［52］李猛，王纪孔. 东道国宏观经济特征、反倾销与中国对外直接投资[J]. 世界经济研究，2014（4）：73–79.

［53］李平，孟寒，黎艳. 双边投资协定对中国对外直接投资的实证分析——基于制度距离的视角[J]. 世界经济研究，2014（12）：53–58.

［54］李向阳. 构建“一带一路”需要优先处理的关系[J]. 国际经济评论，2015（1）：54–63.

［55］李晓，李俊久．“一带一路”与中国地缘政治经济战略的重构[J]. 世界经济与政治，2015（10）：30-59.

［56］李自杰，李毅，陈达．国际化经验与走向全球化——基于中国电子信息技术产业上市公司的实证研究[J]. 中国软科学，2010（8）：126-137.

［57］李柱锡．韩国的对外直接投资[J]. 外国经济与管理，1993（4）：35-37.

［58］林季红．试论国际生产折衷理论的发展[J]. 中国经济问题，2006（4）：25-31.

［59］林季红．国际生产折衷理论的局限及进一步发展的新视角[J]. 国际贸易问题，2007（4）：93-101.

［60］林季红，胡雯婷．中国国际投资发展阶段研究[J]. 厦门大学学报（哲学社会科学版），2011（2）：52-59.

［61］林治洪，陈岩，秦学志．中国对外投资决定因素——基于整合资源观与制度视角的实证分析[J]. 管理世界，2012（8）：165-166.

［62］刘宏，赵晓敏．中国对外直接投资的现状与问题研究[J]. 国际贸易，2012（11）：17-21.

［63］刘莉亚，何彦林，王照飞，程天笑．融资约束会影响中国企业对外直接投资吗?——基于微观视角的理论和实证分析[J]. 金融研究，2015（8）：124-140.

［64］刘夏明，王珏，逯建．中国OFDI的研究综述：理论创新与重构[J]. 中南财经政法大学学报，2016（2）：86-95.

［65］柳思思．“一带一路”：跨境次区域合作理论研究的新进路[J]. 南亚研究，2014（2）：1-11.

［66］龙小宁，张晶，张晓波．产业集群对企业履约和融资环境的影响[J]. 经济学（季刊），2015，14（4）：1563-1590.

［67］卢锋，李昕，李双双，姜志霄，张杰平，杨业伟．为什么是中国?——“一带一路”的经济逻辑[J]. 国际经济评论，2015（3）：9-34.

［68］卢进勇，郑玉坤．化解反倾销困局——中国企业海外直接投资与应对反倾销[J]. 国际贸易，2004（3）：42-44.

［69］卢进勇，程晓青．中国对外直接投资的综合动因分析[R]. 中华人民共

和国商务部，2016.

[70] 路红艳 . 中国境外经贸合作区发展的经验启示[J]. 对外经贸，2013（8）：7–10.

[71] 罗来军，罗雨泽，刘畅 . 自由贸易区促进贸易了吗？——来自国家层面的经验考察[J]. 世界经济研究，2014（12）：59–64.

[72] 罗伟，葛顺奇 . 中国对外直接投资区位分布及其决定因素——基于水平型投资的研究[J]. 经济学（季刊），2013，12（4）：1443–1464.

[73] 吕宏芬，郑亚莉 . 对中国—智利自由贸易区贸易效应的引力模型分析[J]. 国际贸易问题，2013（2）：49–57.

[74] 吕萍，郭晨曦 . 治理结构如何影响海外市场进入模式决策——基于中国上市公司对欧盟主要发达国家对外直接投资的数据[J]. 财经研究，2015（3）：88–99.

[75] 孟醒，董有德 . 社会政治风险与我国企业对外直接投资的区位选择[J]. 国际贸易问题，2015（4）：106–115.

[76] 潘镇，金中坤 . 双边政治关系、东道国制度风险与中国对外直接投资[J]. 财贸经济，2015（6）：85–97.

[77] 裴长洪，郑文 . 国家特定优势：国际投资理论的补充解释[J]. 经济研究，2011，46（11）：21–35.

[78] 裴长洪 . 中国海外投资促进体系研究[M]. 北京：社会科学文献出版社，2013.

[79] 彭刚，苑生龙 . 对外直接投资发展周期定位与总体模型——人均样本下的中国特征及国际比较[J]. 经济学动态，2013（2）：60–66.

[80] 乔晶，胡兵 . 中国对外直接投资：过度抑或不足[J]. 数量经济技术经济研究，2014，31（7）：38–51.

[81] 邱立成，刘奎宁，王自锋 . 东道国城镇化与中国对外直接投资[J]. 国际贸易问题，2016（4）：143–154.

[82] 汝毅，郭晨曦，吕萍 . 高管股权激励、约束机制与对外直接投资速率[J]. 财经研究，2016（3）：4–15.

[83] 阮刚辉 . 境外经贸合作区要融入“一带一路”[J]. 浙江经济，2014（7）：

40–41.

［84］盛丹，王永进.基础设施、融资依赖与地区出口比较优势[J]. 金融研究，2012（5）：15–29.

［85］沈国兵.美国对华反倾销对中国内向和外向FDI的影响[J]. 财贸经济，2011（9）：63–70.

［86］石静霞.国际贸易投资规则的再构建及中国的因应[J]. 中国社会科学，2015（9）：128–145.

［87］隋广军，黄亮雄，黄兴.中国对外直接投资、基础设施建设与"一带一路"沿线国家经济增长[J].广东财经大学学报，2017，32（1）：32–43.

［88］孙黎，任兵，阎大颖，等.比较所有权优势:中国和印度企业跨国并购的理论框架[J].管理学季刊，2010（4）：1–32.

［89］孙林，倪卡卡.东盟贸易便利化对中国农产品出口影响及国际比较——基于面板数据模型的实证分析[J].国际贸易问题，2013（4）：139–147.

［90］孙文莉，伍晓光.汇率、贸易壁垒与企业"诱发性"对外投资决策[J].财贸研究，2012，23（2）：67–75.

［91］太平，刘宏兵.签订双边投资协定对中国吸收FDI影响的实证分析[J].国际商务（对外经济贸易大学学报），2014（4）：53–61.

［92］田巍，余淼杰.企业生产率和企业"走出去"对外直接投资：基于企业层面数据的实证研究[J].经济学（季刊），2012，11（2）：383–408.

［93］田巍，姚洋，余淼杰，周羿.人口结构与国际贸易[J].经济研究，2013，48（11）：87–99.

［94］王碧珺.被误读的官方数据——揭示真实的中国对外直接投资模式[J].国际经济评论，2013（1）：61–74.

［95］王碧珺，谭语嫣，余淼杰，黄益平.融资约束是否抑制了中国民营企业对外直接投资[J].世界经济，2015，38（12）：54–78.

［96］王碧珺.中国对外直接投资的理论、战略与政策[M].北京：经济管理出版社，2016.

［97］王建，张宏.东道国政府治理与中国对外直接投资关系研究——基于东道国面板数据的实证分析[J].亚太经济，2011（1）：127–132.

［98］王是业. 政策性金融机构支持企业“走出去”模式探析——来自欧美国家的经验[J]. 现代经济探讨，2017（1）：88-92.

［99］王恕立，向姣姣. 制度质量、投资动机与中国对外直接投资的区位选择[J]. 财经研究，2015（5）：134-144.

［100］王孝松，翟光宇，林发勤. 反倾销对中国出口的抑制效应探究[J]. 世界经济，2015，38（5）：36-58.

［101］王亚星，李敏瑞. 资本扭曲与企业对外直接投资——以全要素生产率为中介的倒逼机制[J]. 财贸经济，2017，38（1）：115-129.

［102］王永钦，杜巨澜，王凯. 中国对外直接投资区位选择的决定因素：制度、税负和资源禀赋[J]. 经济研究，2014（12）：126-142.

［103］王昱，成力为. 制度门槛、金融发展与对外直接投资[J]. 世界经济研究，2014（5）：66-73.

［104］王忠诚，薛新红，张建民. 东道国金融发展对中国企业对外直接投资的影响：二元边际与生产率门槛[J]. 南方经济，2018（3）：1-18.

［105］魏卿，姜立文. 双边投资协定的经济分析[J]. 河南大学学报（社会科学版），2005（2）：28-33.

［106］吴福象，段巍. 国际产能合作与重塑中国经济地理[J]. 中国社会科学，2017（2）：44-64.

［107］吴群锋，蒋为. 全球华人网络如何促进中国对外直接投资？[J]. 财经研究，2015（12）：95-106.

［108］吴舒钰. “一带一路”沿线国家的经济发展[J]. 经济研究参考，2017（15）：16-45.

［109］冼国明，杨锐. 技术累积、竞争策略与发展中国家对外直接投资[J]. 经济研究，1998（11）：57-64.

［110］肖文，韩沈超. 地方政府效率变动对企业“走出去”的影响——基于2004—2012年省级面板样本的检验[J]. 浙江大学学报（人文社会科学版），2016（1）：184-199.

［111］邢厚媛，冯赫. 量化的参照指标——中国各地区外国直接投资流入业绩指数与潜力指数比较[J]. 国际贸易，2003（11）：48-51.

［112］徐清．金融发展、生产率与中国企业对外直接投资[D]．南开大学，2014.

［113］徐清．金融发展、生产率与中国企业对外直接投资——基于大样本企业数据的Logit模型分析[J]．投资研究，2015，34（11）：53-63.

［114］徐世腾．中国海外直接投资中的贸易保护因素实证研究[J]．经济问题，2011（7）：54-57.

［115］严兵，张禹，韩剑．企业异质性与对外直接投资——基于江苏省企业的检验[J]．南开经济研究，2014（4）：50-63.

［116］严兵，张禹．生产率、融资约束与对外直接投资[J]．世界经济研究，2016（9）：86-96.

［117］阎大颖，洪俊杰，任兵．中国企业对外直接投资的决定因素：基于制度视角的经验分析[J]．南开管理评论，2009，12（6）：135-142.

［118］杨宏恩，孟庆强，王晶，李浩．双边投资协定对中国对外直接投资的影响：基于投资协定异质性的视角[J]．管理世界，2016（4）：24-36.

［119］杨娇辉，王伟，谭娜．破解中国对外直接投资区位分布的"制度风险偏好"之谜[J]．世界经济，2016，39（11）：3-27.

［120］杨校美，张诚．要素禀赋、政策倾斜与中国对外直接投资——基于省级面板数据的分析[J]．国际贸易问题，2014（5）：124-134.

［121］杨建清．对外直接投资的区域差异及决定因素研究[J]．管理世界，2015（5）：172-173.

［122］阳佳余．融资约束与企业出口行为：基于工业企业数据的经验研究[J]．经济学（季刊），2012，11（4）：1503-1524.

［123］姚枝仲，李众敏．中国对外直接投资的发展趋势与政策展望[J]．国际经济评论，2011（2）：127-140.

［124］姚枝仲．中国企业对外直接投资动因[J]．中国金融，2013（1）：47-48.

［125］余官胜，袁东阳．金融发展是我国企业对外直接投资的助推器还是绊脚石——基于量和质维度的实证研究[J]．国际贸易问题，2014（8）：125-134.

［126］余官胜．东道国金融发展和我国企业对外直接投资——基于动机异质性视角的实证研究[J]．国际贸易问题，2015（3）：138-145.

［127］余官胜. 民间金融发展对民营企业对外直接投资的影响——基于温州企业层面数据的实证研究[J]. 商业经济与管理，2015（6）：69–75.

［128］余官胜，都斌. 外商直接投资对企业对外直接投资影响的实证研究[J]. 软科学，2016（4）：65–68.

［129］余官胜，都斌. 企业融资约束与对外直接投资国别区位选择——基于微观数据排序模型的实证研究[J]. 国际经贸探索，2016，32（1）：95–104.

［130］余官胜. 融资约束、东道国汇率风险与企业对外直接投资区位选择——基于浙江省微观企业层面数据的实证研究[J]. 浙江工商大学学报，2017（6）：87–96.

［131］张彬，汪占熬. 中国—东盟自由贸易区贸易结构效应的实证分析——基于1995—2008年HS92商品分类面板数据[J]. 世界经济研究，2011（1）：75–81.

［132］张广荣. 中国境外经贸合作区发展政策探析[J]. 国际经济合作，2013（2）：40–42.

［133］张海亮，齐兰，卢曼. 套利动机是否加速了对外直接投资——基于对矿产资源型国有企业的分析[J]. 中国工业经济，2015（2）：135–147.

［134］张慧，黄建忠. 我国对外直接投资的区位分布与地理集聚效应研究[M]. 厦门：厦门大学出版社，2015：91–103.

［135］张述存. “一带一路”战略下优化中国对外直接投资布局的思路与对策[J]. 管理世界，2017（4）：1–9.

［136］张先锋，杨栋旭，张杰. 对外直接投资能缓解企业融资约束吗——基于中国工业企业的经验证据[J]. 国际贸易问题，2017（8）：131–141.

［137］张相伟，龙小宁. 中国对外直接投资具有跨越贸易壁垒的动机吗？[J]. 国际贸易问题，2018（1）：135–144.

［138］张小鹿. 中国对外直接投资是否为规避贸易壁垒——基于东道国特征的分析[J]. 经济视角（上旬刊），2015（7）：19–24.

［139］张新乐，王文明，王聪. 我国对外直接投资决定因素的实证研究[J]. 国际贸易问题，2007（5）：91–95.

［140］张智勇. 解析中国—东盟自由贸易区《投资协议》[J]. 甘肃政法学院学报，2011（1）：84–89.

［141］赵晓晨，韩瑞，李青．天津民营经济的贡献及发展途径新探[J]. 天津大学学报（社会科学版），2012，14（4）：324–328.

［142］曾诗鸿．我国进出口银行与企业“走出去”战略研究[J]. 国际经贸探索，2005（1）：43–47.

［143］曾小荷．我国对外直接投资的产业和区位选择[J]. 国际贸易问题，2003（5）：36–40.

［144］郑志丹．工资上涨的成本效应：企业出口与对外直接投资的权衡[J]. 经济学动态，2017（5）：71–83.

［145］郑忠良，王琳婷，钱晴．金融机构支持企业走出去研究[J]. 宏观经济管理，2015（10）：55–57.

［146］宗芳宇，路江涌，武常岐．双边投资协定、制度环境和企业对外直接投资区位选择[J]. 经济研究，2012（5）：71–82.

［147］周海川．政府协议、制度环境与外商土地投资[J]. 财贸经济，2014（8）：71–84.

［148］周凤秀，张建华．政府干预、制度调节与中国企业的对外直接投资[J]. 国际商务（对外经济贸易大学学报），2017（3）：99–113.

［149］周茂，陆毅，陈丽丽．企业生产率与企业对外直接投资进入模式选择——来自中国企业的证据[J]. 管理世界，2015（11）：70–86.

［150］周密．中国企业国际化路还长[N]. 国际商报，2010–05–18（005）.

［151］朱华．投资发展周期理论与中国FDI发展阶段定位研究[J]. 经济学动态，2012（5）：37–42.

［152］朱荃，张天华．中国企业对外直接投资存在“生产率悖论”吗——基于上市工业企业的实证研究[J]. 财贸经济，2015（12）：103–117.

［153］卓丽洪，郑联盛，胡滨．“一带一路”战略下政策性金融机构支持企业“走出去”研究[J]. 经济纵横，2016（4）：82–87.

［154］Aisbett E. Bilateral Investment Treaties and Foreign Direct Investment: Correlation versus Causation [J]. University of California, Berkeley, 2007.

［155］Allen F, Qian J, Qian M. Law, Finance, and Economic Growth in China [J]. Journal of Financial Economics, 2005, 77(1): 57–116.

[156] Antràs P. Firms, Contracts, and Trade Structure [J]. Quarterly Journal of Economics, 2003, 118(4):1375–1418.

[157] Antràs P, Desai M A, Foley C F. Multinational Firms, FDI Flows, and Imperfect Capital Markets [J]. Quarterly Journal of Economics, 2007, 124(3): 1171–1219.

[158] Arnold J M, Hussinger K. Exports Versus FDI in German Manufacturing: Firm Performance and Participation in International Markets [J]. Review of International Economics, 2010, 18(4): 595–606.

[159] Arora A, Gambardella A. Domestic Markets and International Competitiveness: Generic and Product–Specific Competencies in the Engineering Sector [J]. Strategic Management Journal, 1997, 18(1): 53–74.

[160] Athreye S, Kapur S. Introduction: The Internationalization of Chinese and Indian Firms Trends, Motivations and Strategy [J]. Industrial and Corporate Change, 2009, 18(2): 209–221.

[161] Barney J. Firm Resources and Sustained Competitive Advantage [J]. Journal of Management, 1991, 17(1): 99–120.

[162] Barney J, Wright M, Ketchen D J. The Resource–Based View of the Firm: Ten Years after 1991 [J]. Journal of Management, 2001, 27(6):625–641.

[163] Barrell R, Pain N. Trade Restraints and Japanese Direct Investment Flows [J]. European Economic Review, 1999, 43(1): 29–45.

[164] Belderbos R A. Antidumping and Tariff Jumping: Japanese Firms' DFI in the European Union and the United States [J]. Review of World Economics, 1997, 133(3): 419–457.

[165] Belderbos R, Vandenbussche H, Veugelers R. Antidumping Duties, Undertakings, and Foreign Direct Investment in the EU [J]. European Economic Review, 2004, 48(2): 429–453.

[166] Bellone F, Musso P, Nesta L, et al. Financial Constraints and Firm Export Behaviour [J]. The World Economy, 2010, 33(3): 347–373.

[167] Bernard A B, Eaton J, Jensen J B, et al. Plants and Productivity in International Trade [J]. American Economic Review, 2003, 93(4): 1268–1290.

[168] Bhagwati J N, Brecher R A, Dinopoulos E, et al. Quid Pro Quo Foreign Investment and Welfare: A Political-economy-theoretic Model [J]. Journal of Development Economics, 1987, 27(12): 127-138.

[169] Blonigen B A, Feenstra R C. Protectionist Threats and Foreign Direct Investment [M]. Chicago: University of Chicago Press, 1997.

[170] Blonigen B A, Ohno Y. Endogenous Protection, Foreign Direct Investment and Protection-Building Trade [J].Journal of International Economics, 1998, 46(2): 205-227.

[171] Blonigen B A. Tariff-jumping Antidumping Duties [J]. Journal of International Economics, 2002, 57(1): 31-49.

[172] Blonigen B, Prusa T. The Cost of Antidumping: The Devil is in the Details [J]. Policy Reform, 2003, 6(4): 233-245.

[173] Blyde J, Molina D. Logistic Infrastructure and the International Location of Fragmented Production [J]. Journal of International Economics, 2015, 95(2): 319-332.

[174] Boisot M, Meyer M W. Which way through the Open Door? Reflections on the Internationalization of Chinese Firms [J]. Management and Organization Review, 2008, 4(3): 349-365.

[175] Boter H, Holmquist C. Industry Characteristics and Internationalization Processes in Small Firms [J]. Journal of Business Venturing, 1996, 11(6): 471-487.

[176] Bräutigam D, Tang X. "Going Global in Groups" : Structural Transformation and China's Special Economic Zones Overseas [J]. World Development, 2014（63）: 78-91.

[177] Brouthers K D, Hennart J F. Boundaries of the Firm: Insights from International Entry Mode Research [J]. Journal of Management, 2007, 33(3):395-425.

[178] Buch C M, Kesternich I, Lipponer A, et al. Exports Versus FDI Revisited: Does Finance Matter? [J]. Social Science Electronic Publishing, 2010.

[179] Buch C M, Kesternich I, Lipponer A, & Schnitzer M. Financial Constraints and Foreign Direct Investment: Firm-level Evidence [J].Review of World Economics, 2014, 150(2)： 393-420.

[180] Buckley P, Casson M. The Future of the Multinational Enterprise [M]. London: Macmillan, 1976.

[181] Buckley P J, Casson M. Analysing Foreign Market Entry Strategies: Extending the Internalisation Approach [J]. Journal of International Business Studies, 1998, 29(3)： 539–561.

[182] Buckley P J, Clegg J, Wang C. The Impact of Inward FDI on the Performance of Chinese Manufacturing Firms [J]. Journal of International Business Studies, 2002, 33(4): 637–655.

[183] Buckley P, L J Clegg, A Cross, X Liu, H Voss, P Zheng. The Determinants of Chinese Outward Foreign Direct Investment [J]. Journal of International Business Studies, 2007, 38 (4)： 499 – 518.

[184] Buckley P J, Cross A R, Tan H, et al. Historic and Emergent Trends in Chinese Outward Direct Investment[J]. Management International Review, 2008, 48(6): 715–748.

[185] Busse M, Hefeker C. Political Risk, Institutions and Foreign Direct Investment [J]. European Journal of Political Economy, 2007, 23(2): 397–415.

[186] Busse M, Königer J, Nunnenkamp P. FDI Promotion through Bilateral Investment Treaties: More than a Bit? [J]. Review of World Economics, 2010, 146(1): 147–177.

[187] Cai K. Outward Foreign Direct Investment: A Novel Dimension of China's Integration into the Regional and Global Economy [J]. China Quarterly, 1999 (160) : 856 – 880.

[188] Campa J, Donnenfeld S, Weber S. Market Structure and Foreign Direct Investment [J]. Review of International Economics, 1998, 6(3): 361–380.

[189] Castellani D, Zanfei A. Internationalization, Innovation and Productivity: How Do Firms Differ in Italy? [J]. World Economy, 2007, 30(1): 156 – 176.

[190] Castellani D, Giovannetti G. Productivity and the International Firm: Dissecting Heterogeneity [J]. Journal of Economic Policy Reform, 2010, 13(1): 25–42.

[191] Caves R. International Corporations: The Industrial Economics of Foreign

Investment [J]. Economica, 1971, 38 (149): 1 - 27.

[192] Cezar R, Escobar O R. Institutional Distance and Foreign Direct Investment [J]. Review of World Economics, 2015, 151(4): 713–733.

[193] Chan C M, Makino S, Isobe T. Does Subnational Region Matter? Foreign Affiliate Performance in the United States and China [J]. Strategic Management Journal, 2010, 31(11): 1226–1243.

[194] Chen W, Dollar D, Tang H. Why is China Investing in Africa? Evidence from the Firm Level [R]. Cesifo Working Paper, 2016.

[195] Cheng L, Z Ma. China's Outward FDI: Past and Future, In China's Growing Role in World Trade [M]. Chicago: University of Chicago Press, 2007.

[196] Cheung Y, and X Qian. Empirics of China's Outward Direct Investment [J]. Pacific Economic Review, 2009, 14 (3): 312 - 341.

[197] Child J, Rodrigues S B. The Internationalization of Chinese Firms: A Case for Theoretical Extension? [J]. Management and Organization Review, 2005, 1(3): 381–410.

[198] Claessens S, Tzioumis K. Measuring Firms' Access to Finance[R]. World Bank, 2006: 1–25.

[199] Cleary S. The Relationship between Firm Investment and Financial Status [J]. The Journal of Finance, 1999, 54(2): 673–692.

[200] Coase R H. The Nature of the Firm [J]. Economica, 1937, 4(16):386–405.

[201] Cui L, Jiang F. FDI Entry Mode Choice of Chinese Firms: A Strategic Behavior Perspective [J]. Journal of World Business, 2009, 44(4): 434–444.

[202] De la Torre A, Pería M S M, Schmukler S L. Bank Involvement with SMEs: Beyond Relationship Lending [J]. Journal of Banking & Finance, 2010, 34(9): 2280–2293.

[203] Deng P. Foreign Direct Investment by Transnationals from Emerging Countries: The Case of China [J]. Journal of Leadership and Organizational Studies, 2003, 10 (2): 11–24.

[204] Desai M A, Foley C F, Hines J R. A Multinational Perspective on Capital

Structure Choice and Internal Capital Markets [J].The Journal of Finance, 2004, 59(6): 2451–2487.

[205] Desai M A, Foley C F, Hines J R. Capital Structure with Risky Foreign Investment [J]. Journal of Financial Economics, 2008, 88(3): 534–553.

[206] Desbordes R, Vicard V. Foreign Direct Investment and Bilateral Investment Treaties: An International Political Perspective [J]. Journal of Comparative Economics, 2009, 37(3): 372–386.

[207] Di Mauro F. The Impact of Economic Integration on FDI and Exports: A Gravity Approach [M]. Brussels: Centre for European Policy Studies, 2000.

[208] Dinopoulos E. Quid Pro Quo Foreign Investment [J].Economics & Politics, 1989, 1(2): 145–160.

[209] Dinopoulos E. Quid Pro Quo Foreign Investment and VERs: A Nash Bargaining Approach [J].Economics & Politics, 1992, 4(1): 43–60.

[210] Driffield N, Love J H. Foreign Direct Investment, Technology Sourcing and Reverse Spillovers [J]. The Manchester School, 2003, 71(6): 659–672.

[211] Dunning J H. Trade, Location of Economic Activity and the MNE: A Search for an Eclectic Approach [M]. London: Palgrave Macmillan, 1977.

[212] Dunning J H. Toward an Eclectic Theory of International Production: Some Empirical Tests [J]. Journal of International Business Studies, 1980, 11(1): 9–31.

[213] Dunning J H. Explaining the International Direct Investment Position of Countries: Towards a Dynamic or Developmental Approach [J]. Weltwirtschaftliches Archiv, 1981, 117(1): 30–64.

[214] Dunning J H. The Eclectic Paradigm of International Production: A Restatement and Some Possible Extensions [J]. Journal of International Business Studies, 1988, 19(1): 1–31.

[215] Dunning J H. Multinational Enterprises and the Global Economy [J]. Journal of International Business Studies, 1993, 39(7): 1236 1238.

[216] Dunning J H. Reappraising the Eclectic Paradigm in an Age of Alliance Capitalism [J]. Journal of International Business Studies, 1995, 26(3): 461–491.

[217] Dunning J H. The Geographic Sources of the Competitiveness of Firms: Some Results of a New Survey [J]. Transnational Corporations, 1996, 5(3): 1 – 30.

[218] Dunning J H. Location and the Multinational Enterprise: A Neglected Factor? [J]. Journal of International Business Studies, 1998, 29(1): 45–66.

[219] Dunning J H. The Eclectic Paradigm as an Envelope for Economic and Business Theories of MNE Activity [J]. International Business Review, 2000, 9(2):163–190.

[220] Dunning J H. Towards a New Paradigm of Development: Implications for the Determinants of International Business [J]. Transnational Corporations, 2006, 15(1): 173–227.

[221] Eaton J, Tamura A. Bilateralism and Regionalism in Japanese and US Trade and Direct Foreign Investment Patterns [J]. Journal of the Japanese and International Economies, 1994, 8(4): 478–510.

[222] Engel D, Procher V. Export, FDI and Firm Productivity [J]. Applied Economics, 2012, 44(15): 1931–1940.

[223] Erdener C, Shapiro D M. The Internationalization of Chinese Family Enterprises and Dunning's Eclectic MNE Paradigm [J]. Management & Organization Review, 2005, 1(3): 411–436.

[224] Eriksson K, Johanson J, Majkgard A, et al. Experiential Knowledge and Cost in the Internationalization Process [J]. Journal of International Business Studies, 1997, 28(2): 337–360.

[225] Feenstra R C, Li Z, Yu M. Exports and Credit Constraints under Incomplete Information: Theory and Evidence from China [J]. Review of Economics and Statistics, 2014, 96(4): 729–744.

[226] Fosfuri A, Motta M. Multinationals without Advantages [J]. The Scandinavian Journal of Economics, 1999, 101(4): 617–630.

[227] Ghemawat P. Semiglobalization and International Business Strategy [J]. Journal of International Business Studies, 2003, 34(2): 138–152.

[228] Giannetti M, Ongena S. Lending by Example: Direct and Indirect Effects of

Foreign Banks in Emerging Markets [J]. Journal of International Economics, 2012, 86(1): 167–180.

[229] Girma S, Kneller R, Pisu M. Exports versus FDI: an Empirical Test [J]. Review of World Economics, 2005, 141(2): 193–218.

[230] Gil–Pareja S, Vivero R L, Paniagua J. The Effect of the Great Recession on Foreign Direct Investment: Global Empirical Evidence with a Gravity Approach [J]. Applied Economics Letters, 2013, 20(13): 1244–1248.

[231] Greenwood J, Jovanovic B. Financial Development, Growth, and the Distribution of Income [J]. Journal of Political Economy, 1990, 98(5): 1076–1107.

[232] Greenaway D, Guariglia A, Kneller R. Financial Factors and Exporting Decisions [J]. Journal of International Economics, 2007, 73(2): 377–395.

[233] Grossman G M, Helpman E. Integration versus Outsourcing in Industry Equilibrium [J]. The Quarterly Journal of Economics, 2002, 117(1): 85–120.

[234] Guillén M F, García–Canal E. The American Model of the Multinational Firm and the "New" Multinationals from Emerging Economies [J]. Academy of Management Perspectives, 2009, 23(2): 23–35.

[235] Haaland J I, Wooton I. Antidumping Jumping: Reciprocal Antidumping and Industrial Location [J].Review of World Economics, 1998, 134(2): 340–362.

[236] Hadlock C J, Pierce J R. New Evidence on Measuring Financial Constraints: Moving Beyond the KZ Index [J]. The Review of Financial Studies, 2010, 23(5): 1909–1940.

[237] Hale G. Bank Relationships, Business Cycles, and Financial Crises [J]. Journal of International Economics, 2012, 88(2): 312–325.

[238] Hallwarddriemeier M. Do Bilateral Investment Treaties Attract Foreign Direct Investment? Only a Bit and They Could Bite [R].World Bank Policy Research Working Paper, 2013: 3121.

[239] Head K, Ries J. Heterogeneity and the FDI versus Export Decision of Japanese Manufacturers [J]. Journal of the Japanese and International Economies, 2003, 17(4): 448–467.

[240] Helpman E. A Simple Theory of International Trade with Multinational Corporations [J]. Journal of Political Economy, 1984, 92(3): 451–471.

[241] Helpman E, Melitz M J, Yeaple S R. Export versus FDI with Heterogeneous Firms [J]. American Economic Review, 2004, 94 (1): 300 – 316.

[242] Hitt M A, Hoskisson R E, Kim H. International Diversification: Effects on Innovation and Firm Performance in Product–Diversified Firms [J]. Academy of Management Journal, 1997, 40(4): 767–798.

[243] Horst T. The Theory of the Multinational Firm: Optimal Behavior under Different Tariff and Tax Rates [J].Journal of Political Economy, 1971, 79(5): 1059–1072.

[244] Horstmann I, Markusen J R. Licensing versus Direct Investment: A Model of Internalization by the Multinational Enterprise [J].Canadian Journal of Economics, 1987, 20(3): 464–481.

[245] Horstmann I J, Markusen J R. Endogenous Market Structures in International Trade (Natura Facit Saltum) [J]. Journal of International Economics, 1992, 32(1–2): 109–129.

[246] Hoshi T, Kashyap A, Scharfstein D. Corporate Structure, Liquidity, and Investment: Evidence from Japanese Industrial Groups [J]. The Quarterly Journal of Economics, 1991, 106(1): 33–60.

[247] Huang H, Shi X, Zhang S. Counter–Cyclical Substitution between Trade Credit and Bank Credit [J]. Journal of Banking & Finance, 2011, 35(8): 1859–1878.

[248] Hubbard R G. Capital–Market Imperfections and Investment [J]. Journal of Economic Literature, 1998, 36(1): 193–225.

[249] Hurst L. Comparative Analysis of the Determinants of China's State-owned Outward Direct Investment in OECD and Non-OECD Countries [J]. China & World Economy, 2011, 19(4): 74–91.

[250] Hymer S H. The International Operations of National Firms: A Study of Direct Foreign [M]. Investment. Cambridge, Mass. MIT Press, 1960.

[251] Hymer S H. The International Operations of National Firms: A Study of Direct Foreign Investment [M]. Cambridge, Mass.: MIT Press, 1976.

[252] Javorcik B S, Wei S J. Corruption and Cross-border Investment in Emerging Markets: Firm-level Evidence [J]. Journal of International Money and Finance, 2009, 28(4): 605-624.

[253] Kaplan S N, Zingales L. Do Investment-cash Flow Sensitivities Provide Useful Measures of Financing Constraints? [J]. The Quarterly Journal of Economics, 1997, 112(1): 169-215.

[254] Keohane R O. After Hegemony: Cooperation and Discord in the World Political Economy [M]. Princeton: Princeton University Press, 2005.

[255] Keuschnigg C. Exports, Foreign Direct Investment, and the Costs of Corporate Taxation [J]. International Tax and Public Finance, 2008, 15(4): 460-477.

[256] Kimura F, Kiyota K. Exports, FDI, and Productivity: Dynamic Evidence from Japanese Firms [J]. Review of World Economics, 2006, 142(4): 695-719.

[257] Klevorick A K, Levin R C, Nelson R, et al. On the Sources and Significance of Interindustry Differences in Technological Opportunities [J]. Research Policy, 1995, 24(2): 185-205.

[258] Kogut B, Singh H. The Effect of National Culture on the Choice of Entry Mode [J].Journal of International Business Studies, 1988, 19(3): 411-432.

[259] Kojima K. Direct Foreign Investment: A Japanese Model of Multinational Business Operations [M]. New York: Praeger, 1978.

[260] Kolstad I, Wiig A. What Determines Chinese Outward FDI? [J].Journal of World Business, 2012, 47(1): 26-34.

[261] König M. An Econometric Framework for Testing the Eclectic Paradigm of International Firm Activities [J]. Review of World Economics, 2003, 139(3): 484-506.

[262] La Porta R, Lopez-de-Silanes F. Capital Markets and Legal Institutions [J]. Beyond the Washington Consensus: Institutions Matter, 1998: 73-92.

[263] Lall S. The New Multinationals: The Spread of Third World enterprises [M]. New York: John Wiley, 1983.

[264] Lardy N R. The Role of Foreign Direct Investment in China's Economic Transformation [J]. China Quarterly, 1995, 144(144): 1065-1082.

[265] Liang X, Lu X, Wang L. Outward Internationalization of Private Enterprises in China: The Effect of Competitive Advantages and Disadvantages Compared to Home Market Rivals [J]. Journal of World Business, 2012, 47(1): 134–144.

[266] Lecraw D. Direct Investment by Firms from Less Developed Countries [J]. Oxford Economic Papers, 1977, 29(3): 442–457.

[267] Lecraw D J. Outward Direct Investment by Indonesian Firms: Motivation and Effects [J]. Journal of International Business Studies, 1993, 24(3): 589–600.

[268] Levine R. Financial Development and Economic Growth: Views and Agenda [J]. Journal of Economic Literature, 1997, 35(2): 688–726.

[269] Liu X, Lu J, Chizema A. Top Executive Compensation, Regional Institutions and Chinese OFDI [J]. Journal of World Business, 2014, 49(1): 143–155.

[270] Liu X, Xiao W, Huang X. Bounded Entrepreneurship and Internationalisation of Indigenous Chinese Private–Owned Firms [J]. International Business Review, 2008, 17(4): 488–508.

[271] Long C, Zhang X. Cluster–based Industrialization in China: Financing and Performance [J]. Journal of International Economics, 2011, 84(1): 112–123.

[272] Lu J, Liu X, Wang H. Motives for Outward FDI of Chinese Private Firms: Firm Resources, Industry Dynamics, and Government Policies [J]. Management & Organization Review, 2011, 7(2): 223–248.

[273] Luo Y, Rui H. An Ambidexterity Perspective toward Multinational Enterprises from Emerging Economies [J]. The Academy of Management Perspectives, 2009, 23(4): 49–70.

[274] Luo Y, Xue Q, Han B. How Emerging Market Governments Promote Outward FDI: Experience from China [J]. Journal of World Business, 2010, 45(1): 68–79.

[275] Luo Y, Zhao H, Wang Y, et al. Venturing Abroad by Emerging Market Enterprises [J]. Management International Review, 2011, 51(4): 433.

[276] Makino S, Delios A. Local Knowledge Transfer and Performance: Implications for Alliance Formation in Asia [J]. Journal of International Business Studies, 1996, 27(5): 905–927.

[277] Markusen J R. Multinationals, Multi-Plant Economies, and the Gains from Trade [J]. Journal of International Economics, 1984, 16(3-4): 205-226.

[278] Markusen J R. Multinational Firms and the Theory of International Trade [M]. Cambridge, MA: MIT Press, 2002.

[279] Mathews J J. Dragon Multinationals: New Players in 21st Century Globalization [J]. Asia Pacific Journal of Management, 2006, 23 (1): 5 - 27.

[280] Melitz M J. The Impact of Trade on Intra-Industry Reallocations and Aggregate Industry Productivity [J]. Econometrica, 2003, 71(6): 1695-1725.

[281] Meyer K E, Peng M W. Probing Theoretically into Central and Eastern Europe: Transactions, Resources, and Institutions [J]. Journal of International Business Studies, 2005, 36(6): 600-621.

[282] Morck R. A History of Corporate Governance around the World: Family Business Groups to Professional Managers [M]. Chicago: University of Chicago Press, 2007.

[283] Morck R, Yeung B, Zhao M. Perspectives on China's Outward Foreign Direct Investment [J]. Journal of International Business Studies, 2008, 39(3): 337-350.

[284] Mundell R A. International Trade and Factor Mobility [J].American Economic Review, 1957, 47(3): 321-335.

[285] Musso P, Schiavo S. The Impact of Financial Constraints on Firm Survival and Growth [J]. Journal of Evolutionary Economics, 2008, 18(2): 135-149.

[286] Myers S C, Majluf N S. Corporate Financing and Investment Decisions when Firms Have Information that Investors do Not Have [J]. Journal of Financial Economics, 1984, 13(2): 187-221.

[287] Neumayer E, Spess L. Do Bilateral Investment Treaties Increase Foreign Direct Investment to Developing Countries? [J]. World Development, 2005, 33(10): 1567-1585.

[288] North D C. Institutions, Institutional Change and Economic Performance [M]. London: Cambridge University Press, 1990.

[289] Oldenski L. Export versus FDI and the Communication of Complex

Information [J]. Journal of International Economics, 2012, 87(2): 312–322.

[290] Ottaviano G I P, Turrini A. Distance and Foreign Direct Investment When Contracts are Incomplete [J].Journal of the European Economic Association, 2007, 5(4): 796–822.

[291] Peng M W, Wang D Y L, Jiang Y. An Institution–based View of International Business Strategy: A Focus on Emerging Economies [J]. Journal of International Business Studies, 2008, 39(5): 920–936.

[292] Poelhekke S. Do Global Banks Facilitate Foreign Direct Investment? [J]. European Economic Review, 2015（76）: 25–46.

[293] Porter M E. Competitive Strategy: Techniques for Analyzing Industries and Competitors [M]. New York: Free Press, 1980.

[294] Porter M E. The Competitive Advantage of Nations [M]. New York: Free Press, 1990.

[295] Ramasamy B, Yeung M, Laforet S. China's Outward Foreign Direct Investment: Location Choice and Firm Ownership [J]. Journal of World Business, 2012, 47(1): 17–25.

[296] Ramondo N, Rodríguez–Clare A. Trade, Multinational Production, and the Gains from Openness [J]. Journal of Political Economy, 2013, 121(2): 273–322.

[297] Razin A, Sadka E. Foreign Direct Investment: Analysis of Aggregate Flows [M]. Princeton University Press, 2012.

[298] Ruan J, Zhang X. Finance and Cluster–based Industrial Development in China [J]. Economic Development and Cultural Change, 2009, 58(1): 143–164.

[299] Rui H, G Yip. Foreign Acquisitions by Chinese Firms: A Strategic Intent Perspective [J]. Journal of World Business, 2008, 3 (2): 213 – 227.

[300] Rui H. Developing Country FDI and Development: The Case of Chinese FDI in the Sudan [J]. Transnational Corporations,2010, 19(3): 49–80.

[301] Scott W R. Institutions and Organizations. Foundations for Organizational Science [M]. London: Sage Publications, 1995.

[302] Scott W R. The Changing World of Chinese Enterprise: An Institutional

Perspective [M]. The Management of Enterprises in the People's Republic of China. Springer US, 2002:59–78.

[303] Silva J M C S, Tenreyro S. The Log of Gravity [J]. The Review of Economics and Statistics, 2006, 88(4): 641–658.

[304] Sim A B, Pandian J R. Emerging Asian MNEs and Their Internationalization Strategies Case Study Evidence on Taiwanese and Singaporean Firms [J]. Asia Pacific Journal of Management, 2003, 20(1): 27–50.

[305] Smith J K. Trade Credit and Informational Asymmetry [J]. The Journal of Finance, 1987, 42(4): 863–872.

[306] Spence M. Product Selection, Fixed Costs, and Monopolistic Competition [J]. The Review of Economic Studies, 1976, 3(2): 217–235.

[307] Sun S L, Peng M W, Lee R P, et al. Institutional Open Access at Home and Outward Internationalization [J]. Journal of World Business, 2015, 50(1): 234–246.

[308] Thomas D E, Eden L, Hitt M A, et al. Experience of Emerging Market Firms: The Role of Cognitive Bias in Developed Market Entry and Survival [J]. Management International Review, 2007, 47(6): 845–867.

[309] Tinbergen J. Shaping the World Economy: Suggestions for an International Economic Policy [M]. New York: Twentieth Century Fund, 1962.

[310] Tobin J L, Rose–Ackerman S. When BITs Have Some Bite: The Political–Economic Environment for Bilateral Investment Treaties [J]. The Review of International Organizations, 2011, 6(1): 1–32.

[311] Tomiura E. Foreign Outsourcing, Exporting, and FDI: A Productivity Comparison at the Firm Level [J]. Journal of International Economics, 2007, 72(1): 113–127.

[312] Tsai, Wenpin. Social Structure of "Coopetition" Within a Multiunit Organization: Coordination, Competition, and Intraorganizational Knowledge Sharing [J]. Organization Science, 2002, 13(2): 179–190.

[313] Tseng M W, Cowen M D. India's and China's Recent Experience with Reform and Growth [M]. Washington D.C.: International Monetary Fund, 2013.

[314] Tuppura A, Saarenketo S, Puumalainen K, et al. Linking Knowledge, Entry Timing and Internationalization Strategy[J]. International Business Review, 2008, 17(4): 473–487.

[315] UNCTAD. World Investment Report 2017: Investment and the Digital Economy [R]. United Nations Conference on Trade and Development (UNCTAD), New York and Geneva, 2017.

[316] Voss H, Buckley P J, Cross A R. Thirty Years of Chinese Outward Foreign Direct Investment[C]. 19th Annual Conference of the China Economic Association (UK), University of Cambridge. 2008.

[317] Vernon R. International Investment and International Trade in the Product Cycle [J].Quarterly Journal of Economics， 1966（80）: 190–207.

[318] Voss H, Buckley P J, Cross A R. An Assessment of the Effects of Institutional Change on Chinese Outward Direct Investment Activity [M]. London: Palgrave Macmillan UK, 2009.

[319] Wagner J. Exports, Foreign Direct Investment, and Productivity: Evidence from German Firm Level Data [J]. Applied Economics Letters, 2006, 13(6): 347–349.

[320] Wang C, Hong J, Kafouros M, et al. What Drives Outward FDI of Chinese Firms? Testing the Explanatory Power of Three Theoretical Frameworks [J]. International Business Review, 2012, 21(3): 425–438.

[321] Wang B, Wang H. Chinese Manufacturing Firms' Overseas Direct Investment (ODI): Patterns, Motivations and Challenges [J]. Social Science Electronic Publishing, 2011.

[322] Wang X, L C Xu, T Zhu. Foreign Direct Investment under a Weak Rule of Law: Theory and Evidence from China [J]. Economics of Transition, 2012, 20 (3): 401 – 424.

[323] Weber A. Alfred Weber's Theory of the Location of Industries [M]. Chicago: The University of Chicago Press, 1929.

[324] Wei Y, Zheng N, Liu X, et al. Expanding to Outward Foreign Direct Investment or Not ? A Multi–Dimensional Analysis of Entry Mode Transformation of Chinese Private Exporting Firms [J]. International Business Review, 2014, 23(2): 356–370.

[325] Wells L. Third World Multinationals: The Rise of Foreign Investment from Developing Countries [M]. Cambridge: MIT Press, 1983.

[326] Whited T M, Wu G. Financial Constraints Risk [J]. The Review of Financial Studies, 2006, 19(2): 531–559.

[327] Williamson O E. The New Institutional Economics: Taking Stock, Looking Ahead [J]. Journal of Economic Literature, 2000, 38(3): 595–613.

[328] Witt M A, Lewin A Y. Outward Foreign Direct Investment as Escape Response to Home Country Institutional Constraints [J]. Journal of International Business Studies, 2007, 38(4): 579–594.

[329] Wong J, Chan S. China's Outward Direct Investment: Expanding Worldwide [J]. China: An International Journal, 2003, 1(2): 273–301.

[330] Xu C. The Fundamental Institutions of China's Reforms and Development [J]. Journal of Economic Literature, 2011, 49(4): 1076–1151.

[331] Xu X, Sylwester K. The Effects of Foreign Direct Investment on Emigration: The Roles of FDI Source Country, Education, and Gender [J]. Economic Modelling, 2016 (55): 401–409.

[332] Yamakawa Y, Peng M W, Deeds D L. What Drives New Ventures to Internationalize from Emerging to Developed Economies? [J]. Entrepreneurship Theory & Practice, 2010, 32(1): 59–82.

[333] Yao S, Wang P. China's Outward Foreign Direct Investments and Impact on the World Economy[J].Nottingham China Policy Institute, 2014.

[334] Yeaple S. The Role of Skill Endowments in the Structure of U.S. Outward Foreign Direct Investment [J]. Review of Economics and Statistics, 2003, 85 (3): 726 - 734.

[335] Yeung H W, Liu W. Globalizing China: The Rise of Mainland Firms in the Global Economy [J].Eurasian Geography and Economics, 2008, 49(1): 57–86.

[336] Zebregs M H, Tseng M W. Foreign Direct Investment in China: Some Lessons for Other Countries [M]. Washington D.C.: International Monetary Fund, 2002.

后记

本书源于2018年我的博士学位论文，也是我博士阶段求学之路的成果。在家人和良师益友的鼓励与支持下，凭着自身的努力与坚持，顺利完成了博士阶段的求学生涯。

一路走来，累并快乐着。经历了各种压力扑面而来时的焦虑与不安，考核时的紧张与忐忑，挫折面前坚持与放弃的内心挣扎。当然，也更多地感受到了顺利通关时的愉悦与畅然。在不断的历练中，我的心智更加成熟，挫折与困难面前，也更加从容与淡然。

一路走来，遇到了诸多良师益友。在此谨向他们致以深切的敬意和诚挚的感谢！

感谢我的博士生导师龙小宁教授，整个博士求学期间不仅得到了龙老师学术方面的悉心指导，也得到了龙老师学业和生活方面的诸多帮助。找工作期间，龙老师更是为我写了长达五页的推荐信，字字都包含了老师对学生的那份用心。虽然由于其他原因，推荐信最终没有派上用场，但我将永远珍藏。龙老师对教育事业的热爱，对学生的百般关爱与呵护，以及孜孜不倦的学术追求，敏锐的经济学直觉，幽默激情的教学风格，将激励我一生。同时，也特别感谢龙老师每周组织的微观经济学研讨会，不仅为我们提供了学术交流与思想碰撞的平台，也是我们历练自己的一个重要途径。

感谢硕士阶段亦师亦友儒雅的陆云航老师，在陆老师的悉心指导下，我的第一篇学术论文得以顺利发表。也正是在陆老师的影响之下，使我更加坚定地踏上了博士求学之路，开启了学术研究的生涯。

同样感谢求学路上的赵西亮老师、何大安老师、张旭昆老师、陈宇峰老师、陈欣欣老师、刘永老师等，无论是有幸能在课堂上得到你们的亲自指导，还是有机会能在讲座上聆听您的真知灼见，你们都是我求学生涯中的引路人。

艰辛的求学路上，每一步成长都离不开同学的陪伴与鼓励。感谢博士阶段刘峰、魏勇、胡久凯、吕相伟、张海峰、贺家欣、孙照吉、袁凯华、王杰、高翔、季克佳、许捷，同班的朱东波、徐菁、李建强、李泽扬、袁仁书、范振中等同学，同门的王俊、杨进、黄小勇、万威、方菲菲、林志帆等师兄和林菡馨、易巍、张婧和陈苏娇等师妹，还有博一期间一起战斗“八高”的硕士学弟学妹们。博士阶段有了你们的陪伴，让我多了份欢乐，少了份孤单。

最后，感谢我的家人，是他们无私的爱与支持激励我努力前行。勤劳朴实的父亲一直默默地支持着我的整个求学生涯，积极乐观的母亲给了我莫大的勇气与自信。懂事儿的弟弟妹妹在我异乡求学期间一直帮我尽心尽力照顾年迈的父母。善良贤淑的爱人一直鼓励和支持着我做好学术研究！

回首望去，一路崎岖已是繁花盛开。博观而约取，厚积而薄发，脚踏实地，自强不息，力争在学术上有所建树！

张相伟

2022年7月于郑州